500 STRICKMUSTER

LYDIA KLÖS

500 STRICK MUSTER

Weltbild

Wenn Sie die FASZINATION STRICKEN in Ihren Bann gezogen hat, dann haben Sie das perfekte Buch gewählt. Denn mit einigen wenigen Grundmaschen wurde hier eine Vielzahl an faszinierenden Mustern entworfen, die Sie kreativ in TOLLE STRICKPROJEKTE verwandeln können.

Diese Sammlung enthält 500 MUSTER, die für einfache Strickprojekte wunderbare Musterideen liefern, aber auch für geübte Meisterstrickerinnen herausfordernde und anspruchsvolle Ideen bereithalten.

Das Buch gliedert sich in 13 KAPITEL — 11 Musterkapitel, dann eines zu den wichtigsten GRUNDTECHNIKEN und das Abschlusskapitel liefert Ihnen ANREGUNGEN, wie Sie Modelle selbst entwerfen können.

Jedes Musterkapitel zeigt sich in einer eigenen Farbwelt, um eine schöne Abgrenzung zu schaffen und Ihnen die ORIENTIERUNG INNERHALB DES BUCHES zu erleichtern.

Klassische und traditionelle Strickmuster werden ergänzt durch viele neu entworfene Muster. Lassen Sie sich von diesem UNVERZICHTBAREN NACHSCHLAGEWERK inspirieren, planen Sie Ihre nächsten Projekte und kreieren Sie Ihr ganz persönliches Strickmodell.

INHALT

6

RECHTS-LINKS-MUSTER

001 PERLMUSTER

➡ [2 + 2 Rdm]

Es sind Hin- und Rückr gezeichnet. Mit der Rdm vor dem Rapport beginnen, den Rapport von 2 M fortlaufend wdh und mit der Rdm nach dem Rapport enden. Die 1.+2. R stets wdh.

Rapport =
2 Maschen

Verwendete Zeichen

● = 1 Randmasche

■ = 1 Masche rechts

– = 1 Masche links

002 PERLRIPPENMUSTER

[3 + 2 M + 2 Rdm]

Es sind nur die Hinr gezeichnet, in den Rückr alle M links str. Mit der Rdm vor dem Rapport beginnen, den Rapport von 3 M fortlaufend wdh und mit den M nach dem Rapport enden. Die 1.+2. R stets wdh.

Rapport =
3 Maschen

Verwendete Zeichen

● = 1 Randmasche

■ = 1 Masche rechts

– = 1 Masche links

003 SANDMUSTER

[2 + 2 Rdm]

Es sind Hin- und Rückr gezeichnet. Mit der Rdm vor dem Rapport beginnen, den Rapport von 2 M fortlaufend wdh und mit der Rdm nach dem Rapport enden. Die 1.+2. R stets wdh.

Rapport =
2 Maschen

Verwendete Zeichen

● = 1 Randmasche

■ = 1 Masche rechts

– = 1 Masche links

004 ANDALUSISCHES MUSTER

[2 + 1 M + 2 Rdm]

Es sind nur die Hinr gezeichnet, in den Rückr alle M links str. Mit der Rdm vor dem Rapport beginnen, den Rapport von 2 M fortlaufend wdh und mit den M nach dem Rapport enden. Die 1.-4. R stets wdh.

Rapport =
2 Maschen

Verwendete Zeichen

● = 1 Randmasche

■ = 1 Masche rechts

– = 1 Masche links

005 KLEINES FLECHTMUSTER [6 + 2 Rdm]

Es sind Hin- und Rückr gezeichnet. Mit der Rdm vor dem Rapport beginnen, den Rapport von 6 M fortlaufend wdh und mit der Rdm nach dem Rapport enden. Die 1.-8. R stets wdh.

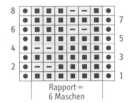

Rapport = 6 Maschen

Verwendete Zeichen

● = 1 Randmasche

■ = 1 Masche rechts

– = 1 Masche links

006 KLEINES DREIECKSMUSTER ➡ [6 + 2 Rdm]

Es sind Hin- und Rückr gezeichnet. Mit der Rdm vor dem Rapport beginnen, den Rapport von 6 M fortlaufend wdh und mit der Rdm nach dem Rapport enden. Die 1.-6. R stets wdh.

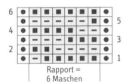

Rapport = 6 Maschen

Verwendete Zeichen

● = 1 Randmasche

■ = 1 Masche rechts

– = 1 Masche links

Vorderseite

Rückseite

007 KLEINE KRAUSE KAROS [6 + 1 M + 2 Rdm]

Es sind Hin- und Rückr gezeichnet. Mit der Rdm vor dem Rapport beginnen, den Rapport von 6 M fortlaufend wdh und mit den M nach dem Rapport enden. Die 1.-12. R stets wdh.

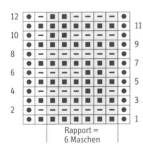

Rapport = 6 Maschen

Verwendete Zeichen

● = 1 Randmasche

■ = 1 Masche rechts

– = 1 Masche links

008 RELIEFMUSTER

[10 + 3 M + 2 Rdm]

Es sind Hin- und Rückr gezeichnet. Mit der Rdm vor dem Rapport beginnen, den Rapport von 10 M fortlaufend wdh und mit den M nach dem Rapport enden. Die 1.-10. R stets wdh.

Rapport = 10 Maschen

Verwendete Zeichen

● = 1 Randmasche

■ = 1 Masche rechts

▬ = 1 Masche links

009 RIPPENRELIEFMUSTER

➡ [12 + 1 M + 2 Rdm]

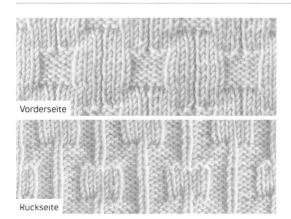

Vorderseite

Rückseite

Es sind nur die Hinr gezeichnet, in den Rückr alle M links str. Mit der Rdm vor dem Rapport beginnen, den Rapport von 12 M fortlaufend wdh und mit den M nach dem Rapport enden. Die 1.-20. R stets wdh.

Rapport = 12 Maschen

Verwendete Zeichen

● = 1 Randmasche

■ = 1 Masche rechts

▬ = 1 Masche links

010 GROSSES FLECHTMUSTER

➡ [9 + 6 M + 2 Rdm]

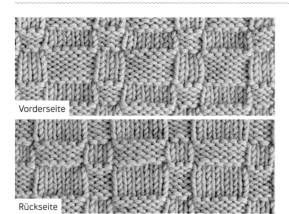

Vorderseite

Rückseite

Es sind nur die Hinr gezeichnet, in den Rückr alle M str wie sie erscheinen. Mit der Rdm vor dem Rapport beginnen, den Rapport von 9 M fortlaufend wdh und mit den M nach dem Rapport enden. Die 1.-10. R stets wdh.

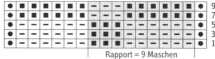

Rapport = 9 Maschen

Verwendete Zeichen

● = 1 Randmasche

■ = 1 Masche rechts

▬ = 1 Masche links

011 SENKRECHTES ZACKENMUSTER

[7 + 2 Rdm]

Es sind nur die Hinr gezeichnet, in den Rückr alle M links str. Mit der Rdm vor dem Rapport beginnen, den Rapport von 7 M fortlaufend wdh und mit der Rdm nach dem Rapport enden. Die 1.-16. R stets wdh.

Rapport = 7 Maschen

Verwendete Zeichen

● = 1 Randmasche

■ = 1 Masche rechts

— = 1 Masche links

012 RIPPEN-PIKEEMUSTER

[10 + 2 Rdm]

Es sind Hin- und Rückr gezeichnet. Mit der Rdm vor dem Rapport beginnen, den Rapport von 10 M fortlaufend wdh und mit der Rdm nach dem Rapport enden. Die 1.-4. R stets wdh.

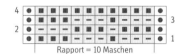

Rapport = 10 Maschen

Verwendete Zeichen

● = 1 Randmasche

■ = 1 Masche rechts

— = 1 Masche links

013 TREPPENMUSTER

➡ [8 + 2 M + 2 Rdm]

Es sind nur die Hinr gezeichnet, in den Rückr alle M str wie sie erscheinen. Mit der Rdm vor dem Rapport beginnen, den Rapport von 8 M fortlaufend wdh und mit den M nach dem Rapport enden. Die 1.-16. R stets wdh.

Rapport = 8 Maschen

Verwendete Zeichen

● = 1 Randmasche

■ = 1 Masche rechts

— = 1 Masche links

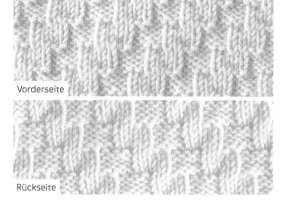

Vorderseite

Rückseite

014 SCHACHBRETTMUSTER

[8 + 2 Rdm]

Es sind nur die Hinr gezeichnet, in den Rückr alle M str wie sie erscheinen. Mit der Rdm vor dem Rapport beginnen, den Rapport von 8 M fortlaufend wdh und mit der Rdm nach dem Rapport enden. Die 1.-12. R stets wdh.

Rapport = 8 Maschen

Verwendete Zeichen

● = 1 Randmasche
■ = 1 Masche rechts
— = 1 Masche links

015 KACHELMUSTER

[5 + 1 M + 2 Rdm]

Es sind nur die Rückr gezeichnet, in den Hinr alle M rechts str. Mit der Rdm vor dem Rapport beginnen, den Rapport von 5 M fortlaufend wdh und mit den M nach dem Rapport enden. Die 1.-8. R stets wdh.

Rapport = 5 Maschen

Verwendete Zeichen

● = 1 Randmasche
■ = 1 Masche rechts
— = 1 Masche links

016 GITTERMUSTER

[8 + 1 M + 2 Rdm]

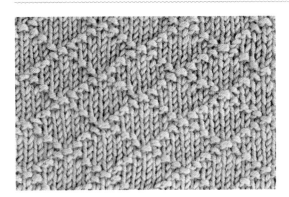

Es sind Hin- und Rückr gezeichnet. Mit der Rdm vor dem Rapport beginnen, den Rapport von 8 M fortlaufend wdh und mit den M nach dem Rapport enden. Die 1.-8. R stets wdh.

Rapport = 8 Maschen

Verwendete Zeichen

● = 1 Randmasche
■ = 1 Masche rechts
— = 1 Masche links

017 WELLENMUSTER

[6 + 5 M + 2 Rdm]

Es sind Hin- und Rückr gezeichnet. Mit der Rdm vor dem Rapport beginnen, den Rapport von 6 M fortlaufend wdh und mit den M nach dem Rapport enden. Die 1.-6. R stets wdh.

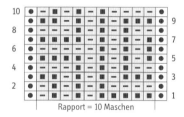

Rapport =
6 Maschen

Verwendete Zeichen

● = 1 Randmasche

■ = 1 Masche rechts

▬ = 1 Masche links

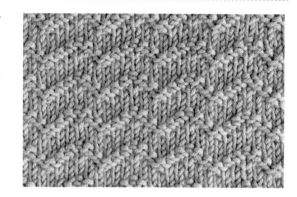

018 PERL-ZICKZACKMUSTER

[10 + 2 Rdm]

Es sind Hin- und Rückr gezeichnet. Mit der Rdm vor dem Rapport beginnen, den Rapport von 10 M fortlaufend wdh und mit der Rdm nach dem Rapport enden. Die 1.-10. R stets wdh.

Rapport = 10 Maschen

Verwendete Zeichen

● = 1 Randmasche

■ = 1 Masche rechts

▬ = 1 Masche links

019 GROSSES LEITERMUSTER

➡ [14 + 2 Rdm]

Es sind Hin- und Rückr gezeichnet. Mit der Rdm vor dem Rapport beginnen, den Rapport von 14 M fortlaufend wdh und mit der Rdm nach dem Rapport enden. Die 1.-16. R stets wdh.

Rapport = 14 Maschen

Verwendete Zeichen

● = 1 Randmasche

■ = 1 Masche rechts

▬ = 1 Masche links

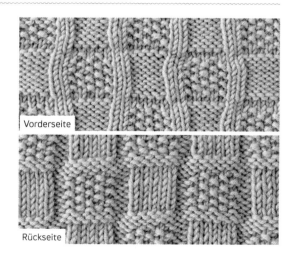

Vorderseite

Rückseite

16

020 QUERRIPPENMUSTER [1 + 2 Rdm]

Es sind Hin- und Rückr gezeichnet. Mit der Rdm vor dem Rapport beginnen, den Rapport von 1 M fortlaufend wdh und mit der Rdm nach dem Rapport enden. Die 1.-4. R stets wdh.

Rapport = 1 Masche

Verwendete Zeichen

● = 1 Randmasche

■ = 1 Masche rechts

— = 1 Masche links

021 VERSETZTES RIPPENMUSTER [4 + 2 Rdm]

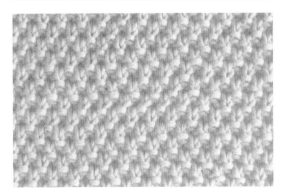

Es sind Hin- und Rückr gezeichnet. Mit der Rdm vor dem Rapport beginnen, den Rapport von 4 M fortlaufend wdh und mit der Rdm nach dem Rapport enden. Die 1.-12. R stets wdh.

Rapport = 4 Maschen

Verwendete Zeichen

● = 1 Randmasche

■ = 1 Masche rechts

— = 1 Masche links

022 GERSTENKORNMUSTER [2 + 2 Rdm]

Es sind Hin- und Rückr gezeichnet. Mit der Rdm vor dem Rapport beginnen, den Rapport von 2 M fortlaufend wdh und mit der Rdm nach dem Rapport enden. Die 1.-4. R stets wdh.

Rapport = 2 Maschen

Verwendete Zeichen

● = 1 Randmasche

■ = 1 Masche rechts

— = 1 Masche links

023 SPALIERMUSTER

[2 + 2 Rdm]

Es sind Hin- und Rückr gezeichnet. Mit der Rdm
vor dem Rapport beginnen, den Rapport von 2 M
fortlaufend wdh und mit der Rdm nach dem Rapport enden. Die 1.-6. R stets wdh.

Verwendete Zeichen

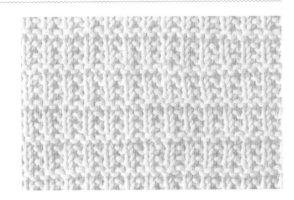

● = 1 Randmasche

■ = 1 Masche rechts

— = 1 Masche links

024 WAFFELMUSTER

➡ [3 + 1 M + 2 Rdm]

Es sind Hin- und Rückr gezeichnet. Mit der Rdm
vor dem Rapport beginnen, den Rapport von 3 M
fortlaufend wdh und mit den M nach dem Rapport
enden. Die 1.-4. R stets wdh.

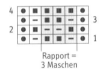

Verwendete Zeichen

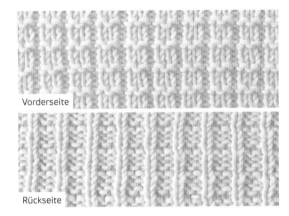

Vorderseite

Rückseite

● = 1 Randmasche

■ = 1 Masche rechts

— = 1 Masche links

025 DIAGONALRIPPENMUSTER

➡ [4 + 2 Rdm]

Es sind nur die Hinr gezeichnet, in den Rückr alle
M str wie sie erscheinen. Mit der Rdm vor dem
Rapport beginnen, den Rapport von 4 M fortlaufend wdh und mit der Rdm nach dem Rapport
enden. Die 1.-8. R stets wdh.

Verwendete Zeichen

Vorderseite

Rückseite

● = 1 Randmasche

■ = 1 Masche rechts

— = 1 Masche links

026 RHOMBENSTREIFEN

[8 + 1 M + 2 Rdm]

Es sind Hin- und Rückr gezeichnet. Mit der Rdm vor dem Rapport beginnen, den Rapport von 8 M fortlaufend wdh und mit den M nach dem Rapport enden. Die 1.-8. R stets wdh.

Rapport = 8 Maschen

Verwendete Zeichen

● = 1 Randmasche

■ = 1 Masche rechts

– = 1 Masche links

027 ZICKZACK-PIKEEMUSTER

[8 + 2 Rdm]

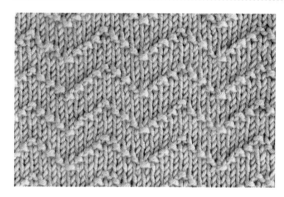

Es sind Hin- und Rückr gezeichnet. Mit der Rdm vor dem Rapport beginnen, den Rapport von 8 M fortlaufend wdh und mit der Rdm nach dem Rapport enden. Die 1.-6. R stets wdh.

Rapport = 8 Maschen

Verwendete Zeichen

● = 1 Randmasche

■ = 1 Masche rechts

– = 1 Masche links

028 RAUTENSTREIFEN

 [8 + 1 M + 2 Rdm]

Es sind nur die Rückr gezeichnet. In den Hinr alle M str wie sie erscheinen. Mit der Rdm vor dem Rapport beginnen, den Rapport von 8 M fortlaufend wdh und mit den M nach dem Rapport enden. Die 1.-10. R stets wdh.

Rapport = 8 Maschen

Verwendete Zeichen

● = 1 Randmasche

■ = 1 Masche rechts

– = 1 Masche links

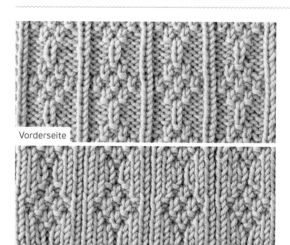

Vorderseite

Rückseite

029 RHOMBENMUSTER

[9 + 2 Rdm]

Es sind Hin- und Rückr gezeichnet. Mit der Rdm vor dem Rapport beginnen, den Rapport von 9 M fortlaufend wdh und mit der Rdm nach dem Rapport enden. Die 1.-8. R stets wdh.

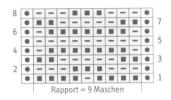

Rapport = 9 Maschen

Verwendete Zeichen

● = 1 Randmasche

■ = 1 Masche rechts

– = 1 Masche links

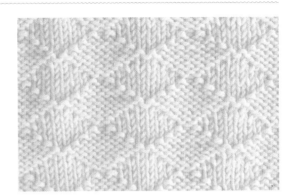

030 KORBMUSTER

[6 + 2 Rdm]

Es sind nur die Hinr gezeichnet, in den Rückr alle M str wie sie erscheinen. Mit der Rdm vor dem Rapport beginnen, den Rapport von 6 M fortlaufend wdh und mit der Rdm nach dem Rapport enden. Die 1.-12. R stets wdh.

Rapport = 6 Maschen

Verwendete Zeichen

● = 1 Randmasche

■ = 1 Masche rechts

– = 1 Masche links

031 DREIECKMUSTER

[7 + 2 Rdm]

Es sind Hin- und Rückr gezeichnet. Mit der Rdm vor dem Rapport beginnen, den Rapport von 7 M fortlaufend wdh und mit der Rdm nach dem Rapport enden. Die 1.-12. R stets wdh.

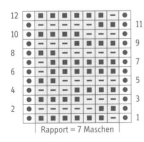

Rapport = 7 Maschen

Verwendete Zeichen

● = 1 Randmasche

■ = 1 Masche rechts

– = 1 Masche links

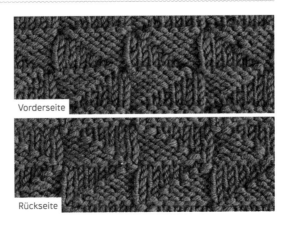

Vorderseite

Rückseite

032 ZICKZACK-RIPPENMUSTER

[12 + 2 Rdm]

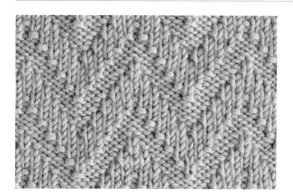

Es sind nur die Hinr gezeichnet, in den Rückr alle M str wie sie erscheinen. Mit der Rdm vor dem Rapport beginnen, den Rapport von 12 M fortlaufend wdh und mit den M nach dem Rapport enden. Die 1.-12. R stets wdh.

Rapport = 12 Maschen

Verwendete Zeichen

● = 1 Randmasche

■ = 1 Masche rechts

– = 1 Masche links

033 ZAUNMUSTER

[14 + 2 Rdm]

Es sind Hin- und Rückr gezeichnet. Mit der Rdm vor dem Rapport beginnen, den Rapport von 14 M fortlaufend wdh und mit der Rdm nach dem Rapport enden. Die 1.-12. R stets wdh.

Rapport = 14 Maschen

Verwendete Zeichen

● = 1 Randmasche

■ = 1 Masche rechts

– = 1 Masche links

034 KLEINES LEITERMUSTER

[8 + 5 M + 2 Rdm]

Vorderseite

Rückseite

Es sind nur die Hinr gezeichnet, in den Rückr alle M str wie sie erscheinen. Mit der Rdm vor dem Rapport beginnen, den Rapport von 8 M fortlaufend wdh und mit den M nach dem Rapport enden. Die 1.-8. R stets wdh.

Rapport = 8 Maschen

Verwendete Zeichen

● = 1 Randmasche

■ = 1 Masche rechts

– = 1 Masche links

035 SPITZES ZICKZACKMUSTER

[18 + 1 M + 2 Rdm]

Es sind nur die Hinr gezeichnet, in den Rückr alle M str wie sie erscheinen. Mit der Rdm vor dem Rapport beginnen, den Rapport von 18 M fortlaufend wdh und mit den M nach dem Rapport enden. Die 1.-16. R stets wdh.

Verwendete Zeichen

● = 1 Randmasche
■ = 1 Masche rechts
— = 1 Masche links

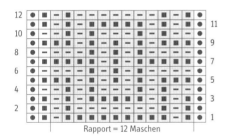

036 BROKATMUSTER

[12 + 1 M + 2 Rdm]

Es sind Hin- und Rückr gezeichnet. Mit der Rdm vor dem Rapport beginnen, den Rapport von 12 M fortlaufend wdh und mit den M nach dem Rapport enden. Die 1.-12. R stets wdh.

Verwendete Zeichen

● = 1 Randmasche
■ = 1 Masche rechts
— = 1 Masche links

037 SCHRÄGE RHOMBEN

[8 + 2 Rdm]

Es sind Hin- und Rückr gezeichnet. Mit der Rdm vor dem Rapport beginnen, den Rapport von 8 M fortlaufend wdh und mit der Rdm nach dem Rapport enden. Die 1.-14. R stets wdh.

Verwendete Zeichen

● = 1 Randmasche
■ = 1 Masche rechts
— = 1 Masche links

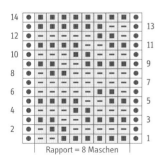

Rapport = 8 Maschen

038 RIPPENMUSTER MIT ZACKEN

[14 + 1 M + 2 Rdm]

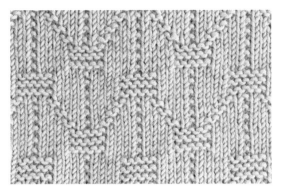

Es sind nur die Rückr gezeichnet, in den Hinr alle M rechts str. Mit der Rdm vor dem Rapport beginnen, den Rapport von 14 M fortlaufend wdh und mit den M nach dem Rapport enden. Die 1.-18. R stets wdh.

Rapport = 14 Maschen

Verwendete Zeichen

● = 1 Randmasche

■ = 1 Masche rechts

— = 1 Masche links

039 ZIEGELSTEINMUSTER

➡ [8 + 2 Rdm]

Es sind nur die Hinr gezeichnet, in den Rückr alle M str wie sie erscheinen. Mit der Rdm vor dem Rapport beginnen, den Rapport von 8 M fortlaufend wdh und mit der Rdm nach dem Rapport enden. Die 1.-8. R stets wdh.

Rapport = 8 Maschen

Verwendete Zeichen

● = 1 Randmasche

■ = 1 Masche rechts

— = 1 Masche links

040 RAUTENGITTER MIT BLUMEN

➡ [12 + 1 M + 2 Rdm]

Es sind nur die Hinr gezeichnet, in den Rückr alle M str wie sie erscheinen. Mit der Rdm vor dem Rapport beginnen, den Rapport von 12 M fortlaufend wdh und mit den M nach dem Rapport enden. Die 1.-24. R stets wdh.

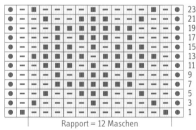

Rapport = 12 Maschen

Verwendete Zeichen

● = 1 Randmasche

■ = 1 Masche rechts

— = 1 Masche links

041 RAUTENKOMBINATION

➡ [18 + 1 M + 2 Rdm]

Es sind nur die Hinr gezeichnet, in den Rückr alle M str wie sie erscheinen. Mit der Rdm vor dem Rapport beginnen, den Rapport von 18 M fortlaufend wdh und mit den M nach dem Rapport enden. Die 1.-32. R stets wdh.

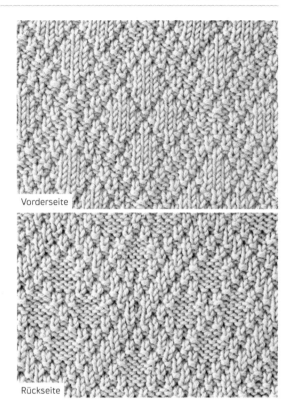

Vorderseite

Rückseite

Rapport = 18 Maschen

Verwendete Zeichen

● = 1 Randmasche   ■ = 1 Masche rechts   ━ = 1 Masche links

042 VERSETZTE HERZEN

➡ [14 + 2 Rdm]

Es sind Hin- und Rückr gezeichnet. Mit der Rdm vor dem Rapport beginnen, den Rapport von 14 M fortlaufend wdh und mit der Rdm nach dem Rapport enden. Die 1.-24. R stets wdh.

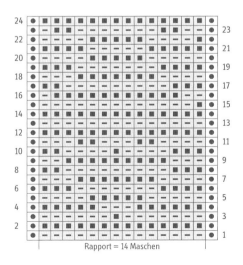

Rapport = 14 Maschen

Verwendete Zeichen

● = 1 Randmasche

■ = 1 Masche rechts

━ = 1 Masche links

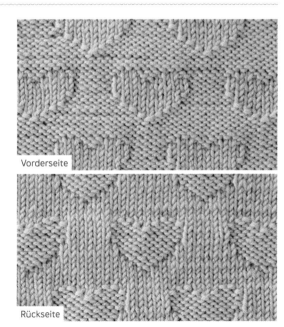

Vorderseite

Rückseite

043 KLEINE HERZEN

➡ [14 + 2 Rdm]

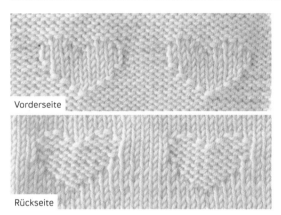

Vorderseite

Rückseite

Es sind Hin- und Rückr gezeichnet. Mit der Rdm vor dem Rapport beginnen, den Rapport von 14 M fortlaufend wdh und mit der Rdm nach dem Rapport enden. Die 1.-14. R stets wdh.

Verwendete Zeichen

⬤ = 1 Randmasche

◼ = 1 Masche rechts

▬ = 1 Masche links

Rapport = 14 Maschen

044 RAUTENMUSTER

➡ [14 + 1 M + 2 Rdm]

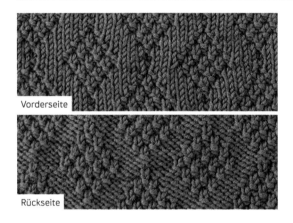

Vorderseite

Rückseite

Es sind nur die Hinr gezeichnet, in den Rückr alle M str wie sie erscheinen. Mit der Rdm vor dem Rapport beginnen, den Rapport von 14 M fortlaufend wdh und mit den M nach dem Rapport enden. Die 1.-16. R stets wdh.

Verwendete Zeichen

⬤ = 1 Randmasche

◼ = 1 Masche rechts

▬ = 1 Masche links

Rapport = 14 Maschen

045 DURCHBROCHENE RIPPEN

[12 + 2 M + 2 Rdm]

Es sind nur die Hinr gezeichnet, in den Rückr alle M str wie sie erscheinen. Mit der Rdm vor dem Rapport beginnen, den Rapport von 12 M fortlaufend wdh und mit den M nach dem Rapport enden. Die 1.-28. R stets wdh.

Verwendete Zeichen

⬤ = 1 Randmasche

◼ = 1 Masche rechts

▬ = 1 Masche links

Rapport = 12 Maschen

046 GEFLOCHTENE RIPPEN [8 + 5 M + 2 Rdm]

Es sind nur die Rückr gezeichnet, in den Hinr alle M rechts str. Mit der Rdm vor dem Rapport beginnen, den Rapport von 8 M fortlaufend wdh und mit den M nach dem Rapport enden. Die 1.-18. R stets wdh.

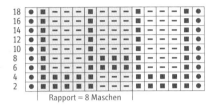

Rapport = 8 Maschen

Verwendete Zeichen

● = 1 Randmasche

■ = 1 Masche rechts

– = 1 Masche links

047 GERSTENKORNQUADRATE ➡ [12 + 3 M + 2 Rdm]

Es sind nur die Hinr gezeichnet, in den Rückr alle M str wie sie erscheinen. Mit der Rdm vor dem Rapport beginnen, den Rapport von 12 M fortlaufend wdh und mit den M nach dem Rapport enden. Die 1.-18. R stets wdh und mit einer 4. R enden, um das Muster abzuschließen.

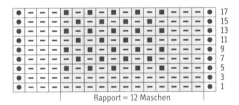

Rapport = 12 Maschen

Verwendete Zeichen

● = 1 Randmasche

■ = 1 Masche rechts

– = 1 Masche links

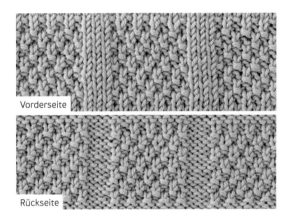

Vorderseite

Rückseite

048 KLEINES KORBMUSTER ➡ [10 + 5 M + 2 Rdm]

Es sind Hin- und Rückr gezeichnet. Mit der Rdm vor dem Rapport beginnen, den Rapport von 10 M fortlaufend wdh und mit den M nach dem Rapport enden. Die 1.-8. R stets wdh.

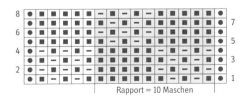

Rapport = 10 Maschen

Verwendete Zeichen

● = 1 Randmasche

■ = 1 Masche rechts

– = 1 Masche links

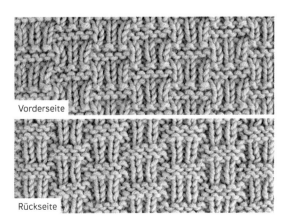

Vorderseite

Rückseite

049 GROSSES TREPPENMUSTER

[18 + 2 Rdm]

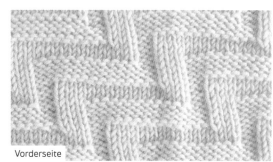

Vorderseite

Rückseite

Es sind nur die Hinr gezeichnet, in den Rückr alle M str wie sie erscheinen. Mit der Rdm vor dem Rapport beginnen, den Rapport von 18 M fortlaufend wdh und mit der Rdm nach dem Rapport enden. Die 1.-24. R stets wdh.

Rapport = 18 Maschen

Verwendete Zeichen

⬤ = 1 Randmasche

■ = 1 Masche rechts

– = 1 Masche links

050 GEFÜLLTE RAUTEN

[18 + 1 M + 2 Rdm]

Vorderseite

Rückseite

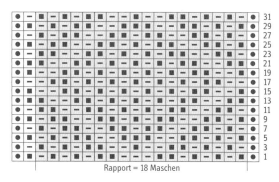

Rapport = 18 Maschen

Es sind nur die Hinr gezeichnet, in den Rückr alle M str wie sie erscheinen. Mit der Rdm vor dem Rapport beginnen, den Rapport von 18 M fortlaufend wdh und mit den M nach dem Rapport enden. Die 1.-32. R stets wdh.

Verwendete Zeichen

⬤ = 1 Randmasche

■ = 1 Masche rechts

– = 1 Masche links

051 FÄHNCHENMUSTER

➡ [11 + 2 Rdm]

Es sind Hin- und Rückr gezeichnet. Mit der Rdm vor dem Rapport beginnen, den Rapport von 11 M fortlaufend wdh und mit der Rdm nach dem Rapport enden. Die 1.-22. R stets wdh.

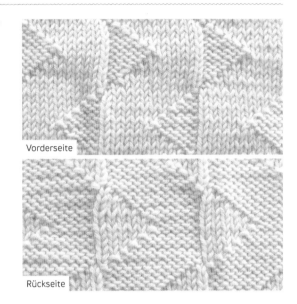

Vorderseite

Rückseite

Verwendete Zeichen

● = 1 Randmasche

■ = 1 Masche rechts

− = 1 Masche links

Rapport = 11 Maschen

052 GROSSES KORBMUSTER

➡ [18 + 10 M + 2 Rdm]

Es sind Hin- und Rückr gezeichnet. Mit der Rdm vor dem Rapport beginnen, den Rapport von 18 M fortlaufend wdh und mit den M nach dem Rapport enden. Die 1.-18. R stets wdh.

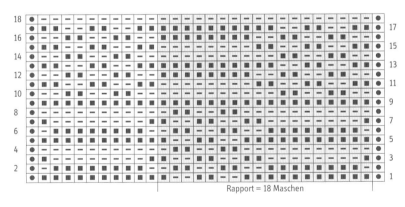

Rapport = 18 Maschen

Verwendete Zeichen

● = 1 Randmasche   ■ = 1 Masche rechts   − = 1 Masche links

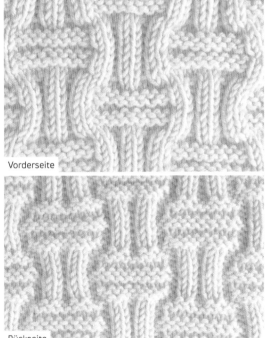

Vorderseite

Rückseite

053 VERSETZTE PARALLELOGRAMME [8 + 2 Rdm]

Es sind Hin- und Rückr gezeichnet. Mit der Rdm vor dem Rapport beginnen, den Rapport von 8 M fortlaufend wdh und mit der Rdm nach dem Rapport enden. Die 1.-16. R stets wdh.

Verwendete Zeichen

● = 1 Randmasche

■ = 1 Masche rechts

– = 1 Masche links

Rapport = 8 Maschen

054 QUADRATMUSTER ➡ [13 + 2 M + 2 Rdm]

Vorderseite

Rückseite

Es sind Hin- und Rückr gezeichnet. Mit der Rdm vor dem Rapport beginnen, den Rapport von 13 M fortlaufend wdh und mit den M nach dem Rapport enden. Die 1.-20. R stets wdh und mit einer 4. R enden, um das Muster abzuschließen.

Verwendete Zeichen

● = 1 Randmasche

■ = 1 Masche rechts

– = 1 Masche links

Rapport = 13 Maschen

VERSETZTES PIKEEMUSTER [4 + 2 Rdm]

Es sind nur die Hinr gezeichnet, in den Rückr alle M links str. Mit der Rdm vor dem Rapport beginnen, den Rapport von 4 M fortlaufend wdh und mit der Rdm nach dem Rapport enden. Die 1.-8. R stets wdh.

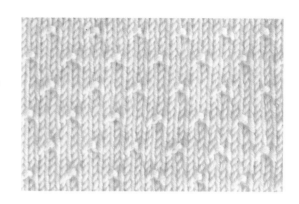

Verwendete Zeichen

● = 1 Randmasche

■ = 1 Masche rechts

− = 1 Masche links

FLECHTMUSTER [14 + 9 M + 2 Rdm]

Es sind nur die Hinr gezeichnet, in den Rückr alle M str wie sie erscheinen. Mit der Rdm vor dem Rapport beginnen, den Rapport von 14 M fortlaufend wdh und mit den M nach dem Rapport enden. Die 1.-16. R stets wdh.

Verwendete Zeichen

● = 1 Randmasche

■ = 1 Masche rechts

− = 1 Masche links

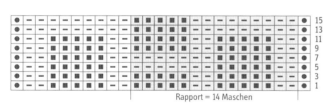

Rapport = 14 Maschen

KORDELSTREIFEN [18 + 4 M + 2 Rdm]

Es sind Hin- und Rückr gezeichnet. Mit der Rdm vor dem Rapport beginnen, den Rapport von 18 M fortlaufend wdh und mit den M nach dem Rapport enden. Die 1.-16. R stets wdh.

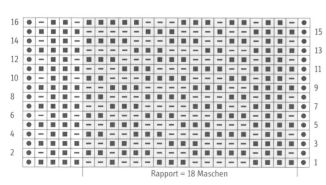

Rapport = 18 Maschen

Verwendete Zeichen

● = 1 Randmasche   ■ = 1 Masche rechts   − = 1 Masche links

ZOPF-
MUSTER

ZUGMASCHEN-
MUSTER

Einzelne Zöpfe und Zopfmusterstreifen

EINFACHER ZOPF ÜBER 6 MASCHEN [9 + 2 Rdm]

Es sind nur die Hinr gezeichnet, in den Rückr alle M str wie sie erscheinen. Mit den M vor dem Rapport beginnen, den Rapport von 9 M für einen einzelnen Musterstreifen einmal str, für ein flächiges Muster fortlaufend wdh und mit den M nach dem Rapport enden. Die 1.-6. R stets wdh.

Rapport = 9 Maschen

Verwendete Zeichen

● = 1 Randmasche
■ = 1 Masche rechts
— = 1 Masche links
= 3 Maschen auf einer Hilfsnadel vor die Arbeit legen, 3 Maschen rechts stricken, dann die 3 Maschen der Hilfsnadel rechts stricken.

EINFACHER ZOPF ÜBER 2 UND 6 MASCHEN [14 + 2 Rdm]

Es sind nur die Hinr gezeichnet, in den Rückr alle M str wie sie erscheinen. Mit den M vor dem Rapport beginnen, den Rapport von 14 M für einen einzelnen Musterstreifen einmal str, für ein flächiges Muster fortlaufend wdh und mit den M nach dem Rapport enden. Die 1.-6. R stets wdh.

Rapport = 14 Maschen

Verwendete Zeichen

● = 1 Randmasche
■ = 1 Masche rechts
— = 1 Masche links

= 1 Masche auf einer Hilfsnadel hinter die Arbeit legen, 1 Masche rechts stricken, dann die Masche der Hilfsnadel rechts stricken.

= 3 Maschen auf einer Hilfsnadel hinter die Arbeit legen, 3 Maschen rechts stricken, dann die 3 Maschen der Hilfsnadel rechts stricken.

GEFLOCHTENER ZOPF ÜBER 6 MASCHEN [9 + 2 Rdm]

Es sind nur die Hinr gezeichnet, in den Rückr alle M str wie sie erscheinen. Mit den M vor dem Rapport beginnen, den Rapport von 9 M für einen einzelnen Musterstreifen einmal str, für ein flächiges Muster fortlaufend wdh und mit den M nach dem Rapport enden. Die 1.-6. R stets wdh.

Rapport = 9 Maschen

Verwendete Zeichen

● = 1 Randmasche
■ = 1 Masche rechts
— = 1 Masche links

= 2 Maschen auf einer Hilfsnadel hinter die Arbeit legen, 2 Maschen rechts stricken, dann die 2 Maschen der Hilfsnadel rechts stricken.

= 2 Maschen auf einer Hilfsnadel vor die Arbeit legen, 2 Maschen rechts stricken, dann die 2 Maschen der Hilfsnadel rechts stricken.

GEFLOCHTENER ZOPF ÜBER 9 MASCHEN

[12 + 9 M + 2 Rdm]

Es sind nur die Hinr gezeichnet, in den Rückr alle M str wie sie erscheinen. Mit den M vor dem Rapport beginnen, den Rapport von 12 M für einen einzelnen Musterstreifen einmal str, für ein flächiges Muster fortlaufend wdh und mit den M nach dem Rapport enden. Die 1.-10. R stets wdh.

Rapport = 12 Maschen

Verwendete Zeichen

● = 1 Randmasche

■ = 1 Masche rechts

— = 1 Masche links

= 3 Maschen auf einer Hilfsnadel vor die Arbeit legen, 3 Maschen rechts stricken, dann die 3 Maschen der Hilfsnadel rechts stricken.

= 3 Maschen auf einer Hilfsnadel hinter die Arbeit legen, 3 Maschen rechts stricken, dann die 3 Maschen der Hilfsnadel rechts stricken.

GEFLOCHTENER ZOPF ÜBER 12 MASCHEN

[15 + 9 M + 2 Rdm]

Es sind nur die Hinr gezeichnet, in den Rückr alle M str wie sie erscheinen. Mit den M vor dem Rapport beginnen, den Rapport von 15 M für einen einzelnen Musterstreifen einmal str, für ein flächiges Muster fortlaufend wdh und mit den M nach dem Rapport enden. Die 1.-10. R stets wdh.

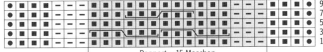

Rapport = 15 Maschen

Verwendete Zeichen

● = 1 Randmasche

■ = 1 Masche rechts

— = 1 Masche links

= 3 Maschen auf einer Hilfsnadel vor die Arbeit legen, 3 Maschen rechts stricken, dann die 3 Maschen der Hilfsnadel rechts stricken.

= 3 Maschen auf einer Hilfsnadel hinter die Arbeit legen, 3 Maschen rechts stricken, dann die 3 Maschen der Hilfsnadel rechts stricken.

DOPPELTER ZOPF ÜBER 8 MASCHEN

[11 + 9 M + 2 Rdm]

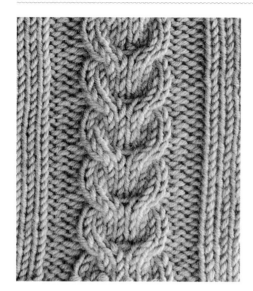

Es sind nur die Hinr gezeichnet, in den Rückr alle M str wie sie erscheinen. Mit den M vor dem Rapport beginnen, den Rapport von 11 M für einen einzelnen Musterstreifen einmal str, für ein flächiges Muster fortlaufend wdh und mit den M nach dem Rapport enden. Die 1.-6. R stets wdh.

Rapport = 11 Maschen

Verwendete Zeichen

● = 1 Randmasche

■ = 1 Masche rechts

— = 1 Masche links

= 2 Maschen auf einer Hilfsnadel vor die Arbeit legen, 2 Maschen rechts stricken, dann die 2 Maschen der Hilfsnadel rechts stricken.

= 2 Maschen auf einer Hilfsnadel hinter die Arbeit legen, 2 Maschen rechts stricken, dann die 2 Maschen der Hilfsnadel rechts stricken.

DOPPELTER ZOPF ÜBER 12 MASCHEN

[15 + 9 M + 2 Rdm]

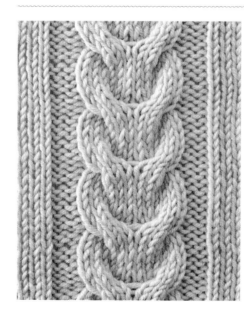

Es sind nur die Hinr gezeichnet, in den Rückr alle M str wie sie erscheinen. Mit den M vor dem Rapport beginnen, den Rapport von 15 M für einen einzelnen Musterstreifen einmal str, für ein flächiges Muster fortlaufend wdh und mit den M nach dem Rapport enden. Die 1.-8. R stets wdh.

Rapport = 15 Maschen

Verwendete Zeichen

● = 1 Randmasche

■ = 1 Masche rechts

— = 1 Masche links

= 3 Maschen auf einer Hilfsnadel vor die Arbeit legen, 3 Maschen rechts stricken, dann die 3 Maschen der Hilfsnadel rechts stricken.

= 3 Maschen auf einer Hilfsnadel hinter die Arbeit legen, 3 Maschen rechts stricken, dann die 3 Maschen der Hilfsnadel rechts stricken.

VIERFACHER ZOPF ÜBER 18 MASCHEN

Es sind nur die Hinr gezeichnet, in den Rückr alle M str wie sie erscheinen. Mit den M vor dem Rapport beginnen, den Rapport von 21 M für einen einzelnen Musterstreifen einmal str, für ein flächiges Muster fortlaufend wdh und mit den M nach dem Rapport enden. Die 1.-8. R stets wdh.

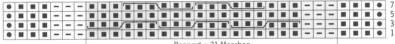

Rapport = 21 Maschen

Verwendete Zeichen

● = 1 Randmasche

■ = 1 Masche rechts

– = 1 Masche links

= 3 Maschen auf einer Hilfsnadel vor die Arbeit legen, 3 Maschen rechts stricken, dann die 3 Maschen der Hilfsnadel rechts stricken.

= 3 Maschen auf einer Hilfsnadel hinter die Arbeit legen, 3 Maschen rechts stricken, dann die 3 Maschen der Hilfsnadel rechts stricken.

GEFLOCHTENER 6ER-ZOPF

Es sind nur die Hinr gezeichnet, in den Rückr alle M str wie sie erscheinen. Mit den M vor dem Rapport beginnen, den Rapport von 27 M für einen einzelnen Musterstreifen einmal str, für ein flächiges Muster fortlaufend wdh und mit den M nach dem Rapport enden. Die 1.-16. R stets wdh.

Verwendete Zeichen

● = 1 Randmasche

■ = 1 Masche rechts

– = 1 Masche links

= 3 Maschen auf einer Hilfsnadel vor die Arbeit legen, 1 Masche auf einer 2. Hilfsnadel hinter die Arbeit legen, 3 Maschen rechts stricken, dann die Masche der 2. Hilfsnadel links und danach die 3 Maschen der 1. Hilfsnadel rechts stricken.

= 4 Maschen auf einer Hilfsnadel hinter die Arbeit legen, 3 Maschen rechts stricken, die 4. Masche der Hilfsnadel auf die linke Nadel heben und links stricken, danach die 1.-3. Masche der Hilfsnadel rechts stricken.

Rapport = 27 Maschen

ZOPFKETTE

[14 + 6 M + 2 Rdm]

Es sind nur die Hinr gezeichnet, in den Rückr alle M str wie sie erscheinen. Mit den M vor dem Rapport beginnen, den Rapport von 14 M für einen einzelnen Musterstreifen einmal str, für ein flächiges Muster fortlaufend wdh und mit den M nach dem Rapport enden. Die 1.-24. R stets wdh.

Rapport = 14 Maschen

Verwendete Zeichen

● = 1 Randmasche

■ = 1 Masche rechts

− = 1 Masche links

= 3 Maschen auf einer Hilfsnadel hinter die Arbeit legen, 3 Maschen rechts stricken, dann die 3 Maschen der Hilfsnadel rechts stricken.

= 3 Maschen auf einer Hilfsnadel vor die Arbeit legen, 1 Masche links stricken, dann die 3 Maschen der Hilfsnadel rechts stricken.

= 1 Masche auf einer Hilfsnadel hinter die Arbeit legen, 3 Maschen rechts stricken, dann die Masche der Hilfsnadel links stricken.

KELTISCHER ZOPF

[10 + 9 M + 2 Rdm]

Es sind nur die Hinr gezeichnet, in den Rückr alle M str wie sie erscheinen. Mit den M vor dem Rapport beginnen, den Rapport von 10 M für einen einzelnen Musterstreifen einmal str, für ein flächiges Muster fortlaufend wdh und mit den M nach dem Rapport enden. Die 1.-10. R stets wdh.

Verwendete Zeichen

● = 1 Randmasche

■ = 1 Masche rechts

− = 1 Masche links

= 3 Maschen auf einer Hilfsnadel vor die Arbeit legen, 3 Maschen rechts stricken, dann die 3 Maschen der Hilfsnadel rechts stricken.

= 3 Maschen auf einer Hilfsnadel hinter die Arbeit legen, 3 Maschen rechts stricken, dann die 3 Maschen der Hilfsnadel rechts stricken.

= 3 Maschen auf einer Hilfsnadel vor die Arbeit legen, 2 Maschen links stricken, dann die 3 Maschen der Hilfsnadel rechts stricken.

= 2 Maschen auf einer Hilfsnadel hinter die Arbeit legen, 3 Maschen rechts stricken, dann die 2 Maschen der Hilfsnadel links stricken.

Rapport = 10 Maschen

KRONENMUSTER

[18 + 2 Rdm]

Es sind Hin- und Rückr gezeichnet. Mit der Rdm vor dem Rapport beginnen, den Rapport von 18 M für einen einzelnen Musterstreifen einmal str, für ein flächiges Muster fortlaufend wdh und mit der Rdm nach dem Rapport enden. Die 1.-28. R stets wdh.

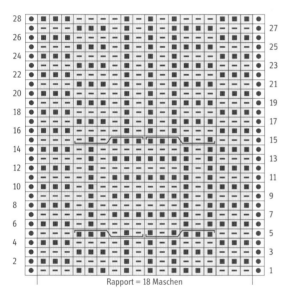

Rapport = 18 Maschen

Verwendete Zeichen

● = 1 Randmasche

■ = 1 Masche rechts

— = 1 Masche links

= 3 Maschen auf einer Hilfsnadel vor die Arbeit legen, 3 Maschen rechts stricken, dann die 3 Maschen der Hilfsnadel 1 Masche rechts, 1 Masche links und 1 Masche rechts stricken.

= 3 Maschen auf einer Hilfsnadel hinter die Arbeit legen, 1 Masche links, 1 Masche rechts und 1 Masche links stricken, dann die 3 Maschen der Hilfsnadel rechts stricken.

= 3 Maschen auf einer Hilfsnadel vor die Arbeit legen, 3 Maschen rechts stricken, dann die 3 Maschen der Hilfsnadel 1 Masche links, 1 Masche rechts und 1 Masche links stricken.

= 3 Maschen auf einer Hilfsnadel hinter die Arbeit legen, 1 Masche rechts, 1 Masche links und 1 Masche rechts stricken, dann die 3 Maschen der Hilfsnadel rechts stricken.

HIRSCHGEWEIH

[19 + 9 M + 2 Rdm]

Es sind nur die Hinr gezeichnet, in den Rückr alle M str wie sie erscheinen. Mit den M vor dem Rapport beginnen, den Rapport von 19 M für einen einzelnen Musterstreifen einmal str, für ein flächiges Muster fortlaufend wdh und mit den M nach dem Rapport enden. Die 1.-6. R stets wdh.

Verwendete Zeichen

● = 1 Randmasche

■ = 1 Masche rechts

— = 1 Masche links

= 2 Maschen auf einer Hilfsnadel vor die Arbeit legen, 2 Maschen rechts stricken, dann die 2 Maschen der Hilfsnadel rechts stricken.

= 2 Maschen auf einer Hilfsnadel hinter die Arbeit legen, 2 Maschen rechts stricken, dann die 2 Maschen der Hilfsnadel rechts stricken.

Rapport = 19 Maschen

ZOPFBORDÜRE ÜBER 32 MASCHEN

[38 + 2 Rdm]

Es sind nur die Hinr gezeichnet, in den Rückr alle M str wie sie erscheinen. Mit der Rdm vor dem Rapport beginnen, den Rapport von 38 M für einen einzelnen Musterstreifen einmal str, für ein flächiges Muster fortlaufend wdh und mit der Rdm nach dem Rapport enden. Die 1.-20. R stets wdh.

Verwendete Zeichen

⬤ = 1 Randmasche

■ = 1 Masche rechts

– = 1 Masche links

= 2 Maschen auf einer Hilfsnadel vor die Arbeit legen, 2 Maschen rechts stricken, dann die 2 Maschen der Hilfsnadel rechts stricken.

= 4 Maschen auf einer Hilfsnadel vor die Arbeit legen, 1 Masche links stricken, dann die 4 Maschen der Hilfsnadel rechts stricken.

= 1 Masche auf einer Hilfsnadel hinter die Arbeit legen, 4 Maschen rechts stricken, dann die Masche der Hilfsnadel links stricken.

= 4 Maschen auf einer Hilfsnadel vor die Arbeit legen, 4 Maschen rechts stricken, dann die 4 Maschen der Hilfsnadel rechts stricken.

= 4 Maschen auf einer Hilfsnadel hinter die Arbeit legen, 4 Maschen rechts stricken, dann die 4 Maschen der Hilfsnadel rechts stricken.

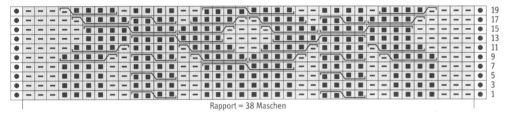

Rapport = 38 Maschen

WABENZOPF

[15 + 9 M + 2 Rdm]

Es sind nur die Hinr gezeichnet, in den Rückr alle M str wie sie erscheinen. Mit den M vor dem Rapport beginnen, den Rapport von 15 M für einen einzelnen Musterstreifen einmal str, für ein flächiges Muster fortlaufend wdh und mit den M nach dem Rapport enden. Die 1.-12. R stets wdh.

Rapport = 15 Maschen

Verwendete Zeichen

⬤ = 1 Randmasche

■ = 1 Masche rechts

– = 1 Masche links

= 1 Masche auf einer Hilfsnadel vor die Arbeit legen, 1 Masche rechts stricken, dann die Masche der Hilfsnadel rechts stricken.

= 1 Masche auf einer Hilfsnadel hinter die Arbeit legen, 1 Masche rechts stricken, dann die Masche der Hilfsnadel rechts stricken.

ZOPFBORDÜRE ÜBER 21 MASCHEN

Es sind nur die Hinr gezeichnet, in den Rückr alle M str wie sie erscheinen. Mit den M vor dem Rapport beginnen, den Rapport von 22 M für einen einzelnen Muster-streifen einmal str, für ein flächiges Muster fortlaufend wdh und mit den M nach dem Rapport enden. Die 1.-32. R stets wdh.

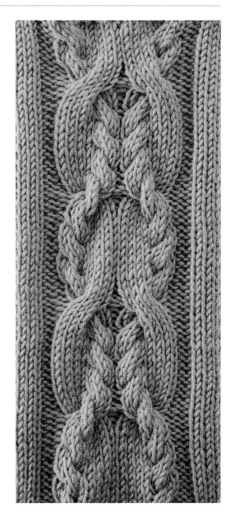

Rapport = 22 Maschen

Verwendete Zeichen

● = 1 Randmasche

■ = 1 Masche rechts

− = 1 Masche links

= 3 Maschen auf einer Hilfs-nadel vor die Arbeit legen, 3 Maschen rechts stricken, dann die 3 Maschen der Hilfsnadel rechts stricken.

= 3 Maschen auf einer Hilfs-nadel hinter die Arbeit legen, 3 Maschen rechts stricken, dann die 3 Maschen der Hilfsnadel rechts stricken.

= 4 Maschen auf einer Hilfsnadel hinter die Arbeit legen, 3 Maschen auf einer Hilfsnadel vor die Arbeit legen, 3 Maschen rechts stricken, dann die 3 Maschen der 2. Hilfsnadel rechts und danach die 4 Maschen der 1. Hilfsnadel rechts stricken.

= 6 Maschen auf einer Hilfsnadel vor die Arbeit legen, 4 Ma-schen rechts stricken, dann die 1.-3. Masche der Hilfsnadel auf einer 2. Hilfsnadel hinter die Arbeit legen, die 4.-6. Masche der 1. Hilfsnadel rechts und danach die 3 Maschen der 2. Hilfs-nadel rechts stricken.

= 4 Maschen auf einer Hilfsnadel vor die Arbeit legen, 6 Maschen rechts stricken, dann die 4 Maschen der Hilfsnadel rechts stricken.

= 6 Maschen auf einer Hilfsnadel hinter die Arbeit legen, 4 Maschen rechts stricken, dann die 6 Maschen der Hilfsnadel rechts stricken.

ZOPF-EULE ÜBER 4 MASCHEN

[6 + 2 M + 2 Rdm]

Es sind Hin- und Rückr gezeichnet. Mit den M vor dem Rapport beginnen, den Rapport von 6 M für ein einzelnes Eulenmotiv einmal str, für ein flächiges Muster fortlaufend wdh und mit den M nach dem Rapport enden. Die 1.-22. R für ein einzelnes Eulenmotiv einmal arb, für ein flächiges Muster stets wdh.

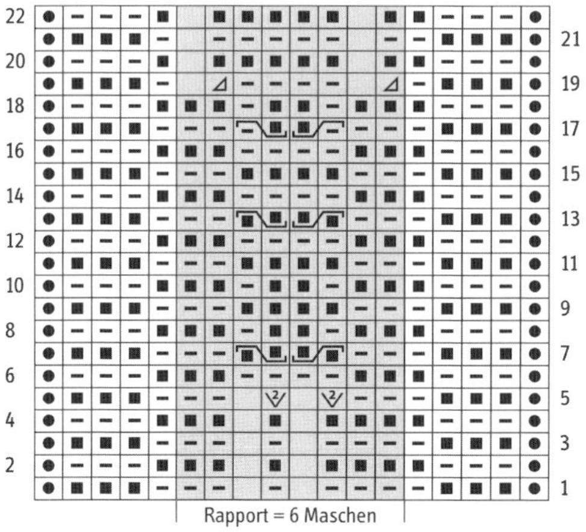

Verwendete Zeichen

● = 1 Randmasche

■ = 1 Masche rechts

– = 1 Masche links

⟋ = 2 Maschen links zusammenstricken.

⩒ = 2 Maschen aus 1 Masche stricken: 1 Masche erst rechts stricken und auf der linken Nadel belassen, dann noch einmal rechts verschränkt stricken.

☐ = Keine Bedeutung, dient der besseren Übersicht.

▭▭ = 1 Masche auf einer Hilfsnadel vor die Arbeit legen, 1 Masche rechts stricken, dann die Masche der Hilfsnadel rechts stricken.

▭▭ = 1 Masche auf einer Hilfsnadel hinter die Arbeit legen, 1 Masche rechts stricken, dann die Masche der Hilfsnadel rechts stricken.

▭▭ = 1 Masche auf einer Hilfsnadel vor die Arbeit legen, 1 Masche links stricken, dann die Masche der Hilfsnadel rechts stricken.

▭▭ = 1 Masche auf einer Hilfsnadel hinter die Arbeit legen, 1 Masche rechts stricken, dann die Masche der Hilfsnadel links stricken.

Rapport = 6 Maschen

(Chart with rows numbered 1–22)

ZOPF-EULE ÜBER 8 MASCHEN

[9 + 8 M + 2 Rdm]

Es sind Hin- und Rückr gezeichnet. Mit den M vor dem Rapport beginnen, den Rapport von 9 M für ein einzelnes Eulenmotiv einmal str, für ein flächiges Muster fortlaufend wdh und mit den M nach dem Rapport enden. Die 1.-28. R für ein einzelnes Eulenmotiv einmal arb, für ein flächiges Muster stets wdh.

Verwendete Zeichen

● = 1 Randmasche

■ = 1 Masche rechts

– = 1 Masche links

⟋ = 2 Maschen links zusammenstricken.

⩒ = 2 Maschen aus 1 Masche stricken: 1 Masche erst rechts stricken und auf der linken Nadel belassen, dann noch einmal rechts verschränkt stricken.

☐ = Keine Bedeutung, dient der besseren Übersicht.

▭▭▭ = 2 Maschen auf einer Hilfsnadel vor die Arbeit legen, 2 Maschen rechts stricken, dann die 2 Maschen der Hilfsnadel rechts stricken.

▭▭▭ = 2 Maschen auf einer Hilfsnadel hinter die Arbeit legen, 2 Maschen rechts stricken, dann die 2 Maschen der Hilfsnadel rechts stricken.

▭▭▭ = 2 Maschen auf einer Hilfsnadel vor die Arbeit legen, 2 Maschen links stricken,

dann die 2 Maschen der Hilfsnadel 1 Masche links und 1 Masche rechts stricken.

▭▭▭ = 2 Maschen auf einer Hilfsnadel hinter die Arbeit legen, 1 Masche rechts und 1 Masche links stricken, dann die 2 Maschen der Hilfsnadel links stricken.

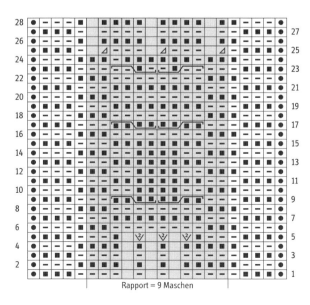

Rapport = 9 Maschen

(Chart with rows numbered 1–28)

ZOPF-EULE ÜBER 12 MASCHEN

[12 + 8 M + 2 Rdm]

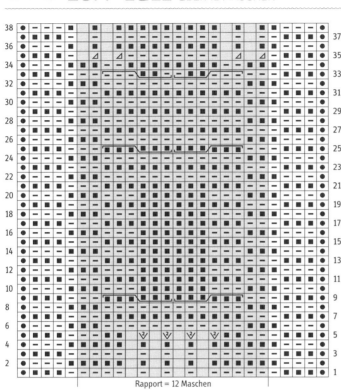

Rapport = 12 Maschen

Es sind Hin- und Rückr gezeichnet. Mit den M vor dem Rapport beginnen, den Rapport von 12 M für ein einzelnes Eulenmotiv einmal str, für ein flächiges Muster fortlaufend wdh und mit den M nach dem Rapport enden. Die 1.-38. R für ein einzelnes Eulenmotiv einmal arb, für ein flächiges Muster stets wdh.

Verwendete Zeichen

● = 1 Randmasche

■ = 1 Masche rechts

— = 1 Masche links

◿ = 2 Maschen links zusammenstricken.

⋎ = 2 Maschen aus 1 Masche stricken: 1 Masche erst rechts stricken und auf der linken Nadel belassen, dann noch einmal rechts verschränkt stricken.

☐ = Keine Bedeutung, dient der besseren Übersicht.

▪▪▪◣▪▪▪ = 3 Maschen auf einer Hilfsnadel vor die Arbeit legen, 3 Maschen rechts stricken, dann die 3 Maschen der Hilfsnadel rechts stricken.

▪▪▪◢▪▪▪ = 3 Maschen auf einer Hilfsnadel hinter die Arbeit legen, 3 Maschen rechts stricken, dann die 3 Maschen der Hilfsnadel rechts stricken.

—————◣▪▪— = 3 Maschen auf einer Hilfsnadel vor die Arbeit legen, 3 Maschen links stricken, dann die 3 Maschen der Hilfsnadel 1 Masche links und 2 Maschen rechts stricken.

—▪▪◢——— = 3 Maschen auf einer Hilfsnadel hinter die Arbeit legen, 2 Maschen rechts und 1 Masche links stricken, dann die 3 Maschen der Hilfsnadel links stricken.

ZOPF-EULE ÜBER 16 MASCHEN

[16 + 6 M + 2 Rdm]

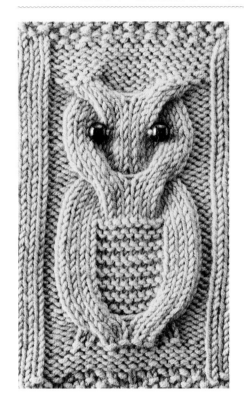

Verwendete Zeichen

● = 1 Randmasche

■ = 1 Masche rechts

– = 1 Masche links

◿ = 2 Maschen links zusammenstricken.

⋎ = 2 Maschen aus 1 Masche stricken:
1 Masche erst rechts stricken und auf der linken Nadel belassen, dann noch einmal rechts verschränkt stricken.

☐ = Keine Bedeutung, dient der besseren Übersicht.

▨▨▨▨◿▨▨▨▨ = 4 Maschen auf einer Hilfsnadel vor die Arbeit legen, 4 Maschen rechts stricken, dann die 4 Maschen der Hilfsnadel rechts stricken.

▨▨▨▨◿▨▨▨▨ = 4 Maschen auf einer Hilfsnadel hinter die Arbeit legen, 4 Maschen rechts stricken, dann die 4 Maschen der Hilfsnadel rechts stricken.

–––◿▨▨▨– = 4 Maschen auf einer Hilfsnadel vor die Arbeit legen, 4 Maschen links stricken, dann die 4 Maschen der Hilfsnadel 1 Masche links und 3 Maschen rechts stricken.

–▨▨▨◿–––– = 4 Maschen auf einer Hilfsnadel hinter die Arbeit legen, 3 Maschen rechts und 1 Masche links stricken, dann die 4 Maschen der Hilfsnadel links stricken.

Es sind Hin- und Rückr gezeichnet. Mit den M vor dem Rapport beginnen, den Rapport von 16 M für ein einzelnes Eulenmotiv einmal str, für ein flächiges Muster fortlaufend wdh und mit den M nach dem Rapport enden. Die 1.-50. R für ein einzelnes Eulenmotiv einmal arb, für ein flächiges Muster stets wdh.

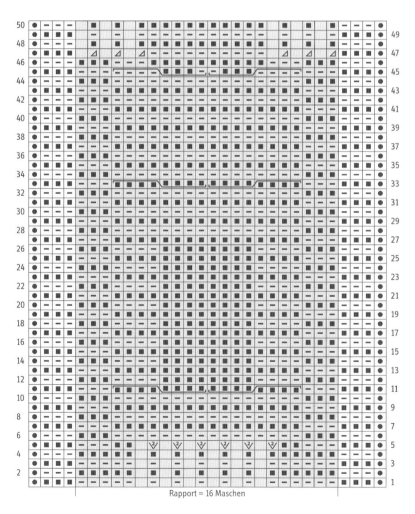

Rapport = 16 Maschen

Flächige Zopfmuster

078 EINFACHER ZOPF ÜBER 4 MASCHEN

[7 + 3 M + 2 Rdm]

Es sind nur die Hinr gezeichnet, in den Rückr alle M str wie sie erscheinen. Mit der Rdm vor dem Rapport beginnen, den Rapport von 7 M für einen einzelnen Musterstreifen einmal str, für ein flächiges Muster fortlaufend wdh und mit den M nach dem Rapport enden. Die 1.-6. R stets wdh.

Verwendete Zeichen

● = 1 Randmasche

■ = 1 Masche rechts

– = 1 Masche links

= 2 Maschen auf einer Hilfsnadel vor die Arbeit legen, 2 Maschen rechts stricken, dann die 2 Maschen der Hilfsnadel rechts stricken.

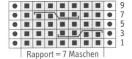
Rapport = 7 Maschen

079 SANDSPUREN

[7 + 2 Rdm]

Es sind nur die Hinr gezeichnet, in den Rückr alle M links str. Mit der Rdm vor dem Rapport beginnen, den Rapport von 7 M fortlaufend wdh und mit der Rdm nach dem Rapport enden. Die 1.-10. R stets wdh.

Rapport = 7 Maschen

Verwendete Zeichen

● = 1 Randmasche

■ = 1 Masche rechts

= 2 Maschen auf einer Hilfsnadel hinter die Arbeit legen, 2 Maschen rechts stricken, dann die 2 Maschen der Hilfsnadel rechts stricken.

= 2 Maschen auf einer Hilfsnadel vor die Arbeit legen, 2 Maschen rechts stricken, dann die 2 Maschen der Hilfsnadel rechts stricken.

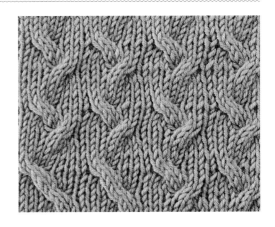

080 WELLENMUSTER

[6 + 1 M + 2 Rdm]

Es sind nur die Hinr gezeichnet, in den Rückr alle M str wie sie erscheinen. Mit der Rdm vor dem Rapport beginnen, den Rapport von 6 M fortlaufend wdh und mit der Rdm nach dem Rapport enden. Die 1.-16. R stets wdh.

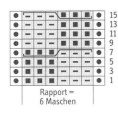
Rapport = 6 Maschen

Verwendete Zeichen

● = 1 Randmasche

■ = 1 Masche rechts

– = 1 Masche links

= 3 Maschen auf einer Hilfsnadel vor die Arbeit legen, 3 Maschen links stricken, dann die 3 Maschen der Hilfsnadel rechts stricken.

= 3 Maschen auf einer Hilfsnadel hinter die Arbeit legen, 3 Maschen rechts stricken, dann die 3 Maschen der Hilfsnadel links stricken.

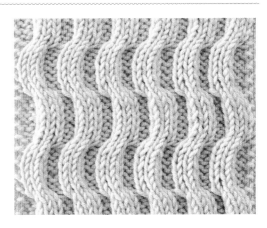

ZOPFBORDÜRE MIT STREIFEN [17 + 7 M + 2 Rdm]

Es sind nur die Hinr gezeichnet, in den Rückr alle M str wie sie erscheinen. Mit der Rdm vor dem Rapport beginnen, den Rapport von 17 M für einen einzelnen Musterstreifen einmal str, für ein flächiges Muster fortlaufend wdh und mit den M nach dem Rapport enden. Die 1.-4. R stets wdh.

Rapport = 17 Maschen

Verwendete Zeichen

● = 1 Randmasche

■ = 1 Masche rechts

– = 1 Masche links

■/ = 1 Masche auf einer Hilfsnadel hinter die Arbeit legen, 1 Masche rechts stricken, dann die Masche der Hilfsnadel rechts stricken.

/■ = 1 Masche auf einer Hilfsnadel vor die Arbeit legen, 1 Masche rechts stricken, dann die Masche der Hilfsnadel rechts stricken.

■■ = 2 Maschen auf einer Hilfsnadel vor die Arbeit legen, 1 Masche rechts stricken, dann die Maschen der Hilfsnadel rechts stricken.

BREITE ZOPFRIPPEN [20 + 2 M + 2 Rdm]

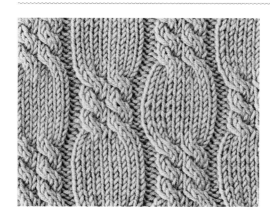

Es sind nur die Hinr gezeichnet, in den Rückr alle M str wie sie erscheinen. Mit der Rdm vor dem Rapport beginnen, den Rapport von 20 M fortlaufend wdh und mit den M nach dem Rapport enden. Die 1.-24. R stets wdh.

Rapport = 20 Maschen

Verwendete Zeichen

● = 1 Randmasche

■ = 1 Masche rechts

– = 1 Masche links

■■■■ = 2 Maschen auf einer Hilfsnadel vor die Arbeit legen, 2 Maschen rechts stricken, dann die 2 Maschen der Hilfsnadel rechts stricken.

DOPPELTE SCHLANGEN

[8 + 6 M + 2 Rdm]

Es sind nur die Hinr gezeichnet, in den Rückr alle M str wie sie erscheinen. Mit den M vor dem Rapport beginnen, den Rapport von 8 M für einen einzelnen Musterstreifen einmal str, für ein flächiges Muster fortlaufend wdh und mit den M nach dem Rapport enden. Die 1.-8. R stets wdh.

Verwendete Zeichen

● = 1 Randmasche

■ = 1 Masche rechts

– = 1 Masche links

= 2 Maschen auf einer Hilfsnadel vor die Arbeit legen, 2 Maschen rechts stricken, dann die 2 Maschen der Hilfsnadel rechts stricken.

= 2 Maschen auf einer Hilfsnadel hinter die Arbeit legen, 2 Maschen rechts stricken, dann die 2 Maschen der Hilfsnadel rechts stricken.

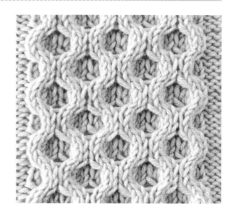

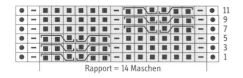
Rapport = 8 Maschen

GEFALTETE ZÖPFE

[14 + 1 M + 2 Rdm]

Es sind nur die Hinr gezeichnet, in den Rückr alle M str wie sie erscheinen. Mit der Rdm vor dem Rapport beginnen, den Rapport von 14 M für einen einzelnen Musterstreifen einmal str, für ein flächiges Muster fortlaufend wdh und mit den M nach dem Rapport enden. Die 1.-12. R stets wdh.

Verwendete Zeichen

● = 1 Randmasche

■ = 1 Masche rechts

– = 1 Masche links

= 1 Masche auf einer Hilfsnadel vor die Arbeit legen, 2 Maschen rechts stricken, dann die Masche der Hilfsnadel rechts stricken.

= 2 Maschen auf einer Hilfsnadel hinter die Arbeit legen, 1 Masche rechts stricken, dann die 2 Maschen der Hilfsnadel rechts stricken.

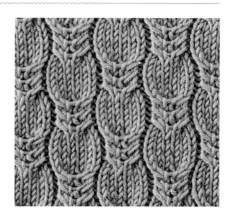

Rapport = 14 Maschen

SANDWIND

[12 + 2 Rdm]

Es sind nur die Hinr gezeichnet, in den Rückr alle M links str. Mit der Rdm vor dem Rapport beginnen, den Rapport von 12 M fortlaufend wdh und mit der Rdm nach dem Rapport enden. Die 1.-8. R stets wdh.

Verwendete Zeichen

● = 1 Randmasche

■ = 1 Masche rechts

= 3 Maschen auf einer Hilfsnadel vor die Arbeit legen, 3 Maschen rechts stricken, dann die 3 Maschen der Hilfsnadel rechts stricken.

= 3 Maschen auf einer Hilfsnadel hinter die Arbeit legen, 3 Maschen rechts stricken, dann die 3 Maschen der Hilfsnadel rechts stricken.

Rapport = 12 Maschen

STREIFEN MIT ZOPFKANTE [18 + 6 M + 2 Rdm]

Es sind nur die Hinr gezeichnet, in den Rückr alle M str wie sie erscheinen. Mit der Rdm vor dem Rapport beginnen, den Rapport von 18 M für einen einzelnen Musterstreifen einmal str, für ein flächiges Muster fortlaufend wdh und mit den M nach dem Rapport enden. Die 1.-4. R stets wdh.

Rapport = 18 Maschen

Verwendete Zeichen

⬤ = 1 Randmasche

■ = 1 Masche rechts

– = 1 Masche links

= 1 Masche auf einer Hilfsnadel vor die Arbeit legen, 1 Masche rechts stricken, dann die Masche der Hilfsnadel rechts stricken.

= 2 Maschen auf einer Hilfsnadel vor die Arbeit legen, 2 Maschen rechts stricken, dann die 2 Maschen der Hilfsnadel rechts stricken.

= 2 Maschen auf einer Hilfsnadel hinter die Arbeit legen, 2 Maschen rechts stricken, dann die 2 Maschen der Hilfsnadel rechts stricken.

VERSETZTES KETTENMUSTER [16 + 10 M + 2 Rdm]

Es sind nur die Hinr gezeichnet, in den Rückr alle M str wie sie erscheinen. Mit den M vor dem Rapport beginnen, den Rapport von 16 M fortlaufend wdh und mit den M nach dem Rapport enden. Die 1.-16. R stets wdh.

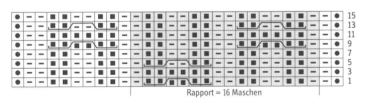

Rapport = 16 Maschen

Verwendete Zeichen

⬤ = 1 Randmasche

■ = 1 Masche rechts

– = 1 Masche links

= 2 Maschen auf einer Hilfsnadel vor die Arbeit legen, 2 Maschen auf einer 2. Hilfsnadel hinter die Arbeit legen, 2 Maschen rechts stricken, dann die Maschen der 2. Hilfsnadel rechts und danach die Maschen der 1. Hilfsnadel rechts stricken.

= 2 Maschen auf einer Hilfsnadel vor die Arbeit legen, 2 Maschen auf einer 2. Hilfsnadel hinter die Arbeit legen, 2 Maschen rechts stricken, dann die Maschen der 2. Hilfsnadel links und danach die Maschen der 1. Hilfsnadel rechts stricken.

ZOPF-PARALLELOGRAMME [9 + 1 M + 2 Rdm]

Es sind nur die Hinr gezeichnet, in den Rückr alle M str wie sie erscheinen. Mit der Rdm vor dem Rapport beginnen, den Rapport von 9 M fortlaufend wdh und mit den M nach dem Rapport enden. Die 1.-24. R stets wdh.

Verwendete Zeichen

● = 1 Randmasche

■ = 1 Masche rechts

– = 1 Masche links

= 3 Maschen auf einer Hilfsnadel hinter die Arbeit legen, 3 Maschen rechts stricken, dann die 3 Maschen der Hilfsnadel rechts stricken.

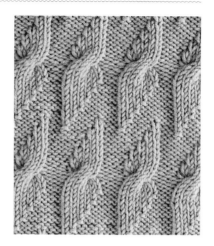

ZOPFVARIATION ÜBER 16 MASCHEN [36 + 2 M + 2 Rdm]

Es sind nur die Hinr gezeichnet, in den Rückr alle M str wie sie erscheinen. Für ein flächiges Muster mit den M vor dem Rapport beginnen, den Rapport von 36 M fortlaufend wdh und mit den M nach dem Rapport enden. Für einen einzelnen Musterstreifen nur die ersten 18 M des Rapports arb. Die 1.-36. R stets wdh.

Verwendete Zeichen

● = 1 Randmasche

■ = 1 Masche rechts

– = 1 Masche links

= 4 Maschen auf einer Hilfsnadel vor die Arbeit legen, 4 Maschen rechts stricken, dann die 4 Maschen der Hilfsnadel rechts stricken.

= 4 Maschen auf einer Hilfsnadel hinter die Arbeit legen, 4 Maschen rechts stricken, dann die 4 Maschen der Hilfsnadel rechts stricken.

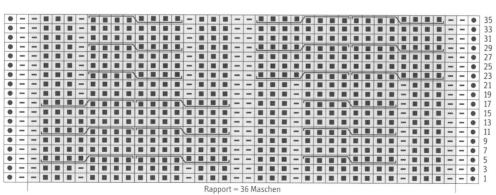

Rapport = 36 Maschen

ZOPF-QUADRATMUSTER

[18 + 1 M + 2 Rdm]

Es sind nur die Hinr gezeichnet, in den Rückr alle M str wie sie erscheinen. Mit der Rdm vor dem Rapport beginnen, den Rapport von 18 M fortlaufend wdh und mit den M nach dem Rapport enden. Die 1.-16. R stets wdh.

Verwendete Zeichen

● = 1 Randmasche

■ = 1 Masche rechts

– = 1 Masche links

▣◥▣ = 1 Masche auf einer Hilfsnadel vor die Arbeit legen, 1 Masche rechts stricken, dann die Masche der Hilfsnadel rechts stricken.

Rapport = 18 Maschen

PERLENKETTEN

[12 + 7 M + 2 Rdm]

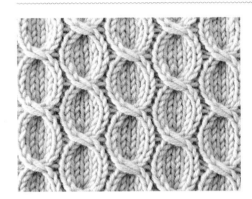

Es sind nur die Hinr gezeichnet, in den Rückr alle M str wie sie erscheinen. Mit der Rdm vor dem Rapport beginnen, den Rapport von 12 M fortlaufend wdh und mit den M nach dem Rapport enden. Die 1.-8. R stets wdh.

Verwendete Zeichen

● = 1 Randmasche

■ = 1 Masche rechts

– = 1 Masche links

▣◢▣■▣◣ = 1 Masche auf einer Hilfsnadel vor die Arbeit legen, 3 Maschen auf einer 2. Hilfsnadel hinter die Arbeit legen, 1 Masche rechts stricken, dann die Maschen der 2. Hilfsnadel rechts und danach die Masche der 1. Hilfsnadel rechts stricken.

Rapport = 12 Maschen

KETTENZÖPFE

[10 + 1 M + 2 Rdm]

Es sind nur die Hinr gezeichnet, in den Rückr alle M str wie sie erscheinen. Mit der Rdm vor dem Rapport beginnen, den Rapport von 10 M fortlaufend wdh und mit den M nach dem Rapport enden. Die 1.-16. R stets wdh.

Rapport = 10 Maschen

Verwendete Zeichen

● = 1 Randmasche

■ = 1 Masche rechts

– = 1 Masche links

▣■◢■▣ = 2 Maschen auf einer Hilfsnadel hinter die Arbeit legen, 2 Maschen rechts stricken, dann die 2 Maschen der Hilfsnadel rechts stricken.

ZOPF-SCHMETTERLINGE

[16 + 1 M + 2 Rdm]

Es sind nur die Hinr gezeichnet, in den Rückr alle M str wie sie erscheinen, die in den Hinr rechts verschränkt gestr M in der Rückr links verschränkt arb. Mit der Rdm vor dem Rapport beginnen, den Rapport von 16 M fortlaufend wdh und mit den M nach dem Rapport enden. Die 1.-48. R stets wdh.

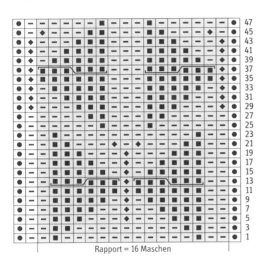

Rapport = 16 Maschen

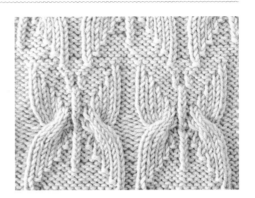

Verwendete Zeichen

◉ = 1 Randmasche

■ = 1 Masche rechts

– = 1 Masche links

◆ = 1 Masche rechts verschränkt

= 3 Maschen auf einer Hilfsnadel vor die Arbeit legen, 3 Maschen rechts stricken, dann die 3 Maschen der Hilfsnadel rechts stricken.

= 3 Maschen auf einer Hilfsnadel hinter die Arbeit legen, 3 Maschen rechts stricken, dann die 3 Maschen der Hilfsnadel rechts stricken.

ZÖPFE UND RIPPEN

[18 + 1 M + 2 Rdm]

Es sind Hin- und Rückr gezeichnet. Mit der Rdm vor dem Rapport beginnen, den Rapport von 18 M fortlaufend wdh und mit den M nach dem Rapport enden. Die 1.-24. R stets wdh.

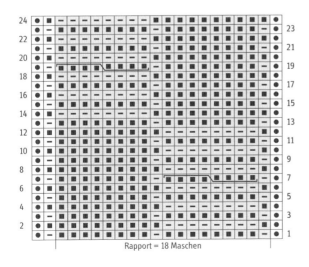

Rapport = 18 Maschen

Verwendete Zeichen

◉ = 1 Randmasche

■ = 1 Masche rechts

– = 1 Masche links

= 4 Maschen auf einer Hilfsnadel vor die Arbeit legen, 4 Maschen rechts stricken, dann die 4 Maschen der Hilfsnadel rechts stricken.

GEFLOCHTENES KORBMUSTER

[4 + 2 Rdm]

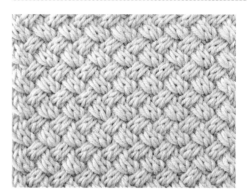

Es sind nur die Hinr gezeichnet, in den Rückr alle M links str. Mit den M vor dem Rapport beginnen, den Rapport von 4 M fortlaufend wdh und mit den M nach dem Rapport enden. Die 1.-4. R stets wdh.

Verwendete Zeichen

● = 1 Randmasche

■ = 1 Masche rechts

= 2 Maschen auf einer Hilfsnadel vor die Arbeit legen, 2 Maschen rechts stricken, dann die 2 Maschen der Hilfsnadel rechts stricken.

= 2 Maschen auf einer Hilfsnadel hinter die Arbeit legen, 2 Maschen rechts stricken, dann die 2 Maschen der Hilfsnadel rechts stricken.

Rapport = 4 Maschen

HONIGWABENMUSTER

[4 + 2 Rdm]

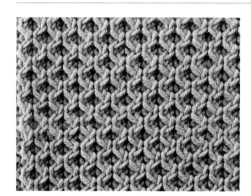

Es sind nur die Hinr gezeichnet, in den Rückr alle M links str. Mit der Rdm vor dem Rapport beginnen, den Rapport von 4 M fortlaufend wdh und mit der Rdm nach dem Rapport enden. Die 1.-4. R stets wdh.

Verwendete Zeichen

● = 1 Randmasche

= 1 Masche auf einer Hilfsnadel vor die Arbeit legen, 1 Masche rechts stricken, dann die Masche der Hilfsnadel rechts stricken.

= 1 Masche auf einer Hilfsnadel hinter die Arbeit legen, 1 Masche rechts stricken, dann die Masche der Hilfsnadel rechts stricken.

Rapport = 4 Maschen

VERSETZTES DOPPELZOPFMUSTER

[12 + 2 Rdm]

Es sind nur die Hinr gezeichnet, in den Rückr alle M links str. Mit der Rdm vor dem Rapport beginnen, den Rapport von 12 M fortlaufend wdh und mit der Rdm nach dem Rapport enden. Die 1.-16. R stets wdh.

Verwendete Zeichen

● = 1 Randmasche

■ = 1 Masche rechts

= 2 Maschen auf einer Hilfsnadel vor die Arbeit legen, 2 Maschen rechts stricken, dann die 2 Maschen der Hilfsnadel rechts stricken.

= 2 Maschen auf einer Hilfsnadel hinter die Arbeit legen, 2 Maschen rechts stricken, dann die 2 Maschen der Hilfsnadel rechts stricken.

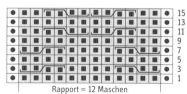

Rapport = 12 Maschen

ZOPFVARIATION ÜBER 10 MASCHEN

[26 + 3 M + 2 Rdm]

Es sind nur die Hinr gezeichnet, in den Rückr alle M str wie sie erscheinen. Für ein flächiges Muster mit der Rdm vor dem Rapport beginnen,
den Rapport von 26 M fortlaufend wdh und mit den M nach dem Rapport enden. Für einen einzelnen Musterstreifen nur die ersten 16 M des
Rapports arb. Die 1.-20. R stets wdh.

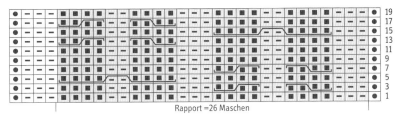

Rapport =26 Maschen

Verwendete Zeichen

● = 1 Randmasche

■ = 1 Masche rechts

– = 1 Masche links

▯▯▯▯ = 2 Maschen
auf einer Hilfsnadel vor die
Arbeit legen, 2 Maschen
rechts stricken, dann die
2 Maschen der Hilfsnadel
rechts stricken.

▯▯▯▯ = 2 Maschen
auf einer Hilfsnadel hinter
die Arbeit legen, 2 Maschen
rechts stricken, dann die
2 Maschen der Hilfsnadel
rechts stricken.

▯▯▯▯▯▯▯▯ = 4 Maschen auf
einer Hilfsnadel vor die Arbeit legen, 2 Maschen auf
einer 2. Hilfsnadel hinter die Arbeit legen, 4 Maschen rechts stricken, dann die Maschen der
2. Hilfsnadel links und danach die Maschen der
1. Hilfsnadel rechts stricken.

ZOPF-ORNAMENTE

[14 + 1 M + 2 Rdm]

Es sind nur die Hinr gezeichnet, in den Rückr alle M str wie sie erscheinen. Mit den M vor dem Rapport beginnen, den Rapport von 14 M fortlaufend wdh und mit den M nach dem Rapport enden. Die 1.-32. R stets wdh.

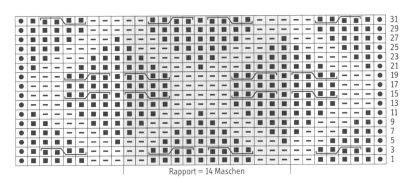

Rapport = 14 Maschen

Verwendete Zeichen

● = 1 Randmasche

■ = 1 Masche rechts

– = 1 Masche links

▯▯▯▯ = 2 Maschen
auf einer Hilfsnadel vor die
Arbeit legen, 2 Maschen
rechts stricken, dann die
2 Maschen der Hilfsnadel
rechts stricken.

▯▯▯▯ = 2 Maschen
auf einer Hilfsnadel hinter
die Arbeit legen, 2 Maschen
rechts stricken, dann die
2 Maschen der Hilfsnadel
rechts stricken.

ZOPFVARIATION ÜBER 8 MASCHEN

[14 + 6 M + 2 Rdm]

Es sind nur die Hinr gezeichnet, in den Rückr alle M str wie sie erscheinen. Mit der Rdm vor dem Rapport beginnen, den Rapport von 14 M für einen einzelnen Musterstreifen einmal str, für ein flächiges Muster fortlaufend wdh und mit den M nach dem Rapport enden. Die 1.-18. R stets wdh.

Rapport = 14 Maschen

Verwendete Zeichen

● = 1 Randmasche

■ = 1 Masche rechts

− = 1 Masche links

◨◧ = 1 Masche auf einer Hilfsnadel vor die Arbeit legen, 1 Masche rechts stricken, dann die Masche der Hilfsnadel rechts stricken.

◨◨◧◧ = 2 Maschen auf einer Hilfsnadel vor die Arbeit legen, 2 Maschen rechts stricken, dann die 2 Maschen der Hilfsnadel rechts stricken.

◨◧◨◧ = 2 Maschen auf einer Hilfsnadel hinter die Arbeit legen, 2 Maschen rechts stricken, dann die 2 Maschen der Hilfsnadel rechts stricken.

ZOPFVARIATION

[15 + 3 M + 2 Rdm]

Es sind Hin- und Rückr gezeichnet. Mit der Rdm vor dem Rapport beginnen, den Rapport von 15 M für einen einzelnen Musterstreifen einmal str, für ein flächiges Muster fortlaufend wdh und mit den M nach dem Rapport enden. Die 1.-12. R stets wdh.

Rapport = 15 Maschen

Verwendete Zeichen

● = 1 Randmasche

■ = 1 Masche rechts

− = 1 Masche links

◆ = 1 Masche rechts verschränkt

◇ = 1 Masche links verschränkt

◇◇◨ = 1 Masche auf einer Hilfsnadel hinter die Arbeit legen, 2 Maschen links verschränkt stricken, dann die Masche der Hilfsnadel rechts stricken.

◨◇◇ = 2 Maschen auf einer Hilfsnadel vor die Arbeit legen, 1 Masche rechts stricken, dann die 2 Maschen der Hilfsnadel links verschränkt stricken.

◆◆◆◆ = 2 Maschen auf einer Hilfsnadel hinter die Arbeit legen, 2 Maschen rechts verschränkt stricken, dann die 2 Maschen der Hilfsnadel rechts verschränkt stricken.

BEIDSEITIGES ZOPFMUSTER

➡ [12 + 6 M + 2 Rdm]

Es sind Hin- und Rückr gezeichnet. Mit der Rdm vor dem Rapport beginnen, den Rapport von 12 M fortlaufend wdh und mit den M nach dem Rapport enden. Die 1.-12. R stets wdh.

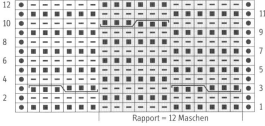

Rapport = 12 Maschen

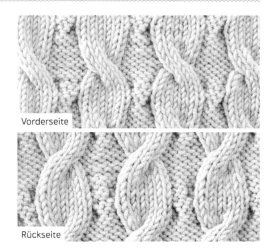

Vorderseite

Rückseite

Verwendete Zeichen

● = 1 Randmasche

■ = 1 Masche rechts

— = 1 Masche links

= 3 Maschen auf einer Hilfsnadel vor die Arbeit legen, 3 Maschen rechts stricken, dann die 3 Maschen der Hilfsnadel rechts stricken.

= 3 Maschen auf einer Hilfsnadel hinter die Arbeit legen, 3 Maschen rechts stricken, dann die 3 Maschen der Hilfsnadel rechts stricken.

ZOPF-RHOMBEN

[8 + 2 M + 2 Rdm]

Es sind nur die Hinr gezeichnet, in den Rückr alle M str wie sie erscheinen. Mit den M vor dem Rapport beginnen, den Rapport von 8 M fortlaufend wdh und mit den M nach dem Rapport enden. Die 1.-14. R stets wdh.

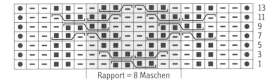

Rapport = 8 Maschen

Verwendete Zeichen

● = 1 Randmasche

■ = 1 Masche rechts

— = 1 Masche links

= 2 Maschen auf einer Hilfsnadel vor die Arbeit legen, 2 Maschen rechts stricken, dann die 2 Maschen der Hilfsnadel rechts stricken.

= 2 Maschen auf einer Hilfsnadel vor die Arbeit legen, 1 Masche links stricken, dann die 2 Maschen der Hilfsnadel rechts stricken.

= 1 Masche auf einer Hilfsnadel hinter die Arbeit legen, 2 Maschen rechts stricken, dann die Masche der Hilfsnadel links stricken.

KLEINE ZOPFDREIECKE [10 + 3 M + 2 Rdm]

Es sind nur die Hinr gezeichnet, in den Rückr alle M str wie sie erscheinen. Mit den M vor dem Rapport beginnen, den Rapport von 10 M fortlaufend wdh und mit den M nach dem Rapport enden. Die 1.-24. R stets wdh.

Rapport = 10 Maschen

Verwendete Zeichen

● = 1 Randmasche

■ = 1 Masche rechts

− = 1 Masche links

= 4 Maschen auf einer Hilfsnadel vor die Arbeit legen, 3 Maschen rechts stricken, dann die 4 Maschen der Hilfsnadel rechts stricken.

VERZOPFTE KREISE [8 + 4 M + 2 Rdm]

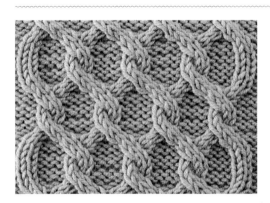

Es sind nur die Hinr gezeichnet, in den Rückr alle M str wie sie erscheinen. Mit den M vor dem Rapport beginnen, den Rapport von 8 M fortlaufend wdh und mit den M nach dem Rapport enden. Die 1.-16. R stets wdh.

Rapport = 8 Maschen

Verwendete Zeichen

● = 1 Randmasche

■ = 1 Masche rechts

− = 1 Masche links

= 2 Maschen auf einer Hilfsnadel vor die Arbeit legen, 2 Maschen rechts stricken, dann die 2 Maschen der Hilfsnadel rechts stricken.

= 2 Maschen auf einer Hilfsnadel vor die Arbeit legen, 2 Maschen links stricken, dann die 2 Maschen der Hilfsnadel rechts stricken.

= 2 Maschen auf einer Hilfsnadel hinter die Arbeit legen, 2 Maschen rechts stricken, dann die 2 Maschen der Hilfsnadel links stricken.

KLASSISCHE RHOMBEN

[20 + 2 Rdm]

Verwendete Zeichen

● = 1 Randmasche

■ = 1 Masche rechts

= 1 Masche auf einer Hilfsnadel vor die Arbeit legen, 1 Masche rechts stricken, dann die Masche der Hilfsnadel wie zum Linksstricken abheben mit dem Faden hinter der Masche.

= 1 Masche auf einer Hilfsnadel hinter die Arbeit legen, 1 Masche wie zum Linksstricken abheben mit dem Faden hinter der Masche, dann die Masche der Hilfsnadel rechts stricken.

= 1 Masche auf einer Hilfsnadel hinter die Arbeit legen, 1 Masche wie zum Linksstricken abheben mit dem Faden hinter der Masche, dann die Masche der Hilfsnadel wie zum Linksstricken abheben mit dem Faden hinter der Masche.

= 3 Maschen auf einer Hilfsnadel vor die Arbeit legen, 1 Masche rechts stricken, dann die 3 Maschen der Hilfsnadel rechts stricken.

= 1 Masche auf einer Hilfsnadel hinter die Arbeit legen, 3 Maschen rechts stricken, dann die Masche der Hilfsnadel rechts stricken.

= 3 Maschen auf einer Hilfsnadel vor die Arbeit legen, 1 Masche wie zum Linksstricken abheben mit dem Faden hinter der Masche, dann die 3 Maschen der Hilfsnadel rechts stricken.

= 1 Masche auf einer Hilfsnadel hinter die Arbeit legen, 3 Maschen rechts stricken, dann die Masche der Hilfsnadel wie zum Linksstricken abheben mit dem Faden hinter der Masche.

Es sind nur die Hinr gezeichnet, in den Rückr alle M links str. Mit den M vor dem Rapport beginnen, den Rapport von 20 M fortlaufend wdh und mit den M nach dem Rapport enden. Die 1.-32. R stets wdh.

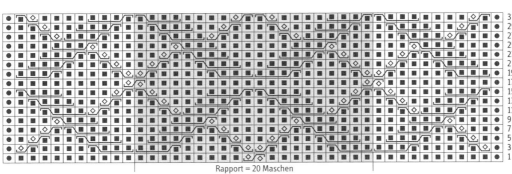

Rapport = 20 Maschen

ZOPF-KREISE

[20 + 2 M + 2 Rdm]

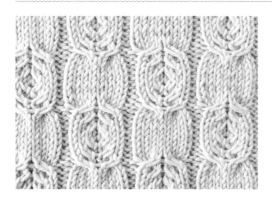

Es sind nur die Hinr gezeichnet, in den Rückr alle M str wie sie erscheinen. Mit den M vor dem Rapport beginnen, den Rapport von 20 M fortlaufend wdh und mit den M nach dem Rapport enden. Die 1.-20. R stets wdh.

Rapport = 20 Maschen

Verwendete Zeichen

● = 1 Randmasche

■ = 1 Masche rechts

– = 1 Masche links

= 1 Masche auf einer Hilfsnadel vor die Arbeit legen, 1 Masche rechts stricken, dann die Masche der Hilfsnadel rechts stricken.

= 1 Masche auf einer Hilfsnadel hinter die Arbeit legen, 1 Masche rechts stricken, dann die Masche der Hilfsnadel rechts stricken.

= 2 Maschen auf einer Hilfsnadel hinter die Arbeit legen, 1 Masche rechts stricken, dann die 2 Maschen der Hilfsnadel rechts stricken.

= 1 Masche auf einer Hilfsnadel vor die Arbeit legen, 2 Maschen rechts stricken, dann die Masche der Hilfsnadel rechts stricken.

= 3 Maschen auf einer Hilfsnadel hinter die Arbeit legen, 1 Masche rechts stricken, dann die 3 Maschen der Hilfsnadel rechts stricken.

= 1 Masche auf einer Hilfsnadel vor die Arbeit legen, 3 Maschen rechts stricken, dann die Masche der Hilfsnadel rechts stricken.

ZOPF-FLECHTMUSTER

[6 + 2 Rdm]

Es sind nur die Hinr gezeichnet, in den Rückr alle M str wie sie erscheinen. Mit den M vor dem Rapport beginnen, den Rapport von 6 M fortlaufend wdh und mit den M nach dem Rapport enden. Die 1.-8. R stets wdh.

Rapport = 6 Maschen

Verwendete Zeichen

● = 1 Randmasche

■ = 1 Masche rechts

– = 1 Masche links

= 2 Maschen auf einer Hilfsnadel vor die Arbeit legen, 2 Maschen rechts stricken, dann die 2 Maschen der Hilfsnadel rechts stricken.

= 2 Maschen auf einer Hilfsnadel hinter die Arbeit legen, 2 Maschen rechts stricken, dann die 2 Maschen der Hilfsnadel rechts stricken.

= 2 Maschen auf einer Hilfsnadel vor die Arbeit legen, 2 Maschen links stricken, dann die 2 Maschen der Hilfsnadel rechts stricken.

= 2 Maschen auf einer Hilfsnadel hinter die Arbeit legen, 2 Maschen rechts stricken, dann die 2 Maschen der Hilfsnadel links stricken.

GEZACKTE ZOPFGIRLANDE

[9 + 2 Rdm]

Es sind nur die Hinr gezeichnet, in den Rückr alle M str wie sie erscheinen. Mit der Rdm vor dem Rapport beginnen, den Rapport von 9 M fortlaufend wdh und mit der Rdm nach dem Rapport enden. Die 1.-36. R stets wdh.

Verwendete Zeichen

● = 1 Randmasche

■ = 1 Masche rechts

− = 1 Masche links

= 2 Maschen auf einer Hilfsnadel vor die Arbeit legen, 2 Maschen rechts stricken, dann die 2 Maschen der Hilfsnadel rechts stricken.

= 2 Maschen auf einer Hilfsnadel hinter die Arbeit legen, 2 Maschen rechts stricken, dann die 2 Maschen der Hilfsnadel rechts stricken.

Rapport = 9 Maschen

VERSCHLUNGENE RAUTEN

[8 + 2 Rdm]

Verwendete Zeichen

● = 1 Randmasche

■ = 1 Masche rechts

− = 1 Masche links

= 2 Maschen auf einer Hilfsnadel vor die Arbeit legen, 2 Maschen rechts stricken, dann die 2 Maschen der Hilfsnadel rechts stricken.

= 2 Maschen auf einer Hilfsnadel vor die Arbeit legen, 1 Masche links stricken, dann die 2 Maschen der Hilfsnadel rechts stricken.

= 1 Masche auf einer Hilfsnadel hinter die Arbeit legen, 2 Maschen rechts stricken, dann die Masche der Hilfsnadel links stricken.

Rapport = 8 Maschen

Es sind nur die Hinr gezeichnet, in den Rückr alle M str wie sie erscheinen. Mit den M vor dem Rapport beginnen, den Rapport von 8 M für einen einzelnen Musterstreifen einmal str, für ein flächiges Muster fortlaufend wdh und mit den M nach dem Rapport enden. Die 1.-28. R stets wdh.

Zweifarbige Zopfmuster

ZOPF AUF ZWEIFARBIGEM HINTERGRUND

[10 + 2 Rdm]

Es sind Hin- und Rückr gezeichnet. Mit der Rdm vor dem Rapport beginnen, den Rapport von 10 M fortlaufend wdh und mit der Rdm nach dem Rapport enden. Die 1.-6. R stets wdh.

Rapport = 10 Maschen

Verwendete Zeichen

■ = 1 Masche rechts in Farbe A

■ = 1 Masche rechts in Farbe B

− = 1 Masche links in Farbe A

− = 1 Masche links in Farbe B

● = 1 Randmasche in Farbe A

● = 1 Randmasche in Farbe B

ID = 1 Masche in Farbe B wie zum Linksstricken abheben mit dem Faden vor der Masche

= 3 Maschen in Farbe B mit einer Hilfsnadel vor die Arbeit legen, 3 Maschen rechts in Farbe A stricken, dann die 3 Maschen der Hilfsnadel wie zum Linksstricken von der Hilfsnadel abheben mit dem Faden hinter der Masche.

DOPPELZOPF AUF ZWEIFARBIGEM HINTERGRUND

[12 + 2 Rdm]

Es sind Hin- und Rückr gezeichnet. Mit der Rdm vor dem Rapport beginnen, den Rapport von 12 M fortlaufend wdh und mit der Rdm nach dem Rapport enden. Die 1.-6. R stets wdh.

Rapport = 12 Maschen

Verwendete Zeichen

■ = 1 Masche rechts in Farbe A

■ = 1 Masche rechts in Farbe B

− = 1 Masche links in Farbe A

− = 1 Masche links in Farbe B

● = 1 Randmasche in Farbe A

● = 1 Randmasche in Farbe B

ID = 1 Masche in Farbe A wie zum Linksstricken abheben mit dem Faden vor der Masche

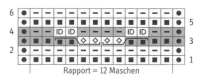 = 2 Maschen in Farbe A mit einer Hilfsnadel vor die Arbeit legen, 2 Maschen rechts in Farbe B stricken, dann die 2 Maschen der Hilfsnadel wie zum Linksstricken von der Hilfsnadel abheben mit dem Faden hinter der Masche.

= 2 Maschen auf einer Hilfsnadel hinter die Arbeit legen, 2 Maschen in Farbe A wie zum Linksstricken abheben mit dem Faden hinter der Masche, dann die 2 Maschen der Hilfsnadel rechts in Farbe B stricken.

ZWEIFARBIGER DOPPELZOPF

[12 + 2 Rdm]

Es sind Hin- und Rückr gezeichnet. Mit der Rdm vor dem Rapport beginnen, den Rapport von 12 M fortlaufend wdh und mit der Rdm nach dem Rapport enden. Die 1.-12. R stets wdh.

Verwendete Zeichen

■ = 1 Masche rechts in Farbe A

■ = 1 Masche rechts in Farbe B

– = 1 Masche links in Farbe A

– = 1 Masche links in Farbe B

● = 1 Randmasche in Farbe A

● = 1 Randmasche in Farbe B

CI = 1 Masche in Farbe A wie zum Linksstricken abheben mit dem Faden hinter der Masche

ID = 1 Masche in Farbe A wie zum Linksstricken abheben mit dem Faden vor der Masche

CI = 1 Masche in Farbe B wie zum Linksstricken abheben mit dem Faden hinter der Masche

ID = 1 Masche in Farbe B wie zum Linksstricken abheben mit dem Faden vor der Masche

■ ■ ◇ ◇ = 2 Maschen in Farbe A auf einer Hilfsnadel hinter die Arbeit legen, 2 Maschen rechts stricken in Farbe B, dann die 2 Maschen der Hilfsnadel wie zum Linksstricken abheben mit dem Faden hinter der Masche.

◇ ◇ ■ ■ = 2 Maschen auf einer Hilfsnadel vor die Arbeit legen, 2 Maschen in Farbe A wie zum Linksstricken abheben mit dem Faden hinter der Masche, dann die 2 Maschen der Hilfsnadel rechts in Farbe B stricken.

■ ■ ◇ ◇ = 2 Maschen in Farbe B auf einer Hilfsnadel hinter die Arbeit legen, 2 Maschen rechts in Farbe A stricken, dann die 2 Maschen der Hilfsnadel wie zum Linksstricken abheben mit dem Faden hinter der Masche.

◇ ◇ ■ ■ = 2 Maschen auf einer Hilfsnadel vor die Arbeit legen, 2 Maschen in Farbe B wie zum Linksstricken abheben mit dem Faden hinter der Masche, dann die 2 Maschen der Hilfsnadel rechts in Farbe A stricken.

Rapport = 12 Maschen

ZWEIFARBIGE ZOPFRIPPEN

[12 + 2 Rdm]

Verwendete Zeichen

■ = 1 Masche rechts in Farbe A

■ = 1 Masche rechts in Farbe B

– = 1 Masche links in Farbe A

– = 1 Masche links in Farbe B

● = 1 Randmasche in Farbe A

● = 1 Randmasche in Farbe B

ID = 1 Masche in Farbe A wie zum Linksstricken abheben mit dem Faden vor der Masche

ID = 1 Masche in Farbe B wie zum Linksstricken abheben mit dem Faden vor der Masche

◇ ■ = 1 Masche auf einer Hilfsnadel hinter die Arbeit legen, 1 Masche in Farbe A wie zum Linksstricken abheben mit dem Faden hinter der Masche, dann die Masche der Hilfsnadel rechts in Farbe B stricken.

◇ ■ = 1 Masche auf einer Hilfsnadel hinter die Arbeit legen, 1 Masche in Farbe B wie zum Linksstricken abheben mit dem Faden hinter der Masche, dann die Masche der Hilfsnadel rechts in Farbe A stricken.

Es sind Hin- und Rückr gezeichnet. Mit der Rdm vor dem Rapport beginnen, den Rapport von 12 M fortlaufend wdh und mit der Rdm nach dem Rapport enden. Die 1.-4. R stets wdh.

Rapport = 12 Maschen

ZWEIFARBIGER ZOPF AUF ZWEIFARBIGEM HINTERGRUND [9 + 1 M + 2 Rdm]

Es sind Hin- und Rückr gezeichnet. Mit der Rdm vor dem Rapport beginnen, den Rapport von 9 M fortlaufend wdh und mit den M nach dem Rapport enden. Die 1.-12. R stets wdh.

Verwendete Zeichen

■ = 1 Masche rechts in Farbe B

■ = 1 Masche rechts in Farbe A

− = 1 Masche links in Farbe B

− = 1 Masche links in Farbe A

● = 1 Randmasche in Farbe B

● = 1 Randmasche in Farbe A

CI = 1 Masche in Farbe B wie zum Linksstricken abheben mit dem Faden hinter der Masche

ID = 1 Masche in Farbe B wie zum Linksstricken abheben mit dem Faden vor der Masche

CI = 1 Masche in Farbe A wie zum Linksstricken abheben mit dem Faden hinter der Masche

ID = 1 Masche in Farbe A wie zum Linksstricken abheben mit dem Faden vor der Masche

◇◇■■ = 2 Maschen auf einer Hilfsnadel vor die Arbeit legen, 2 Maschen in Farbe B wie zum Linksstricken abheben mit dem Faden hinter der Masche, dann die 2 Maschen der Hilfsnadel rechts in Farbe A stricken.

◇◇■■ = 2 Maschen auf einer Hilfsnadel vor die Arbeit legen, 2 Maschen in Farbe A wie zum Linksstricken abheben mit dem Faden hinter der Masche, dann die 2 Maschen der Hilfsnadel rechts in Farbe B stricken.

Rapport = 9 Maschen

RAUTEN AUF ANDERSFARBIGEM UNTERGRUND [12 + 2 Rdm]

Verwendete Zeichen

■ = 1 Masche rechts in Farbe A

■ = 1 Masche rechts in Farbe B

● = 1 Randmasche in Farbe B

= 3 Maschen auf einer Hilfsnadel vor die Arbeit legen, 3 Maschen rechts in Farbe A stricken, dann die 3 Maschen der Hilfsnadel rechts in Farbe A stricken.

= 1 Masche auf einer Hilfsnadel hinter die Arbeit legen, 3 Maschen rechts in Farbe A stricken, dann die Masche der Hilfsnadel rechts in Farbe B stricken.

= 3 Maschen auf einer Hilfsnadel vor die Arbeit legen, 1 Masche rechts in Farbe B stricken, dann die 3 Maschen der Hilfsnadel rechts in Farbe A stricken.

Mit zwei Farben in einer Reihe arb. Es sind nur die Hinr gezeichnet, in den Rückr alle M in den jeweiligen Farben links str. Mit den M vor dem Rapport beginnen, den Rapport von 12 M fortlaufend wdh und mit den M nach dem Rapport enden. Die 1.-24. R stets wdh.

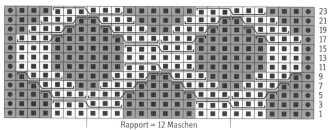

Rapport = 12 Maschen

ZWEIFARBIGES FLECHTMUSTER [4 + 2 Rdm]

Mit zwei Farben in einer Reihe arb. Es sind nur die Hinr gezeichnet, in den Rückr alle M in den jeweiligen Farben links str. Mit den M vor dem Rapport beginnen, den Rapport von 4 M fortlaufend wdh und mit den M nach dem Rapport enden. Die 1.-4. R stets wdh.

Verwendete Zeichen

■ = 1 Masche rechts in Farbe A

■ = 1 Masche rechts in Farbe B

● = 1 Randmasche in Farbe A

● = 1 Randmasche in Farbe B

▨▨▨▨ = 2 Maschen auf einer Hilfsnadel hinter die Arbeit legen, 2 Maschen rechts in Farbe B stricken, dann die 2 Maschen der Hilfsnadel rechts in Farbe A stricken.

▨▨▨▨ = 2 Maschen auf einer Hilfsnadel vor die Arbeit legen, 2 Maschen rechts in Farbe B stricken, dann die 2 Maschen der Hilfsnadel rechts in Farbe A stricken.

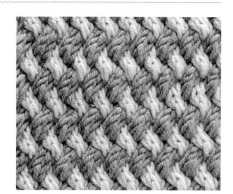

Rapport = 4 Maschen

RHOMBEN AUF ZWEIFARBIGEM UNTERGRUND [8 + 4 M + 2 Rdm]

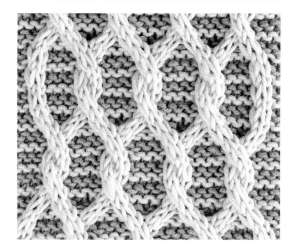

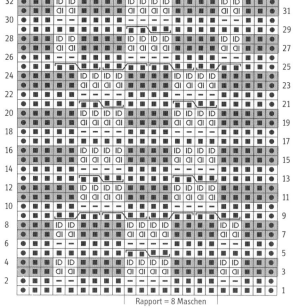

Rapport = 8 Maschen

Es sind Hin- und Rückr gezeichnet. Mit den M vor dem Rapport beginnen, den Rapport von 8 M fortlaufend wdh und mit den M nach dem Rapport enden. Die 1.-32. R stets wdh.

Verwendete Zeichen

■ = 1 Masche rechts in Farbe A

■ = 1 Masche rechts in Farbe B

— = 1 Masche links in Farbe A

● = 1 Randmasche in Farbe A

● = 1 Randmasche in Farbe B

ᴄI = 1 Masche in Farbe A wie zum Linksstricken abheben mit dem Faden hinter der Masche

ID = 1 Masche in Farbe A wie zum Linksstricken abheben mit dem Faden vor der Masche

▨▨▨▨ = 2 Maschen auf einer Hilfsnadel vor die Arbeit legen, 2 Maschen rechts in Farbe A stricken, dann die 2 Maschen der Hilfsnadel rechts in Farbe A stricken.

▨▨▨▨ = 2 Maschen auf einer Hilfsnadel hinter die Arbeit legen, 2 Maschen rechts in Farbe A stricken, dann die 2 Maschen der Hilfsnadel rechts in Farbe A stricken.

Zugmaschenmuster

RHOMBENMUSTER

Es sind nur die Hinr gezeichnet, in den Rückr alle M str wie sie erscheinen. Mit den M vor dem Rapport beginnen, den Rapport von 8 M fortlaufend wdh und mit den M nach dem Rapport enden. Die 1.-14. R stets wdh.

Rapport = 8 Maschen

Verwendete Zeichen

● = 1 Randmasche

■ = 1 Masche rechts

– = 1 Masche links

= 1 Masche auf einer Hilfsnadel vor die Arbeit legen, 1 Masche rechts stricken, dann die Masche der Hilfsnadel rechts stricken.

= 1 Masche auf einer Hilfsnadel hinter die Arbeit legen, 1 Masche rechts stricken, dann die Masche der Hilfsnadel rechts stricken.

= 1 Masche auf einer Hilfsnadel vor die Arbeit legen, 1 Masche links stricken, dann die Masche der Hilfsnadel rechts stricken.

= 1 Masche auf einer Hilfsnadel hinter die Arbeit legen, 1 Masche rechts stricken, dann die Masche der Hilfsnadel links stricken.

VIERFACH-ZOPF

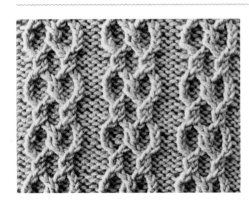

Es sind Hin- und Rückr gezeichnet. Mit den M vor dem Rapport beginnen, den Rapport von 10 M fortlaufend wdh und mit den M nach dem Rapport enden. Die 1.-8. R stets wdh.

Rapport = 10 Maschen

Verwendete Zeichen

● = 1 Randmasche

■ = 1 Masche rechts

– = 1 Masche links

◆ = 1 Masche rechts verschränkt

◇ = 1 Masche links verschränkt

= 1 Masche auf einer Hilfsnadel hinter die Arbeit legen, 1 Masche rechts verschränkt stricken, dann die Masche der Hilfsnadel rechts verschränkt stricken.

= 1 Masche auf einer Hilfsnadel vor die Arbeit legen, 1 Masche rechts verschränkt stricken, dann die Masche der Hilfsnadel rechts verschränkt stricken.

= 1 Masche auf einer Hilfsnadel vor die Arbeit legen, 1 Masche rechts stricken, dann die Masche der Hilfsnadel links verschränkt stricken.

= 1 Masche auf einer Hilfsnadel hinter die Arbeit legen, 1 Masche links verschränkt stricken, dann die Masche der Hilfsnadel rechts stricken.

KLEINES GITTERMUSTER

[6 + 2 M + 2 Rdm]

Es sind nur die Hinr gezeichnet, in den Rückr alle M links str. Mit den M vor dem Rapport beginnen, den Rapport von 6 M fortlaufend wdh und mit den M nach dem Rapport enden. Die 1.-12. R stets wdh.

Verwendete Zeichen

● = 1 Randmasche

■ = 1 Masche rechts

= 1 Masche auf einer Hilfsnadel vor die Arbeit legen, 1 Masche rechts stricken, dann die Masche der Hilfsnadel rechts stricken.

= 1 Masche auf einer Hilfsnadel hinter die Arbeit legen, 1 Masche rechts stricken, dann die Masche der Hilfsnadel rechts stricken.

Rapport =
6 Maschen

RAUTENMUSTER

[4 + 2 M + 2 Rdm]

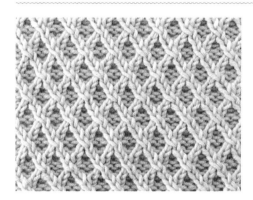

Es sind nur die Hinr gezeichnet, in den Rückr alle M links str. Mit den M vor dem Rapport beginnen, den Rapport von 4 M fortlaufend wdh und mit den M nach dem Rapport enden. Die 1.-8. R stets wdh.

Verwendete Zeichen

● = 1 Randmasche

— = 1 Masche links

= 1 Masche auf einer Hilfsnadel vor die Arbeit legen, 1 Masche rechts stricken, dann die Masche der Hilfsnadel rechts stricken.

= 1 Masche auf einer Hilfsnadel vor die Arbeit legen, 1 Masche links stricken, dann die Masche der Hilfsnadel rechts stricken.

= 1 Masche auf einer Hilfsnadel hinter die Arbeit legen, 1 Masche rechts stricken, dann die Masche der Hilfsnadel links stricken.

Rapport =
4 Maschen

ZICKZACKMUSTER

[16 + 1 M + 2 Rdm]

Es sind nur die Hinr gezeichnet, in den Rückr alle M str wie sie erscheinen, linke M links verschränkt str. Mit der Rdm vor dem Rapport beginnen, den Rapport von 16 M fortlaufend wdh und mit den M nach dem Rapport enden. Die 1.-16. R stets wdh.

Verwendete Zeichen

● = 1 Randmasche

— = 1 Masche links

◆ = 1 Masche rechts verschränkt

= 1 Masche auf einer Hilfsnadel hinter die Arbeit legen, 1 Masche rechts verschränkt stricken, dann die Masche der Hilfsnadel links stricken.

= 1 Masche auf einer Hilfsnadel vor die Arbeit legen, 1 Masche links stricken, dann die Masche der Hilfsnadel rechts verschränkt stricken.

Rapport = 16 Maschen

KLEINE RAUTENSTRÄNGE

[12 + 10 M + 2 Rdm]

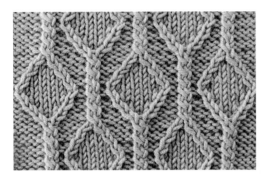

Verwendete Zeichen

⬤ = 1 Randmasche

◼ = 1 Masche rechts

— = 1 Masche links

◼◼ = 1 Masche auf einer Hilfs-nadel vor die Arbeit legen, 1 Ma-sche rechts stricken, dann die Ma-sche der Hilfsnadel rechts stricken.

◼◼ = 1 Masche auf einer Hilfs-nadel hinter die Arbeit legen, 1 Ma-

sche rechts stricken, dann die Ma-sche der Hilfsnadel rechts stricken.

—◼ = 1 Masche auf einer Hilfs-nadel vor die Arbeit legen, 1 Ma-sche links stricken, dann die Masche der Hilfsnadel rechts stricken.

◼— = 1 Masche auf einer Hilfs-nadel hinter die Arbeit legen, 1 Ma-sche rechts stricken, dann die Ma-sche derHilfsnadel links stricken.

Es sind nur die Hinr gezeichnet, in den Rückr alle M str wie sie erscheinen. Mit den M vor dem Rapport beginnen, den Rapport von 12 M fortlaufend wdh und mit den M nach dem Rapport enden. Die 1.-24. R stets wdh.

Rapport = 12 Maschen

GEFALTETES BAND

[16 + 2 M + 2 Rdm]

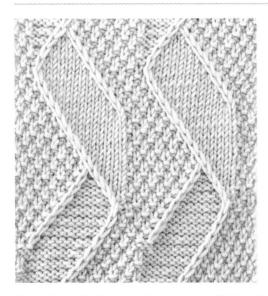

Rapport = 16 Maschen

Verwendete Zeichen

⬤ = 1 Randmasche

◼ = 1 Masche rechts

— = 1 Masche links

◇— = 1 Masche auf einer Hilfsnadel hinter die Arbeit legen, 1 Masche wie zum Linksstricken abheben mit dem Faden hinter der Masche, dann die Masche der Hilfsnadel links stricken.

◼◇ = 1 Masche auf einer Hilfsnadel vor die Arbeit legen, 1 Masche rechts stri-cken, dann die Masche der Hilfsnadel wie zum Links-stricken abheben mit dem Faden hinter der Masche.

—◇ = 1 Masche auf einer Hilfsnadel vor die Arbeit legen, 1 Masche links stri-cken, dann die Masche der Hilfsnadel wie zum Links-stricken abheben mit dem Faden hinter der Masche.

Es sind nur die Hinr gezeichnet, in den Rückr alle M str wie sie erscheinen, in der Hinr abgehobene M links str. Mit der Rdm vor dem Rapport beginnen, den Rapport von 16 M fortlaufend wdh und mit den M nach dem Rapport enden. Die 1.-52. R stets wdh.

HERZ

[17 + 1 M + 2 Rdm]

Es sind nur die Hinr gezeichnet, in den Rückr alle M str wie sie erscheinen. Mit der Rdm vor dem Rapport beginnen, den Rapport von 17 M für ein einzelnes Herzmotiv einmal str, für ein flächiges Muster fortlaufend wdh und mit den M nach dem Rapport enden. Die 1.-24. R für ein einzelnes Herzmotiv einmal arb, für ein flächiges Muster stets wdh.

Verwendete Zeichen

[•] = 1 Randmasche

[■] = 1 Masche rechts

[–] = 1 Masche links

= 1 Masche auf einer Hilfsnadel vor die Arbeit legen, 1 Masche rechts stricken, dann die Masche der Hilfsnadel rechts stricken.

= 1 Masche auf einer Hilfsnadel hinter die Arbeit legen, 1 Masche rechts stricken, dann die Masche der Hilfsnadel rechts stricken.

= 1 Masche auf einer Hilfsnadel vor die Arbeit legen, 1 Masche links stricken, dann die Masche der Hilfsnadel rechts stricken.

= 1 Masche auf einer Hilfsnadel hinter die Arbeit legen, 1 Masche rechts stricken, dann die Masche der Hilfsnadel links stricken.

Rapport = 17 Maschen

VERFLOCHTENE KREISE

[8 + 1 M + 2 Rdm]

Es sind Hin- und Rückr gezeichnet. Mit den M vor dem Rapport beginnen, den Rapport von 8 M für einen einzelnen Musterstreifen einmal str, für ein flächiges Muster fortlaufend wdh und mit den M nach dem Rapport enden. Die 1.-18. R stets wdh.

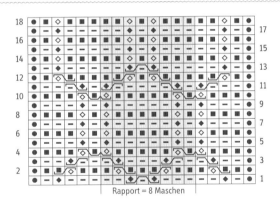

Rapport = 8 Maschen

Verwendete Zeichen

[•] = 1 Randmasche

[■] = 1 Masche rechts

[–] = 1 Masche links

[◆] = 1 Masche rechts verschränkt

[◇] = 1 Masche links verschränkt

= 1 Masche auf einer Hilfsnadel hinter die Arbeit legen, 1 Masche rechts verschränkt stricken, dann die Masche der Hilfsnadel links stricken.

= 1 Masche auf einer Hilfsnadel vor die Arbeit legen, 1 Masche links stricken, dann die Masche der Hilfsnadel rechts verschränkt stricken.

= 1 Masche auf einer Hilfsnadel hinter die Arbeit legen, 1 Masche rechts stricken, dann die Masche der Hilfsnadel links verschränkt stricken.

= 1 Masche auf einer Hilfsnadel vor die Arbeit legen, 1 Masche links verschränkt stricken, dann die Masche der Hilfsnadel rechts stricken.

= 1 Masche auf einer Hilfsnadel vor die Arbeit legen, 1 Masche auf einer 2. Hilfsnadel hinter die Arbeit legen, 1 Masche rechts verschränkt stricken, dann die Masche der 2. Hilfsnadel links und danach die Masche der 1. Hilfsnadel rechts verschränkt stricken.

= 2 Maschen auf einer Hilfsnadel vor die Arbeit legen, 1 Masche links verschränkt stricken, dann die 2. Masche der Hilfsnadel auf die linke Nadel heben und die Hilfsnadel mit der 1. Masche nach hinten legen, die Masche auf der linken Nadel rechts und danach die Masche der Hilfsnadel links verschränkt stricken.

GEFLOCHTENE ZOPFKETTE

[15 + 7 M + 2 Rdm]

Es sind Hin- und Rückr gezeichnet. Mit den M vor dem Rapport beginnen, den Rapport von 15 M für einen einzelnen Musterstreifen einmal str, für ein flächiges Muster fortlaufend wdh und mit den M nach dem Rapport enden. Die 1.-20. R stets wdh.

Rapport = 15 Maschen

Verwendete Zeichen

● = 1 Randmasche

■ = 1 Masche rechts

─ = 1 Masche links

= 1 Masche auf einer Hilfsnadel hinter die Arbeit legen, 1 Masche rechts verschränkt stricken, dann die Masche der Hilfsnadel links stricken.

= 1 Masche auf einer Hilfsnadel vor die Arbeit legen, 1 Masche links stricken, dann die Masche der Hilfsnadel rechts verschränkt stricken.

= 1 Masche auf einer Hilfsnadel hinter die Arbeit legen, 1 Masche links verschränkt stricken, dann die Masche der Hilfsnadel links verschränkt stricken.

= 1 Masche auf einer Hilfsnadel vor die Arbeit legen, 1 Masche links verschränkt stricken, dann die Masche der Hilfsnadel links verschränkt stricken.

MUSTERVARIATION

[6 + 2 M + 2 Rdm]

Es sind nur die Hinr gezeichnet, in den Rückr rechte M rechts und linke M links verschränkt str. Mit den M vor dem Rapport beginnen, den Rapport von 6 M fortlaufend wdh und mit den M nach dem Rapport enden. Die 1.-18. R stets wdh.

Rapport = 6 Maschen

Verwendete Zeichen

● = 1 Randmasche

─ = 1 Masche links

◆ = 1 Masche rechts verschränkt

= 1 Masche auf einer Hilfsnadel vor die Arbeit legen, 2 Maschen auf einer 2. Hilfsnadel hinter die Arbeit legen, 1 Masche rechts verschränkt stricken, dann die Maschen der 2. Hilfsnadel links und danach die Masche der 1. Hilfsnadel rechts verschränkt stricken.

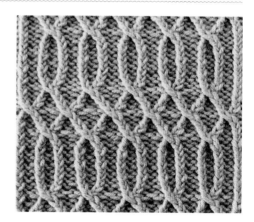

DREIECKORNAMENTE

[14 + 7 M + 2 Rdm]

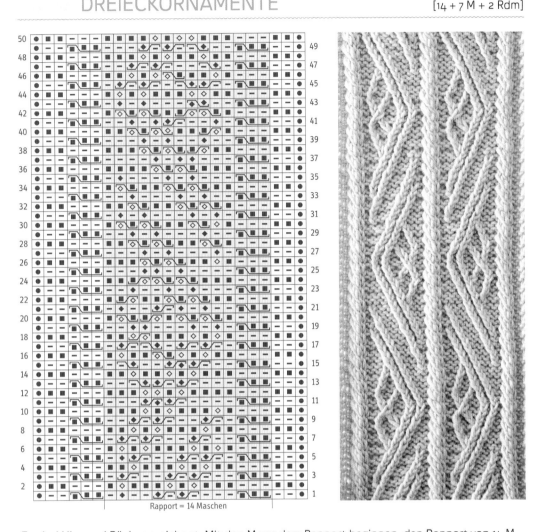

Rapport = 14 Maschen

Es sind Hin- und Rückr gezeichnet. Mit den M vor dem Rapport beginnen, den Rapport von 14 M für einen einzelnen Musterstreifen einmal str, für ein flächiges Muster fortlaufend wdh und mit den M nach dem Rapport enden. Die 1.-50. R stets wdh.

Verwendete Zeichen

● = 1 Randmasche

■ = 1 Masche rechts

– = 1 Masche links

◆ = 1 Masche rechts verschränkt

◇ = 1 Masche links verschränkt

◆╱– = 1 Masche auf einer Hilfsnadel hinter die Arbeit legen, 1 Masche rechts verschränkt stricken, dann die Masche der Hilfsnadel links stricken.

–╲◆ = 1 Masche auf einer Hilfsnadel vor die Arbeit legen, 1 Masche links stricken, dann die Masche der Hilfsnadel rechts verschränkt stricken.

◇╲■ = 1 Masche auf einer Hilfsnadel vor die Arbeit legen, 1 Masche links verschränkt stricken, dann die Masche der Hilfsnadel rechts stricken.

■╱◇ = 1 Masche auf einer Hilfsnadel hinter die Arbeit legen, 1 Masche rechts stricken, dann die Masche der Hilfsnadel links verschränkt stricken.

◆╱◆ = 1 Masche auf einer Hilfsnadel hinter die Arbeit legen, 1 Masche rechts verschränkt stricken, dann die Masche der Hilfsnadel rechts verschränkt stricken.

◆╲◆ = 1 Masche auf einer Hilfsnadel vor die Arbeit legen, 1 Masche rechts verschränkt stricken, dann die Masche der Hilfsnadel rechts verschränkt stricken.

◇╱◇ = 1 Masche auf einer Hilfsnadel hinter die Arbeit legen, 1 Masche links verschränkt stricken, dann die Masche der Hilfsnadel links verschränkt stricken.

◇╲◇ = 1 Masche auf einer Hilfsnadel vor die Arbeit legen, 1 Masche links verschränkt stricken, dann die Masche der Hilfsnadel links verschränkt stricken.

■╲■■ = 2 Maschen auf einer Hilfsnadel vor die Arbeit legen, 1 Masche rechts stricken, dann die Maschen der Hilfsnadel rechts stricken.

ZUGMASCHEN-DREIECKE

Verwendete Zeichen

● = 1 Randmasche

■ = 1 Masche rechts

– = 1 Masche links

◆ = 1 Masche rechts verschränkt

◇ = 1 Masche links verschränkt

▮ = 2 Maschen rechts verschränkt zusammenstricken.

◈ = 2 Maschen links verschränkt zusammenstricken.

✛ = 1 Masche rechts verschränkt aus dem Querfaden zunehmen.

✕ = 1 Masche links verschränkt aus dem Querfaden zunehmen.

◆/◆ = 1 Masche auf einer Hilfsnadel hinter die Arbeit legen, 1 Masche rechts verschränkt stricken, dann die Masche der Hilfsnadel rechts verschränkt stricken.

◆/◆ = 1 Masche auf einer Hilfsnadel vor die Arbeit legen, 1 Masche rechts verschränkt stricken, dann die Masche der Hilfsnadel rechts verschränkt stricken.

◇/◇ = 1 Masche auf einer Hilfsnadel hinter die Arbeit legen, 1 Masche links verschränkt stricken, dann die Masche der Hilfsnadel links verschränkt stricken.

◇/◇ = 1 Masche auf einer Hilfsnadel vor die Arbeit legen, 1 Masche links verschränkt stricken, dann die Masche der Hilfsnadel links verschränkt stricken.

◆/– = 1 Masche auf einer Hilfsnadel hinter die Arbeit legen, 1 Masche rechts verschränkt stricken, dann die Masche der Hilfsnadel links stricken.

–/◆ = 1 Masche auf einer Hilfsnadel vor die Arbeit legen, 1 Masche links stricken, dann die Masche der Hilfsnadel rechts verschränkt stricken.

◇/■ = 1 Masche auf einer Hilfsnadel vor die Arbeit legen, 1 Masche links verschränkt stricken, dann die Masche der Hilfsnadel rechts stricken.

Es sind Hin- und Rückr gezeichnet. Mit den M vor dem Rapport beginnen, den Rapport von 14 M für einen einzelnen Musterstreifen einmal str, für ein flächiges Muster fortlaufend wdh und mit den M nach dem Rapport enden. Die 1.-38. R stets wdh.

Rapport = 14 Maschen

■/◇ = 1 Masche auf einer Hilfsnadel hinter die Arbeit legen, 1 Masche rechts stricken, dann die Masche der Hilfsnadel links verschränkt stricken.

◆/◆/– = 1 Masche auf einer Hilfsnadel hinter die Arbeit legen, 2 Maschen rechts verschränkt stricken, dann die Masche der Hilfsnadel links stricken.

–/◆/◆ = 2 Maschen auf einer Hilfsnadel vor die Arbeit legen, 1 Masche links stricken, dann die 2 Maschen der Hilfsnadel rechts verschränkt stricken.

◇/◇/■ = 1 Masche auf einer Hilfsnadel vor die Arbeit legen, 2 Maschen links verschränkt stricken, dann die Masche der Hilfsnadel rechts stricken.

■/◇/◇ = 2 Maschen auf einer Hilfsnadel hinter die Arbeit legen, 1 Masche rechts stricken, dann die 2 Maschen der Hilfsnadel links verschränkt stricken.

◆/◆/◆ = 1 Masche auf einer Hilfsnadel hinter die Arbeit legen, 2 Maschen rechts verschränkt stricken, dann die Masche der Hilfsnadel rechts verschränkt stricken.

◆/◆/◆ = 2 Maschen auf einer Hilfsnadel vor die Arbeit legen, 1 Masche rechts verschränkt stricken, dann die 2 Maschen der Hilfsnadel rechts verschränkt stricken.

◇/◇/◇ = 1 Masche auf einer Hilfsnadel vor die Arbeit legen, 2 Maschen links verschränkt stricken, dann die Masche der Hilfsnadel links verschränkt stricken.

◇/◇/◇ = 2 Maschen auf einer Hilfsnadel hinter die Arbeit legen, 1 Masche links verschränkt stricken, dann die 2 Maschen der Hilfsnadel links verschränkt stricken.

ZUGMASCHEN-KREISE

[17 + 11 M + 2 Rdm]

Es sind Hin- und Rückr gezeichnet. Mit den M vor dem Rapport beginnen, den Rapport von 17 M für einen einzelnen Musterstreifen einmal str und für ein flächiges Muster fortlaufend wdh und mit den M nach dem Rapport enden. Die 1.-12. R stets wdh.

Rapport = 17 Maschen

Verwendete Zeichen

● = 1 Randmasche

■ = 1 Masche rechts

– = 1 Masche links

◆ = 1 Masche rechts verschränkt

◇ = 1 Masche links verschränkt

◆◣◆ = 1 Masche auf einer Hilfsnadel vor die Arbeit legen, 1 Masche rechts verschränkt stricken, dann die Masche der Hilfsnadel rechts verschränkt stricken.

◇◢◇ = 1 Masche auf einer Hilfsnadel hinter die Arbeit legen, 1 Masche links verschränkt stricken, dann die Masche der Hilfsnadel links verschränkt stricken.

■◢ = 1 Masche auf einer Hilfsnadel hinter die Arbeit legen, 1 Masche rechts stricken, dann die Masche der Hilfsnadel links verschränkt stricken.

◇■ = 1 Masche auf einer Hilfsnadel vor die Arbeit legen, 1 Masche links verschränkt stricken, dann die Masche der Hilfsnadel rechts stricken.

◆– = 1 Masche auf einer Hilfsnadel hinter die Arbeit legen, 1 Masche rechts verschränkt stricken, dann die Masche der Hilfsnadel links stricken.

–◆ = 1 Masche auf einer Hilfsnadel vor die Arbeit legen, 1 Masche links stricken, dann die Masche der Hilfsnadel rechts verschränkt stricken.

ARAN-
MUSTER

TRACHTEN-
MUSTER

KELTISCHE
MUSTER

133 ZOPFMUSTER MIT HERZGIRLANDE

[41 + 23 M + 2 Rdm]

❯ Strickschrift Vorlagenbogen 1B

Es sind nur die Hinr gezeichnet, in den Rückr alle M str wie sie erscheinen. Mit den M vor dem Rapport beginnen, den Rapport von 41 M fortlaufend wdh und mit den M nach dem Rapport enden. Die 1.-20. R stets wdh.

134 NORDISCHES ZOPFMUSTER

↔ [73 M + 2 Rdm]

DAS MUSTER VERBREITERN

Das Muster seitlich verbreitern:
Rapport 2 (= 12 M) und Rapport 3 (= 12 M) je 1x oder mehrmals nacheinander wdh.
Das Muster am Rand verbreitern:
Rapport 1 (= 1 M) und 4 (= 1 M) je 1x oder mehrmals nacheinander wdh.

❯ Strickschrift Vorlagenbogen 2A

Es sind nur die Hinr gezeichnet, in den Rückr alle M str wie sie erscheinen. Mit der Rdm vor dem Rapport 1 beginnen, den Rapport 1 von 1 M entsprechend der gewünschten Musterbreite 1x oder mehrmals arb und dann bis zu dem Rapport 2 str. Den Rapport 2 von 12 M entsprechend der gewünschten Musterbreite 1x oder mehrmals arb, danach bis zu dem Rapport 3 str und den Rapport 3 von 12 M entsprechend der gewünschten Musterbreite 1x oder mehrmals arb. Im Anschluss bis zu dem Rapport 4 weiterstr, den Rapport 4 von 1 M entsprechend der gewünschten Musterbreite 1x oder mehrmals arb und mit der Rdm nach dem Rapport 4 enden. Die 1.-30. R stets wdh.

135 ZUGMASCHEN-TRACHTENMUSTER ↔ [2 + 84 M + 2 Rdm]

❱ Strickschrift Vorlagenbogen 3A

Es sind nur die Hinr gezeichnet, in den Rückr alle M str wie sie erscheinen, linke M links verschränkt str. Mit der Rdm vor dem Rapport 1 beginnen, den Rapport 1 von 1 M entsprechend der gewünschten Musterbreite 1x oder mehrmals arb. Dann die M bis zu dem Rapport 2 str, den Rapport 2 von 1 M entsprechend der gewünschten Musterbreite 1x oder mehrmals arb und mit der Rdm nach dem Rapport 2 enden. Die 1.-20. R stets wdh.

DAS MUSTER VERBREITERN

Das Muster am Rand verbreitern: Rapport 1 (= 1 M) und 2 (= 1 M) je 1x oder mehrmals nacheinander wdh.

136 ZOPF-STRUKTURMUSTER ↔ [4 + 69 M + 2 Rdm]

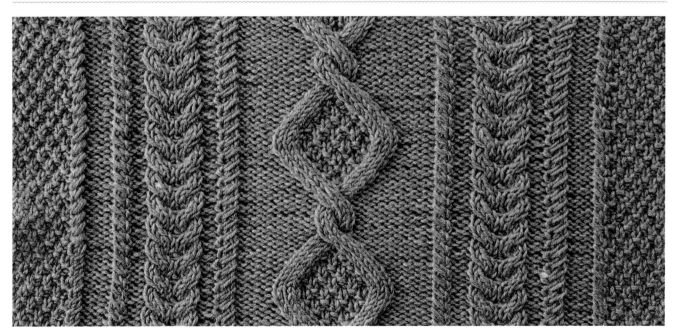

❱ Strickschrift Vorlagenbogen 2A

Es sind nur die Hinr gezeichnet, in den Rückr alle M str wie sie erscheinen. Mit der Rdm vor dem Rapport 1 beginnen und den Rapport 1 von 2 M entsprechend der gewünschten Musterbreite fortlaufend wdh. Dann den Musterstreifen von 69 M arb, den Rapport 2 von 2 M entsprechend der gewünschten Musterbreite fortlaufend wdh und mit der Rdm nach dem Rapport 2 enden. Die 1.-26. R stets wdh.

DAS MUSTER VERBREITERN

Die Musterbreite variieren: Rapport 1 und 2 je fortlaufend wdh bis die gewünschte Maschenzahl erreicht ist.

137 SPORTLICHE ZOPFRAUTEN

[40 + 19 M + 2 Rdm]

❯ Strickschrift Vorlagenbogen 2A
Es sind nur die Hinr gezeichnet, in den Rückr alle M str
wie sie erscheinen. Mit der
Rdm vor dem Rapport beginnen, den Rapport von 40 M
fortlaufend wdh und mit den
M nach dem Rapport enden.
Die 1.-24. R stets wdh.

138 EDLE ZOPFKOMBINATION

[39 + 6 M + 2 Rdm]

Es sind nur die Hinr gezeichnet, in den Rückr alle M str
wie sie erscheinen. Mit der
Rdm vor dem Rapport beginnen, den Rapport von 39 M
fortlaufend wdh und mit den
M nach dem Rapport enden.
Die 1.-12. R stets wdh.

Rapport = 39 Maschen

Verwendete Zeichen

⬤ = 1 Randmasche

■ = 1 Masche rechts

– = 1 Masche links

= 1 Masche auf einer Hilfsnadel
hinter die Arbeit legen, 1 Masche rechts
stricken, dann die Masche der Hilfsnadel
rechts stricken.

= 1 Masche auf einer Hilfsnadel
vor die Arbeit legen, 2 Maschen rechts
stricken, dann die Masche der Hilfsnadel
rechts stricken.

= 2 Maschen auf einer Hilfsnadel hinter die Arbeit legen, 1 Masche
rechts stricken, dann die 2 Maschen der
Hilfsnadel rechts stricken.

= 2 Maschen auf einer Hilfsnadel vor die Arbeit legen, 2 Maschen
rechts stricken, dann die 2 Maschen der
Hilfsnadel rechts stricken.

= 2 Maschen auf einer Hilfsnadel hinter die Arbeit legen, 2 Maschen
rechts stricken, dann die 2 Maschen der
Hilfsnadel rechts stricken.

= 3 Maschen auf
einer Hilfsnadel vor die Arbeit legen, 1 Masche auf einer 2. Hilfsnadel hinter die Arbeit legen, 1 Masche rechts, 1 Masche
links und 1 Masche rechts stricken, dann
die Masche der 2. Hilfsnadel links und
danach die Maschen der 1. Hilfsnadel
1 Masche rechts, 1 Masche links und
1 Masche rechts stricken.

139 TRADITIONELLES ARANMUSTER ↔ [62 M + 2 Rdm]

❭ Strickschrift Vorlagenbogen 1B

Es sind nur die Hinr gezeichnet, in den Rückr alle M str wie sie erscheinen. Mit den M vor dem Rapport 1 beginnen, den Rapport 1 von 1 M entsprechend der gewünschten Musterbreite 1x oder mehrmals arb. Dann die M bis zu dem Rapport 2 str und den Rapport 2 von 8 M entsprechend der gewünschten Musterbreite 1x oder mehrmals (Foto = 3x) arb. Danach die M bis zu dem Rapport 3 str, den Rapport 3 von 1 M entsprechend der gewünschten Musterbreite 1x oder mehrmals arb und mit den M nach dem Rapport 3 enden. Die 1.-24. R stets wdh.

DAS MUSTER VERBREITERN

Das Muster in der Mitte verbreitern: Rapport 2 (= 8 M) 1x oder mehrmals nacheinander wdh.
Das Muster am Rand verbreitern: Rapport 1 (= 1 M) und 3 (= 1 M) je 1x oder mehrmals nacheinander wdh.

140 ZUGMASCHEN KOMBINIERT ↔ [70 M + 2 Rdm]

❭ Strickschrift Vorlagenbogen 1B

Es sind nur die Hinr gezeichnet, in den Rückr alle M str wie sie erscheinen, linke M links verschränkt str. Mit den M vor dem Rapport 1 beginnen, den Rapport 1 von 2 M entsprechend der gewünschten Musterbreite 1x oder mehrmals arb. Dann die M bis zu dem Rapport 2 str und den Rapport 2 von 4 M entsprechend der gewünschten Musterbreite 1x oder mehrmals (Foto = 5x) arb. Danach die M bis zu dem Rapport 3 str, den Rapport 3 von 2 M entsprechend der gewünschten Musterbreite 1x oder mehrmals arb und mit den M nach dem Rapport 3 enden. Die 1.-16. R stets wdh.

DAS MUSTER VERBREITERN

Das Muster in der Mitte verbreitern: Rapport 2 (= 4 M) 1x oder mehrmals nacheinander wdh.
Das Muster am Rand verbreitern: Rapport 1 (= 2 M) und 3 (= 2 M) je 1x oder mehrmals nacheinander wdh.

141 KELTISCHES SYMBOL

↔ [4 + 31 M + 2 Rdm]

Es sind nur die Hinr gezeichnet, in den Rückr alle M str wie sie erscheinen. Mit der Rdm vor dem Rapport 1 beginnen, den Rapport 1 von 2 M entsprechend der gewünschten Musterbreite 1x oder mehrmals arb. Dann die M bis zu dem Rapport 2 str, den Rapport 2 von 2 M entsprechend der gewünschten Musterbreite 1x oder mehrmals arb und mit der Rdm nach dem Rapport 2 enden. Die 1.-68. R für ein einzelnes Motiv 1x, für ein flächiges Muster fortlaufend wdh.

DAS MUSTER VERBREITERN

Das Muster seitlich verbreitern: Rapport 1 (= 2 M) und 2 (= 2 M) je 1x oder mehrmals nacheinander wdh.

142 KELTISCHES ORNAMENT

↔ [2 + 43 M + 2 Rdm]

❱ **Strickschrift Vorlagenbogen 2B**

Es sind nur die Hinr gezeichnet, in den Rückr alle M str wie sie erscheinen. Mit der Rdm vor dem Rapport 1 beginnen, den Rapport 1 von 1 M entsprechend der gewünschten Musterbreite 1x oder mehrmals arb. Dann die M bis zu dem Rapport 2 str, den Rapport 2 von 1 M entsprechend der gewünschten Musterbreite 1x oder mehrmals arb und mit der Rdm nach dem Rapport 2 enden. Die 1.-36. R für ein einzelnes Motiv 1x, für ein flächiges Muster fortlaufend wdh.

DAS MUSTER VERBREITERN

Das Muster seitlich verbreitern: Rapport 1 (= 1 M) und 2 (= 1 M) je 1x oder mehrmals nacheinander wdh.

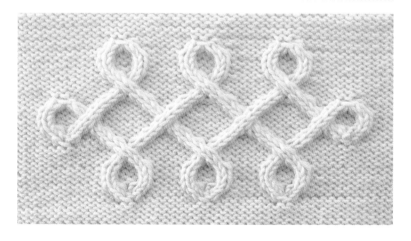

KELTISCHES SYMBOL

Rapport 2
= 2 Maschen

Rapport 1
= 2 Maschen

Verwendete Zeichen

⬤ = 1 Randmasche

▣ = 1 Masche rechts

▬ = 1 Masche links

✚ = 1 Masche rechts verschränkt aus dem Querfaden zunehmen.

☐ = Keine Bedeutung, dient der besseren Übersicht.

⬆ = Vierfacher Überzug, links beginnend: 2 Maschen wie zum Linksstricken auf die rechte Nadel heben. * Auf der linken Nadel die 2. Masche über die 1. Masche ziehen. Die 1. Masche der linken Nadel wie zum Linksstricken auf die rechte Nadel heben und auf der rechten Nadel die von der Nadelspitze aus 2. Masche über die von der Spitze aus 1. Masche ziehen. Die 1. Masche dann zurück auf die linke Nadel heben. Ab * noch einmal wiederholen und die Masche dann links abstricken.

⬆ = Vierfacher Überzug, rechts beginnend: 3 Maschen wie zum Linksstricken auf die rechte Nadel heben. * Auf der rechten Nadel die von der Nadelspitze aus 2. Masche über die von der Spitze aus 1. Masche ziehen. Die 1. Masche der rechten Nadel dann wie zum Linksstricken auf die linke Nadel heben und dort die 2. Masche über die 1. Masche ziehen. Die 1. Masche danach zurück auf die rechte Nadel heben. Ab * noch einmal wiederholen. Die Masche dann zurück auf die linke Nadel heben und links abstricken.

⩔ = Aus der folgenden Masche 3 Maschen herausstricken (1 Masche rechts, 1 Masche rechts verschränkt, 1 Masche rechts).

⬚ = 2 Maschen auf einer Hilfsnadel vor die Arbeit legen, 1 Masche links stricken, dann die 2 Maschen der Hilfsnadel rechts stricken.

⬚ = 1 Masche auf einer Hilfsnadel hinter die Arbeit legen, 2 Maschen rechts stricken, dann die Masche der Hilfsnadel links stricken.

⬚ = 2 Maschen auf einer Hilfsnadel vor die Arbeit legen, 2 Maschen links stricken, dann die 2 Maschen der Hilfsnadel rechts stricken.

⬚ = 2 Maschen auf einer Hilfsnadel hinter die Arbeit legen, 2 Maschen rechts stricken, dann die 2 Maschen der Hilfsnadel links stricken.

⬚ = 2 Maschen auf einer Hilfsnadel vor die Arbeit legen, 1 Masche auf einer 2. Hilfsnadel hinter die Arbeit legen, 2 Maschen rechts stricken, dann die Masche der 2. Hilfsnadel links und danach die 2 Maschen der 1. Hilfsnadel rechts stricken.

⬚ = 3 Maschen auf einer 1. Hilfsnadel hinter die Arbeit legen, 2 Maschen rechts stricken, dann die die 1. und 2. Masche der 1. Hilfsnadel auf einer 2. Hilfsnadel vor die Arbeit legen. Die restliche Masche der 1. Hilfsnadel links stricken, dann die 2 Maschen der 2. Hilfsnadel rechts stricken.

143 ROMANTISCHES HERZMUSTER

[28 + 17 M + 2 Rdm]

Es sind nur die Hinr gezeichnet, in den Rückr alle M str wie sie erscheinen. Mit der Rdm vor dem Rapport beginnen, den Rapport von 28 M fortlaufend wdh und mit den M nach dem Rapport enden. Die 1.-24. R stets wdh.

Rapport = 28 Maschen

Verwendete Zeichen

● = 1 Randmasche

■ = 1 Masche rechts

– = 1 Masche links

+ = 1 Masche rechts verschränkt aus dem Querfaden zunehmen.

☐ = Keine Bedeutung, dient der besseren Übersicht.

= 1 Masche auf einer Hilfsnadel vor die Arbeit legen, 1 Masche rechts stricken, dann die Masche der Hilfsnadel rechts stricken.

= 1 Masche auf einer Hilfsnadel hinter die Arbeit legen, 1 Masche rechts stricken, dann die Masche der Hilfsnadel rechts stricken.

= 1 Masche auf einer Hilfsnadel vor die Arbeit legen, 1 Masche links stricken, dann die Masche der Hilfsnadel rechts stricken.

= 1 Masche auf einer Hilfsnadel hinter die Arbeit legen, 1 Masche rechts stricken, dann die Masche der Hilfsnadel links stricken.

= 2 Maschen auf einer Hilfsnadel hinter die Arbeit legen, 1 Masche rechts stricken, dann die 2 Maschen der Hilfsnadel rechts stricken.

= 2 Maschen auf einer Hilfsnadel vor die Arbeit legen, 1 Masche rechts stricken, dann die 2 Maschen der Hilfsnadel rechts stricken.

= 1 Masche auf einer Hilfsnadel hinter die Arbeit legen, 2 Maschen rechts stricken, dann die Masche der Hilfsnadel rechts stricken.

= 2 Maschen auf einer Hilfsnadel vor die Arbeit legen, 1 Masche links stricken, dann die 2 Maschen der Hilfsnadel rechts stricken.

= 1 Masche auf einer Hilfsnadel hinter die Arbeit legen, 2 Maschen rechts stricken, dann die Masche der Hilfsnadel links stricken.

N = 1 Noppe stricken: Aus der folgenden Masche 3 Maschen herausstricken (1 Masche rechts, 1 Masche rechts verschränkt im Wechsel), wenden, 3 Maschen links stricken, wenden, 2 Maschen wie zum Rechtsstricken abheben, 1 Masche rechts stricken und die abgehobenen Maschen überziehen.

▲ = Vierfacher Überzug, links beginnend: 2 Maschen wie zum Linksstricken auf die rechte Nadel heben. Auf der linken Nadel die 2. Masche über die 1. Masche ziehen. Die 1. Masche der linken Nadel wie zum Linksstricken auf die rechte Nadel heben und auf der rechten Nadel die von der Nadelspitze aus 2. Masche über die von der Spitze aus 1. Masche ziehen. Die 1. Masche dann zurück auf die linke Nadel heben und erneut die 2. über die 1. Masche ziehen. Die 1. Masche wieder auf die rechte Nadel heben und abermals die 2. über die 1. Masche ziehen. Die 1. Masche zurück auf die linke Nadel heben und dann links abstricken.

▲ = Vierfacher Überzug, rechts beginnend: 3 Maschen wie zum Linksstricken auf die rechte Nadel heben und dort die von der Nadelspitze aus 2. Masche über die von der Spitze aus 1. Masche ziehen. Die 1. Masche der rechten Nadel dann wie zum Linksstricken auf die linke Nadel heben. Auf der linken Nadel die 2. Masche über die 1. Masche ziehen und die 1. Masche danach zurück auf die rechte Nadel heben. Dort erneut die 2. über die 1. Masche ziehen und die 1. Masche wieder auf die linke Nadel heben. Auf der linken Nadel abermals die 2. über die 1. Masche ziehen und die Masche dann links abstricken.

144 FESTLICHES TRACHTENMUSTER

↔ [2 + 91 M + 2 Rdm]

❯ Strickschrift Vorlagenbogen 4A

Es sind nur die Hinr gezeichnet, in den Rückr alle M str wie sie erscheinen, die in den Hinr rechts verschränkt gestr M in der Rückr links verschränkt arb. Mit der Rdm vor dem Rapport 1 beginnen, den Rapport 1 von 1 M entsprechend der gewünschten Musterbreite 1x oder mehrmals arb. Dann die M bis zu dem Rapport 2 str, den Rapport 2 von 1 M entsprechend der gewünschten Musterbreite 1x oder mehrmals arb und mit der Rdm nach dem Rapport 2 enden. Die 1.-18. R stets wdh.

DAS MUSTER VERBREITERN

Das Muster am Rand verbreitern:
Rapport 1 (= 1 M) und 2 (= 1 M) je 1x oder mehrmals nacheinander wdh.

145 ZÖPFE UND NOPPEN

↔ [16 + 98 M + 2 Rdm]

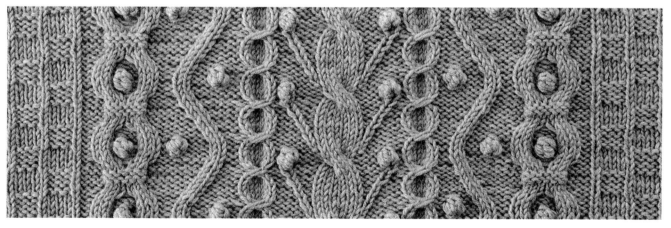

❯ Strickschrift Vorlagenbogen 4A

Es sind nur die Hinr gezeichnet, in den Rückr alle M str wie sie erscheinen. Mit der Rdm vor dem Rapport 1 beginnen, den Rapport 1 von 8 M entsprechend der gewünschten Musterbreite 1x oder mehrmals arb. Dann die M bis zu dem Rapport 2 str, den Rapport 2 von 8 M entsprechend der gewünschten Musterbreite 1x oder mehrmals arb und mit der Rdm nach dem Rapport 2 enden. Die 1.-24. R stets wdh.

DAS MUSTER VERBREITERN

Das Muster am Rand verbreitern:
Rapport 1 (= 8 M) und 2 (= 8 M) je 1x oder mehrmals nacheinander wdh.

146 IRISCHE MUSTERKOMBINATION ↔ [67 M + 2 Rdm]

DAS MUSTER VERBREITERN

Das Muster in der Mitte verbreitern: Rapport 2 (= 10 M) 1x oder mehrmals nacheinander wdh. **Das Muster seitlich verbreitern:** Rapport 1 (= 14 M) und 3 (= 14 M) je 1x oder mehrmals nacheinander wdh.

❭ Strickschrift Vorlagenbogen 1B

Es sind nur die Hinr gezeichnet, in den Rückr alle M str wie sie erscheinen. Mit den M vor dem Rapport 1 beginnen, den Rapport 1 von 14 M entsprechend der gewünschten Musterbreite 1x oder mehrmals arb. Dann die M bis zu dem Rapport 2 str und den Rapport 2 von 10 M entsprechend der gewünschten Musterbreite 1x oder mehrmals arb. Danach die M bis zu dem Rapport 3 str, den Rapport 3 von 14 M entsprechend der gewünschten Musterbreite 1x oder mehrmals arb und mit den M nach dem Rapport 3 enden. Die 1.-10. R 1x arb, dann die 3.-10. R stets wdh.

147 ARAN-ZOPFMUSTER [32 + 12 M + 2 Rdm]

Es sind nur die Hinr gezeichnet, in den Rückr alle M str wie sie erscheinen. Mit der Rdm vor dem Rapport beginnen, den Rapport von 32 M fortlaufend wdh und mit den M nach dem Rapport enden. Die 1.-18. R 1x arb und dann die 3.-18. R stets wdh.

17
15
13
11
9
7
5
3
1

Rapport = 32 Maschen

Verwendete Zeichen

⚫ = 1 Randmasche

▪ = 1 Masche rechts

▬ = 1 Masche links

▪▪▬▪ = 2 Maschen auf einer Hilfsnadel vor die Arbeit legen, 2 Maschen rechts stricken, dann die 2 Maschen der Hilfsnadel rechts stricken.

▪▪/▪ = 2 Maschen auf einer Hilfsnadel hinter die Arbeit legen, 2 Maschen rechts stricken, dann die 2 Maschen der Hilfsnadel rechts stricken.

▬▬\▪▪ = 2 Maschen auf einer Hilfsnadel vor die Arbeit legen, 2 Maschen links stricken, dann die 2 Maschen der Hilfsnadel rechts stricken.

▪▪/▬▬ = 2 Maschen auf einer Hilfsnadel hinter die Arbeit legen, 2 Maschen rechts stricken, dann die 2 Maschen der Hilfsnadel links stricken.

148 KLASSISCHES ARANMUSTER

↔ [8 + 92 M + 2 Rdm]

❱ Strickschrift Vorlagenbogen 3B

Es sind nur die Hinr gezeichnet, in den Rückr alle M str wie sie erscheinen. Mit der Rdm vor dem Rapport 1 beginnen, den Rapport 1 von 4 M entsprechend der gewünschten Musterbreite 1x oder mehrmals arb. Dann die M bis zu dem Rapport 2 str, den Rapport 2 von 4 M entsprechend der gewünschten Musterbreite 1x oder mehrmals arb und mit der Rdm nach dem Rapport 2 enden. Die 1.-16. R stets wdh.

DAS MUSTER VERBREITERN

Das Muster am Rand verbreitern:
Rapport 1 (= 4 M) und 2 (= 4 M) je 1x oder mehrmals nacheinander wdh.

149 BLATTMUSTERKOMBINATION

↔ [86 M + 2 Rdm]

❱ Strickschrift Vorlagenbogen 3A

Es sind nur die Hinr gezeichnet, in den Rückr alle M str wie sie erscheinen. Mit der Rdm vor dem Rapport 1 beginnen, den Rapport 1 von 4 M entsprechend der gewünschten Musterbreite 1x oder mehrmals arb und dann bis zu dem Rapport 2 str. Den Rapport 2 von 19 M entsprechend der gewünschten Musterbreite 1x oder mehrmals arb, danach bis zu dem Rapport 3 str und den Rapport 3 von 19 M entsprechend der gewünschten Musterbreite 1x oder mehrmals arb. Im Anschluss bis zu dem Rapport 4 weiterstr, den Rapport 4 von 4 M entsprechend der gewünschten Musterbreite 1x oder mehrmals arb und mit der Rdm nach dem Rapport 4 enden. Die 1.-32. R stets wdh.

DAS MUSTER VERBREITERN

Das Muster seitlich verbreitern:
Rapport 2 (= 19 M) und Rapport 3 (= 19 M) je 1x oder mehrmals nacheinander wdh.

Das Muster am Rand verbreitern:
Rapport 1 (= 4 M) und 4 (= 4 M) je 1x oder mehrmals nacheinander wdh.

150 KELTISCHER KNOTEN

↔ ↕ [4 + 39 M + 2 Rdm]

❱ Strickschrift Vorlagenbogen 1A

Es sind nur die Hinr gezeichnet, in den Rückr alle M str wie sie erscheinen. Mit der Rdm vor dem Rapport 1 beginnen, den Rapport 1 von 2 M entsprechend der gewünschten Musterbreite 1x oder mehrmals arb. Dann die M bis zu dem Rapport 2 str, den Rapport 2 von 2 M entsprechend der gewünschten Musterbreite 1x oder mehrmals arb und mit der Rdm nach dem Rapport 2 enden. Die 1.-4. R entsprechend der gewünschten Musterhöhe 1x oder mehrmals arb, dann die 5.-52. R 1x str und danach die 53.-56. R entsprechend der gewünschten Musterhöhe 1x oder mehrmals arb.

DAS MUSTER VERBREITERN

Den Musterrahmen seitlich verbreitern: Rapport 1 (= 2 M) und 2 (= 2 M) je 1x oder mehrmals nacheinander wdh.

Den Musterrahmen unten und oben verbreitern: Die 1.-4. R und die 53.-56. R entsprechend der gewünschten Musterhöhe je 1x oder mehrmals nacheinander wdh.

151 VIERFACH-KNOTEN

↔ ↕ [8 + 38 M + 2 Rdm]

❱ Strickschrift Vorlagenbogen 2B

Es sind nur die Hinr gezeichnet, in den Rückr alle M str wie sie erscheinen. Mit der Rdm vor dem Rapport 1 beginnen, den Rapport 1 von 4 M entsprechend der gewünschten Musterbreite 1x oder mehrmals arb. Dann die M bis zu dem Rapport 2 str, den Rapport 2 von 4 M entsprechend der gewünschten Musterbreite 1x oder mehrmals arb und mit der Rdm nach dem Rapport 2 enden. Die 1.-4. R entsprechend der gewünschten Musterhöhe 1x oder mehrmals arb, dann die 5.-44. R 1x str und danach die 45.-48. R entsprechend der gewünschten Musterhöhe 1x oder mehrmals arb.

DAS MUSTER VERBREITERN

Den Musterrahmen seitlich verbreitern: Rapport 1 (= 4 M) und 2 (= 4 M) je 1x oder mehrmals nacheinander wdh.
Den Musterrahmen unten und oben verbreitern: Die 1.-4. R und die 45.-48. R entsprechend der gewünschten Musterhöhe je 1x oder mehrmals nacheinander wdh.

152 KLASSISCHES TRACHTENMUSTER ↔ [90 M + 2 Rdm]

❱ Strickschrift Vorlagenbogen 3B

Es sind nur die Hinr gezeichnet, in den Rückr alle M str wie sie erscheinen. Mit der Rdm vor dem Rapport 1 beginnen, den Rapport 1 von 1 M entsprechend der gewünschten Musterbreite 1x oder mehrmals arb. Dann die M bis zu dem Rapport 2 str und den Rapport 2 von 8 M entsprechend der gewünschten Musterbreite 1x oder mehrmals arb. Danach die M bis zu dem Rapport 3 str, den Rapport 3 von 1 M entsprechend der gewünschten Musterbreite 1x oder mehrmals arb und mit der Rdm nach dem Rapport 3 enden. Die 1.-16. R stets wdh.

DAS MUSTER VERBREITERN

Das Muster in der Mitte verbreitern:
Rapport 2 (= 8 M) 1x oder mehrmals nacheinander wdh.

Das Muster am Rand verbreitern:
Rapport 1 (= 1 M) und 3 (= 1 M) je 1x oder mehrmals nacheinander wdh.

153 ZOPFMUSTERKOMBINATION ↔ [86 M + 2 Rdm]

❱ Strickschrift Vorlagenbogen 3B

Es sind nur die Hinr gezeichnet, in den Rückr alle M str wie sie erscheinen. Mit der Rdm vor dem Rapport 1 beginnen, den Rapport 1 von 3 M entsprechend der gewünschten Musterbreite 1x oder mehrmals arb. Dann die M bis zu dem Rapport 2 str und den Rapport 2 von 8 M entsprechend der gewünschten Musterbreite 1x oder mehrmals (Foto = 3x) arb. Danach die M bis zu dem Rapport 3 str, den Rapport 3 von 3 M entsprechend der gewünschten Musterbreite 1x oder mehrmals arb und mit der Rdm nach dem Rapport 3 enden. Die 1.-16. R stets wdh.

DAS MUSTER VERBREITERN

Das Muster in der Mitte verbreitern:
Rapport 2 (= 8 M) 1x oder mehrmals nacheinander wdh.

Das Muster am Rand verbreitern:
Rapport 1 (= 3 M) und 3 (= 3 M) je 1x oder mehrmals nacheinander wdh.

154 ENDLOS-KNOTEN

↔↕ [2 + 39 M + 2 Rdm]

Es sind nur die Hinr gezeichnet, in den Rückr alle M str wie sie erscheinen. Mit der Rdm vor dem Rapport 1 beginnen, den Rapport 1 von 1 M entsprechend der gewünschten Musterbreite 1x oder mehrmals arb. Dann die M bis zu dem Rapport 2 str, den Rapport 2 von 1 M entsprechend der gewünschten Musterbreite 1x oder mehrmals arb und mit der Rdm nach dem Rapport 2 enden. Die 1.+2. R entsprechend der gewünschten Musterhöhe 1x oder mehrmals arb, dann die 3.-60. R 1x str und danach die 61.-62. R entsprechend der gewünschten Musterhöhe 1x oder mehrmals arb.

DAS MUSTER VERBREITERN

Den Musterrahmen seitlich verbreitern: Rapport 1 (= 1 M) und 2 (= 1 M) je 1x oder mehrmals nacheinander wdh.
Den Musterrahmen unten und oben verbreitern: Die 1.+2. R und die 61.-62. R entsprechend der gewünschten Musterhöhe je 1x oder mehrmals nacheinander wdh.

155 MAGISCHER KNOTEN

↔↕ [8 + 40 M + 2 Rdm]

❯ Strickschrift Vorlagenbogen 1A

Es sind nur die Hinr gezeichnet, in den Rückr alle M str wie sie erscheinen. Mit der Rdm vor dem Rapport 1 beginnen, den Rapport 1 von 4 M entsprechend der gewünschten Musterbreite 1x oder mehrmals arb. Dann die M bis zu dem Rapport 2 str, den Rapport 2 von 4 M entsprechend der gewünschten Musterbreite 1x oder mehrmals arb und mit der Rdm nach dem Rapport 2 enden. Die 1.-4. R entsprechend der gewünschten Musterhöhe 1x oder mehrmals arb, dann die 5.-82. R 1x str und danach die 83.-86. R entsprechend der gewünschten Musterhöhe 1x oder mehrmals arb.

DAS MUSTER VERBREITERN

Das Randmuster seitlich verbreitern: Rapport 1 (= 4 M) und 2 (= 4 M) je 1x oder mehrmals nacheinander wdh.
Das Randmuster unten und oben verbreitern: Die 1.-4. R und die 83.-86. R entsprechend der gewünschten Musterhöhe je 1x oder mehrmals nacheinander wdh.

ENDLOS-KNOTEN

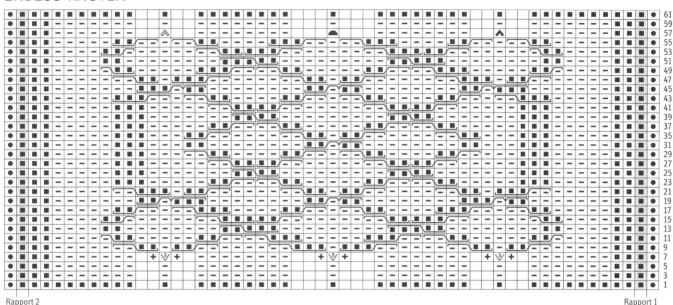

Rapport 2
= 1 Masche

Rapport 1
= 1 Masche

Verwendete Zeichen

● = 1 Randmasche

■ = 1 Masche rechts

− = 1 Masche links

+ = 1 Masche rechts verschränkt aus dem Querfaden zunehmen.

☐ = Keine Bedeutung, dient der besseren Übersicht.

⟨A⟩ = Vierfacher Überzug, links beginnend: 2 Maschen wie zum Linksstricken auf die rechte Nadel heben. * Auf der linken Nadel die 2. Masche über die 1. Masche ziehen. Die 1. Masche der linken Nadel wie zum Linksstricken auf die rechte Nadel heben und auf der rechten Nadel die von der Nadelspitze aus 2. Masche über die von der Spitze aus 1. Masche ziehen. Die 1. Masche dann zurück auf die linke Nadel heben. Ab * noch einmal wiederholen und die Masche dann links abstricken.

⟨A⟩ = Vierfacher Überzug, rechts beginnend: 3 Maschen wie zum Linksstricken auf die rechte Nadel heben. * Auf der rechten Nadel die von der Nadelspitze aus 2. Masche über die von der Spitze aus 1. Masche ziehen. Die 1. Masche der rechten Nadel dann wie zum Linksstricken auf die linke Nadel heben und dort die 2. Masche über die 1. Masche ziehen. Die 1. Masche danach zurück auf die rechte Nadel heben. Ab * noch einmal wiederholen. Die Masche dann zurück auf die linke Nadel heben und links abstricken.

◖◗ = Sechsfacher Überzug, links beginnend: 3 Maschen wie zum Linksstricken auf die rechte Nadel heben. * Auf der linken Nadel die 2. Masche über die 1. Masche ziehen. Die 1. Masche der linken Nadel wie zum Linksstricken auf die rechte Nadel heben und auf der rechten Nadel die von der Spitze aus 2. Masche über die von der Spitze aus 1. Masche ziehen. Die 1. Masche dann zurück auf die linke Nadel heben. Ab * noch zweimal wiederholen und die M dann links abstricken.

⟨3⟩ = Aus der folgenden Masche 3 Maschen herausstricken (1 Masche rechts, 1 Masche rechts verschränkt, 1 Masche rechts).

⟨5⟩ = Aus der folgenden Masche 5 Maschen herausstricken (1 Masche rechts, 1 Masche rechts verschränkt im Wechsel).

⟨−▪▪▪⟩ = 2 Maschen auf einer Hilfsnadel vor die Arbeit legen, 1 Masche links stricken, dann die 2 Maschen der Hilfsnadel rechts stricken.

⟨▪▪/−⟩ = 1 Masche auf einer Hilfsnadel hinter die Arbeit legen, 2 Maschen rechts stricken, dann die Masche der Hilfsnadel links stricken.

⟨−−▪▪▪⟩ = 2 Maschen auf einer Hilfsnadel vor die Arbeit legen, 2 Maschen links stricken, dann die 2 Maschen der Hilfsnadel rechts stricken.

⟨▪▪/−−⟩ = 2 Maschen auf einer Hilfsnadel hinter die Arbeit legen, 2 Maschen rechts stricken, dann die 2 Maschen der Hilfsnadel links stricken.

⟨▪▪▪▪⟩ = 2 Maschen auf einer Hilfsnadel vor die Arbeit legen, 2 Maschen rechts stricken, dann die 2 Maschen der Hilfsnadel rechts stricken.

⟨▪▪/−▪▪⟩ = 3 Maschen auf einer 1. Hilfsnadel hinter die Arbeit legen, 2 Maschen rechts stricken, dann die 1. und 2. Masche der 1. Hilfsnadel auf einer 2. Hilfsnadel vor die Arbeit legen. Die restliche Masche der 1. Hilfsnadel links stricken, dann die 2 Maschen der 2. Hilfsnadel rechts stricken.

⟨−−▪▪▪⟩ = 3 Maschen auf einer Hilfsnadel vor die Arbeit legen, 2 Maschen links stricken, dann die 3 Maschen der Hilfsnadel rechts stricken.

⟨▪▪▪/−−⟩ = 2 Maschen auf einer Hilfsnadel hinter die Arbeit legen, 3 Maschen rechts stricken, dann die 2 Maschen der Hilfsnadel links stricken.

⟨▪▪▪▪▪⟩ = 3 Maschen auf einer Hilfsnadel vor die Arbeit legen, 2 Maschen rechts stricken, dann die 3 Maschen der Hilfsnadel rechts stricken.

⟨▪▪▪▪▪⟩ = 2 Maschen auf einer Hilfsnadel vor die Arbeit legen, 3 Maschen rechts stricken, dann die 2 Maschen der Hilfsnadel rechts stricken.

⟨▪▪▪/−▪▪⟩ = 3 Maschen auf einer 1. Hilfsnadel hinter die Arbeit legen, 3 Maschen rechts stricken, dann die 1.+2. Masche der 1. Hilfsnadel auf einer 2. Hilfsnadel vor die Arbeit legen. Die restliche Masche der 1. Hilfsnadel links stricken, dann die 2 Maschen der 2. Hilfsnadel rechts stricken.

⟨▪▪/−▪▪▪⟩ = 4 Maschen auf einer 1. Hilfsnadel hinter die Arbeit legen, 2 Maschen rechts stricken, dann die 1.-3. Masche der 1. Hilfsnadel auf einer 2. Hilfsnadel vor die Arbeit legen. Die restliche Masche der 1. Hilfsnadel links stricken, dann die 3 Maschen der 2. Hilfsnadel rechts stricken.

Zopf-
Netzmuster

ZOPF-LOCH-
MUSTER

156 ZOPF-DREIECKE

[10 + 5 M + 2 Rdm]

Es sind nur die Hinr gezeichnet, in den Rückr alle M und U links str. Mit den M vor dem Rapport beginnen, den Rapport von 10 M fortlaufend wdh und mit den M nach dem Rapport enden. Die 1.-12. R stets wdh.

Verwendete Zeichen

● = 1 Randmasche

■ = 1 Masche rechts

○ = 1 Umschlag

◢ = 2 Maschen rechts zusammenstricken.

◣ = 1 Masche wie zum Rechtsstricken abheben, nächste Masche rechts stricken, abgehobene Masche überziehen.

△ = 3 Maschen rechts überzogen zusammenstricken: 1 Masche wie zum Rechtsstricken abheben, 2 Maschen rechts zusammenstricken, abgehobene Masche überziehen.

▣▣▣◢▣▣▣▣ = 4 Maschen auf einer Hilfsnadel hinter die Arbeit legen, 3 Maschen rechts stricken, dann die 4 Maschen der Hilfsnadel rechts stricken.

Rapport = 10 Maschen

157 ZICKZACKMUSTER MIT ZOPF

[13 + 1 M + 2 Rdm]

Es sind nur die Hinr gezeichnet, in den Rückr alle M und U links str. Mit der Rdm vor dem Rapport beginnen, den Rapport von 13 M fortlaufend wdh und mit den M nach dem Rapport enden. Die 1.-6. R stets wdh.

Verwendete Zeichen

● = 1 Randmasche

■ = 1 Masche rechts

○ = 1 Umschlag

◢ = 2 Maschen rechts zusammenstricken.

◣ = 1 Masche wie zum Rechtsstricken abheben,

nächste Masche rechts stricken, abgehobene Masche überziehen.

▣▣▣▣▣▣ = 3 Maschen auf einer Hilfsnadel vor die Arbeit legen, 3 Maschen rechts stricken, dann die 3 Maschen der Hilfsnadel rechts stricken.

Rapport = 13 Maschen

158 ZOPF-BOGENMUSTER

[15 + 8 M + 2 Rdm]

Rapport = 15 Maschen

Verwendete Zeichen

● = 1 Randmasche

■ = 1 Masche rechts

O = 1 Umschlag

△ = 3 Maschen rechts überzogen zusammenstricken: 1 Masche wie zum Rechtsstricken abheben, 2 Ma-

schen rechts zusammenstricken, abgehobene Masche überziehen.

= 3 Maschen auf einer Hilfsnadel vor die Arbeit legen, 3 Maschen rechts stricken, dann die 3 Maschen der Hilfsnadel rechts stricken.

Es sind nur die Hinr gezeichnet, in den Rückr alle M und U links str. Mit den M vor dem Rapport beginnen, den Rapport von 15 M fortlaufend wdh und mit den M nach dem Rapport enden. Die 1.-8. R stets wdh.

159 LOCHMUSTERZÖPFE

[20 + 2 M + 2 Rdm]

Verwendete Zeichen

● = 1 Randmasche

■ = 1 Masche rechts

– = 1 Masche links

O = 1 Umschlag

◢ = 2 Maschen rechts zusammenstricken.

◣ = 1 Masche wie zum Rechtsstricken abheben, nächste Masche rechts stricken, abgehobene Masche überziehen.

= 4 Maschen auf einer Hilfsnadel vor die Arbeit legen, 4 Maschen rechts stricken, dann die 4 Maschen der Hilfsnadel rechts stricken.

Es sind nur die Hinr gezeichnet, in den Rückr alle M str wie sie erscheinen und U links str. Mit der Rdm vor dem Rapport beginnen, den Rapport von 20 M fortlaufend wdh, mit den M nach dem Rapport enden. Die 1.-24. R stets wdh.

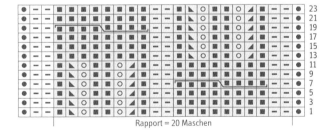

Rapport = 20 Maschen

160 AJOURMUSTER MIT 2-FACH-ZOPF [11 + 7 M + 2 Rdm]

Es sind nur die Hinr gezeichnet, in den Rückr alle M und U links str. Mit den M vor dem Rapport beginnen, den Rapport von 11 M fortlaufend wdh und mit den M nach dem Rapport enden. Die 1.-8. R stets wdh.

Verwendete Zeichen

● = 1 Randmasche

■ = 1 Masche rechts

○ = 1 Umschlag

◢ = 2 Maschen rechts zusammen-stricken.

◣ = 1 Masche wie zum Rechtsstri-cken abheben, nächste Masche rechts stricken, abgehobene Ma-sche überziehen.

△ = 3 Maschen rechts überzogen zusammenstricken: 1 Masche wie zum Rechtsstricken abheben, 2 Ma-schen rechts zusammenstricken, abgehobene Masche überziehen.

■■■◢○■■ = 3 Maschen auf einer Hilfsnadel hinter die Arbeit legen, 3 Maschen rechts stricken, dann die 3 Maschen der Hilfsnadel rechts stricken.

Rapport = 11 Maschen

161 AJOURMUSTER MIT 3-FACH-ZOPF [18 + 3 M + 2 Rdm]

Verwendete Zeichen

● = 1 Randmasche

■ = 1 Masche rechts

○ = 1 Umschlag

◢ = 2 Maschen rechts zusammen-stricken.

◣ = 1 Masche wie zum Rechtsstri-cken abheben, nächste Masche rechts stricken, abgehobene Ma-sche überziehen.

■■■◢○■■ = 3 Maschen auf einer Hilfsnadel hinter die Arbeit legen, 3 Maschen rechts stricken, dann die 3 Maschen der Hilfsnadel rechts stricken.

■■■■◣■■ = 3 Maschen auf einer Hilfsnadel vor die Arbeit legen, 3 Maschen rechts stricken, dann die 3 Maschen der Hilfsnadel rechts stricken.

Es sind nur die Hinr gezeichnet, in den Rückr alle M und U links str. Mit den M vor dem Rap-port beginnen, den Rapport von 18 M fortlau-fend wdh und mit den M nach dem Rapport enden. Die 1.-8. R stets wdh.

Rapport = 18 Maschen

162 ZOPF-NETZMUSTER

[8 + 2 M + 2 Rdm]

Es sind nur die Hinr gezeichnet, in den Rückr alle M und U links str. Mit den M vor dem Rapport beginnen, den Rapport von 8 M fortlaufend wdh und mit den M nach dem Rapport enden. Die 1.-8. R stets wdh.

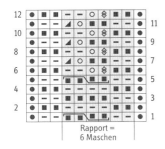

Rapport = 8 Maschen

Verwendete Zeichen

⬤ = 1 Randmasche

◼ = 1 Masche rechts

○ = 1 Umschlag

◢ = 2 Maschen rechts zusammenstricken.

◣ = 1 Masche wie zum Rechtsstricken abheben, nächste Masche rechts stricken, abgehobene Masche überziehen.

◼◼◣◼◼◼ = 3 Maschen auf einer Hilfsnadel vor die Arbeit legen, 3 Maschen rechts stricken, dann die 3 Maschen der Hilfsnadel rechts stricken.

163 KLEINE AJOURZÖPFE

[6 + 2 M + 2 Rdm]

Es sind Hin- und Rückr gezeichnet. Mit der Rdm vor dem Rapport beginnen, den Rapport von 6 M fortlaufend wdh und mit den M nach dem Rapport enden. Die 1.-12. R stets wdh.

Rapport = 6 Maschen

Verwendete Zeichen

⬤ = 1 Randmasche

◼ = 1 Masche rechts

— = 1 Masche links

○ = 1 Umschlag

◢ = 2 Maschen rechts zusammenstricken.

⊗ = 2 Maschen links verschränkt zusammenstricken.

◼◣◼◼ = 2 Maschen auf einer Hilfsnadel vor die Arbeit legen, 2 Maschen rechts stricken, dann die 2 Maschen der Hilfsnadel rechts stricken.

164 KLEINE AJOURZÖPFE VERSETZT

[12 + 2 M + 2 Rdm]

Verwendete Zeichen

● = 1 Randmasche

■ = 1 Masche rechts

– = 1 Masche links

○ = 1 Umschlag

◢ = 2 Maschen rechts zusammenstricken.

⊗ = 2 Maschen links verschränkt zusammenstricken.

= 2 Maschen auf einer Hilfsnadel vor die Arbeit legen, 2 Maschen rechts stricken, dann die 2 Maschen der Hilfsnadel rechts stricken.

Rapport = 12 Maschen

Es sind Hin- und Rückr gezeichnet. Mit der Rdm vor dem Rapport beginnen, den Rapport von 12 M fortlaufend wdh und mit den M nach dem Rapport enden. Die 1.-16. R stets wdh.

165 ZOPF-RAUTEN

[12 + 1 M + 2 Rdm]

Es sind nur die Hinr gezeichnet, in den Rückr alle M und U links str. Mit den M vor dem Rapport beginnen, den Rapport von 12 M fortlaufend wdh und mit den M nach dem Rapport enden. Die 1.-20. R stets wdh.

Rapport = 12 Maschen

Verwendete Zeichen

● = 1 Randmasche

■ = 1 Masche rechts

○ = 1 Umschlag

◢ = 2 Maschen rechts zusammenstricken.

◣ = 1 Masche wie zum Rechtsstricken abheben, nächste Masche rechts stricken, abgehobene Masche überziehen.

△ = 3 Maschen rechts überzogen zusammenstricken: 1 Masche wie zum Rechtsstricken abheben, 2 Maschen rechts zusammenstricken, abgehobene Masche überziehen.

= 3 Maschen auf einer Hilfsnadel vor die Arbeit legen, 4 Maschen rechts stricken, dann die 3 Maschen der Hilfsnadel rechts stricken.

= 4 Maschen auf einer Hilfsnadel hinter die Arbeit legen, 3 Maschen rechts stricken, dann die 4 Maschen der Hilfsnadel rechts stricken. 4 Maschen der Hilfsnadel rechts stricken.

166 GROSSE AJOURZÖPFE VERSETZT [20 + 2 M + 2 Rdm]

Verwendete Zeichen

● = 1 Randmasche

■ = 1 Masche rechts

– = 1 Masche links

○ = 1 Umschlag

◢ = 2 Maschen rechts zusammenstricken.

= 4 Maschen auf einer Hilfsnadel vor die Arbeit legen, 4 Maschen rechts stricken, dann die 4 Maschen der Hilfsnadel rechts stricken.

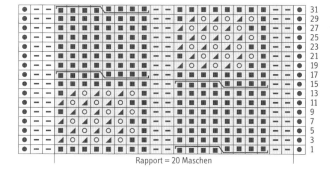

Rapport = 20 Maschen

Es sind nur die Hinr gezeichnet, in den Rückr alle M str wie sie erscheinen, U links str. Mit der Rdm vor dem Rapport beginnen, den Rapport von 20 M fortlaufend wdh und mit den M nach dem Rapport enden. Die 1.-32. R stets wdh.

167 SCHRÄGE ZOPF-LOCHMUSTERSTREIFEN [36 + 10 M + 2 Rdm]

Es sind nur die Hinr gezeichnet, in den Rückr alle M str wie sie erscheinen, U links str. Mit der Rdm vor dem Rapport beginnen, den Rapport von 36 M für einen einzelnen Musterstreifen einmal str, für ein flächiges Muster fortlaufend wdh und mit den M nach dem Rapport enden. Die 1.-6. R stets wdh.

Verwendete Zeichen

● = 1 Randmasche

■ = 1 Masche rechts

– = 1 Masche links

○ = 1 Umschlag

◢ = 2 Maschen rechts zusammenstricken.

◤ = 1 Masche wie zum Rechtsstricken abheben, nächste Masche rechts stricken, abgehobene Masche überziehen.

= 3 Maschen auf einer Hilfsnadel vor die Arbeit legen, 3 Maschen rechts stricken, dann die 3 Maschen der Hilfsnadel rechts stricken.

Rapport = 36 Maschen

168 FLÄCHIGES AJOUR-ZOPFMUSTER

[12 + 2 M + 2 Rdm]

Es sind nur die Hinr gezeichnet, in den Rückr alle M und U links str. Mit den M vor dem Rapport beginnen, den Rapport von 12 M fortlaufend wdh und mit den M nach dem Rapport enden. Die 1.-20. R stets wdh.

Verwendete Zeichen

● = 1 Randmasche

■ = 1 Masche rechts

○ = 1 Umschlag

◢ = 2 Maschen rechts zusammenstricken.

▮▮▮▮/▮▮▮ = 3 Maschen auf einer Hilfsnadel hinter die Arbeit legen, 3 Maschen rechts stricken, dann die 3 Maschen der Hilfsnadel rechts stricken.

Rapport = 12 Maschen

169 FLÄCHIGES ZOPF-RAUTENMUSTER

[22 + 11 M + 2 Rdm]

Es sind nur die Hinr gezeichnet, in den Rückr alle M str wie sie erscheinen, U links str. Mit der Rdm vor dem Rapport beginnen, den Rapport von 22 M fortlaufend wdh und mit den M nach dem Rapport enden. Die 1.-24. R stets wdh.

Verwendete Zeichen

● = 1 Randmasche

■ = 1 Masche rechts

– = 1 Masche links

○ = 1 Umschlag

◢ = 2 Maschen rechts zusammenstricken.

◤ = 1 Masche wie zum Rechtsstricken abheben, nächste Masche rechts stricken, abgehobene Masche überziehen.

◿ = 2 Maschen links zusammenstricken.

◣ = 2 Maschen nacheinander wie zum Rechtsstricken abheben und zurück auf die linke Nadel nehmen, dann links verschränkt zusammenstricken.

▲ = 3 Maschen rechts zusammenstricken

▮▮▮/▮▮ = 2 Maschen auf einer Hilfsnadel hinter die Arbeit legen, 2 Maschen rechts stricken, dann die 2 Maschen der Hilfsnadel rechts stricken.

▮▮▮▮▮ = 2 Maschen auf einer Hilfsnadel vor die Arbeit legen, 2 Maschen rechts stricken, dann die 2 Maschen der Hilfsnadel rechts stricken.

Rapport = 22 Maschen

170 KLEINE SCHMUCKZÖPFE

[8 + 2 M + 2 Rdm]

Es sind nur die Hinr gezeichnet, in den Rückr alle M str wie sie erscheinen, U links str. Mit der Rdm vor dem Rapport beginnen, den Rapport von 8 M für einen einzelnen Musterstreifen einmal str, für ein flächiges Muster fortlaufend wdh und mit den M nach dem Rapport enden. Die 1.-12. R stets wdh.

Verwendete Zeichen

⬤ = 1 Randmasche

▪ = 1 Masche rechts

– = 1 Masche links

○ = 1 Umschlag

◢ = 2 Maschen rechts zusammenstricken.

◥ = 1 Masche wie zum Rechtsstricken abheben, nächste Masche rechts stricken, abgehobene Masche überziehen.

▮▮ = 1 Masche auf einer Hilfsnadel vor die Arbeit legen, 1 Masche rechts stricken, dann die Masche der Hilfsnadel rechts stricken.

▮▮▮ = 1 Masche auf einer Hilfsnadel vor die Arbeit legen, 2 Maschen rechts stricken, dann die Masche der Hilfsnadel rechts stricken.

▮▮▮ = 2 Maschen auf einer Hilfsnadel hinter die Arbeit legen, 1 Masche rechts stricken, dann die 2 Maschen der Hilfsnadel rechts stricken.

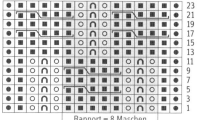

Rapport = 8 Maschen

171 VERSETZTES ZOPF-LOCHMUSTER

[8 + 5 M + 2 Rdm]

Es sind nur die Hinr gezeichnet, in den Rückr alle M und U links str. Mit den M vor dem Rapport beginnen, den Rapport von 8 M fortlaufend wdh und mit den M nach dem Rapport enden. Die 1.-24. R stets wdh.

Verwendete Zeichen

⬤ = 1 Randmasche

▪ = 1 Masche rechts

○ = 1 Umschlag

∩ = 3 Maschen mit aufliegender Mittelmasche zusammenstricken: 2 Maschen gleichzeitig wie zum Rechtsstricken abheben, 1 Masche rechts stricken, abgehobene Maschen überziehen.

▮▮▮▮▮ = 3 Maschen auf einer Hilfsnadel vor die Arbeit legen, 2 Maschen rechts stricken, dann die 3 Maschen der Hilfsnadel rechts stricken.

Rapport = 8 Maschen

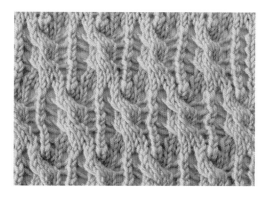

172 KLEINE ZOPFSCHMETTERLINGE [22 + 3 M + 2 Rdm]

Verwendete Zeichen

● = 1 Randmasche

▣ = 1 Masche rechts

○ = 1 Umschlag

◢ = 2 Maschen rechts zusammenstricken.

◣ = 1 Masche wie zum Rechtsstricken abheben, nächste Masche rechts stricken, abgehobene Masche überziehen.

∩ = 3 Maschen mit aufliegender Mittelmasche zusammenstricken: 2 Maschen gleichzeitig wie zum Rechtsstricken abheben, 1 Masche rechts stricken, abgehobene Maschen überziehen.

▣▣▣▣╱▣▣▣ = 3 Maschen auf einer Hilfsnadel hinter die Arbeit legen, 4 Maschen rechts stricken, dann die 3 Maschen der Hilfsnadel rechts stricken.

Es sind nur die Hinr gezeichnet, in den Rückr alle M und U links str. Mit den M vor dem Rapport beginnen, den Rapport von 22 M fortlaufend wdh und mit den M nach dem Rapport enden. Die 1.-20. R stets wdh.

Rapport = 22 Maschen

173 DURCHBROCHENES ZOPF-RAUTENMUSTER [12 + 1 M + 2 Rdm]

Es sind nur die Hinr gezeichnet, in den Rückr alle M str wie sie erscheinen, U links str. Mit den M vor dem Rapport beginnen, den Rapport von 12 M fortlaufend wdh und mit den M nach dem Rapport enden. Die 1.-28. R stets wdh.

Rapport = 12 Maschen

Verwendete Zeichen

● = 1 Randmasche

▣ = 1 Masche rechts

– = 1 Masche links

○ = 1 Umschlag

◢ = 2 Maschen rechts zusammenstricken.

◣ = 1 Masche wie zum Rechtsstricken abheben, nächste Masche rechts stricken, abgehobene Masche überziehen.

◿ = 2 Maschen links zusammenstricken.

◥ = 2 Maschen nacheinander wie zum Rechtsstricken abheben und zurück auf die linke Nadel nehmen, dann links verschränkt zusammenstricken.

△ = 3 Maschen rechts überzogen zusammenstricken: 1 Masche wie zum Rechtsstricken abheben, 2 Maschen rechts zusammenstricken, abgehobene Masche überziehen.

▣▣◣▣▣▣ = 3 Maschen auf einer Hilfsnadel vor die Arbeit legen, 2 Maschen rechts stricken, dann die 3 Maschen der Hilfsnadel rechts stricken.

174 DURCHBROCHENES ZOPFMUSTER [12 + 4 M + 2 Rdm]

Es sind nur die Hinr gezeichnet, in den Rückr alle M str wie sie erscheinen, U links str. Mit der Rdm vor dem Rapport beginnen, den Rapport von 12 M für einen einzelnen Musterstreifen einmal str, für ein flächiges Muster fortlaufend wdh und mit den M nach dem Rapport enden. Die 1.-20. R stets wdh.

Verwendete Zeichen

● = 1 Randmasche

■ = 1 Masche rechts

– = 1 Masche links

○ = 1 Umschlag

◢ = 2 Maschen rechts zusammenstricken.

◣ = 1 Masche wie zum Rechtsstricken abheben, nächste Masche rechts stricken, abgehobene Masche überziehen.

= 4 Maschen auf einer Hilfsnadel vor die Arbeit legen, 4 Maschen rechts stricken, dann die 4 Maschen der Hilfsnadel rechts stricken.

Rapport = 12 Maschen

175 ZOPF-AJOURRIPPEN [7 + 4 M + 2 Rdm]

Es sind nur die Hinr gezeichnet, in den Rückr alle M und U links str. Mit der Rdm vor dem Rapport beginnen, den Rapport von 7 M fortlaufend wdh und mit den M nach dem Rapport enden. Die 1.-4. R stets wdh.

Rapport = 7 Maschen

Verwendete Zeichen

● = 1 Randmasche

■ = 1 Masche rechts

○ = 1 Umschlag

∩ = 3 Maschen mit aufliegender Mittelmasche zusammenstricken: 2 Maschen gleichzeitig wie zum Rechtsstricken abheben, 1 Masche rechts stricken, abgehobene Maschen überziehen.

= 2 Maschen auf einer Hilfsnadel vor die Arbeit legen, 2 Maschen rechts stricken, dann die 2 Maschen der Hilfsnadel rechts stricken.

176 ZOPF-ZICKZACKMUSTER

[10 + 4 M + 2 Rdm]

Es sind nur die Hinr gezeichnet, in den Rückr alle M str wie sie erscheinen, U links str. Mit den M vor dem Rapport beginnen, den Rapport von 10 M fortlaufend wdh und mit den M nach dem Rapport enden. Die 1.-24. R stets wdh.

Rapport = 10 Maschen

Verwendete Zeichen

● = 1 Randmasche

■ = 1 Masche rechts

− = 1 Masche links

○ = 1 Umschlag

◢ = 2 Maschen rechts zusammenstricken.

◣ = 1 Masche wie zum Rechtsstricken abheben, nächste Masche rechts stricken, abgehobene Masche überziehen.

▆▆◣▆▆ = 2 Maschen auf einer Hilfsnadel vor die Arbeit legen, 2 Maschen rechts stricken, dann die 2 Maschen der Hilfsnadel rechts stricken.

177 ZOPF-RAUTEN-BORDÜREN

[17 + 6 M + 2 Rdm]

Es sind nur die Hinr gezeichnet, in den Rückr alle M str wie sie erscheinen, U links str. Mit der Rdm vor dem Rapport beginnen, den Rapport von 17 M für einen einzelnen Musterstreifen einmal str, für ein flächiges Muster fortlaufend wdh und mit den M nach dem Rapport enden. Die 1.-12. R stets wdh.

Rapport = 17 Maschen

Verwendete Zeichen

● = 1 Randmasche

■ = 1 Masche rechts

− = 1 Masche links

○ = 1 Umschlag

◢ = 2 Maschen rechts zusammenstricken.

◣ = 1 Masche wie zum Rechtsstricken abheben, nächste Masche rechts stricken, abgehobene Masche überziehen.

△ = 3 Maschen rechts überzogen zusammenstricken: 1 Masche wie zum Rechtsstricken abheben, 2 Maschen rechts zusammenstricken, abgehobene Masche überziehen.

▆▆◣▆▆ = 2 Maschen auf einer Hilfsnadel vor die Arbeit legen, 2 Maschen rechts stricken, dann die 2 Maschen der Hilfsnadel rechts stricken.

178 SENKRECHTES ZOPF-ZICKZACKMUSTER [8 + 2 M + 2 Rdm]

Es sind nur die Hinr gezeichnet, in den Rückr alle M und U links str. Mit den M vor dem Rapport beginnen, den Rapport von 8 M fortlaufend wdh und mit den M nach dem Rapport enden. Die 1.-16. R stets wdh.

Verwendete Zeichen

● = 1 Randmasche

■ = 1 Masche rechts

○ = 1 Umschlag

◢ = 2 Maschen rechts zusammenstricken.

◣ = 1 Masche wie zum Rechtsstricken abheben, nächste Masche rechts stricken, abgehobene Masche überziehen.

= 2 Maschen auf einer Hilfsnadel hinter die Arbeit legen, 2 Maschen rechts stricken, dann die 2 Maschen der Hilfsnadel rechts stricken.

= 2 Maschen auf einer Hilfsnadel vor die Arbeit legen, 2 Maschen rechts stricken, dann die 2 Maschen der Hilfsnadel rechts stricken.

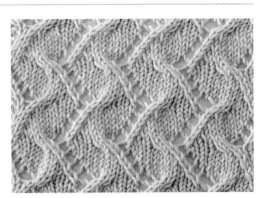

Rapport = 8 Maschen

179 ZOPF-LOCHMUSTERWELLEN [10 + 3 M + 2 Rdm]

Verwendete Zeichen

● = 1 Randmasche

■ = 1 Masche rechts

○ = 1 Umschlag

∩ = 3 Maschen mit aufliegender Mittelmasche zusammenstricken: 2 Maschen gleichzeitig wie zum Rechtsstricken abheben, 1 Masche rechts stricken, abgehobene Maschen überziehen.

= 2 Maschen auf einer Hilfsnadel vor die Arbeit legen, 1 Masche rechts stricken, dann die 2 Maschen der Hilfsnadel rechts stricken.

Es sind nur die Hinr gezeichnet, in den Rückr alle M und U links str. Mit der Rdm vor dem Rapport beginnen, den Rapport von 10 M fortlaufend wdh und mit den M nach dem Rapport enden. Die 1.-16. R stets wdh.

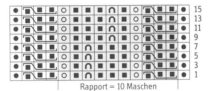

Rapport = 10 Maschen

180 GEZACKTE ZOPF-LOCHMUSTERBORDÜRE

[34 + 24 M + 2 Rdm]

) Strickschrift Vorlagenbogen 4B

Es sind nur die Hinr gezeichnet, in den Rückr alle M str wie sie erscheinen, U links str. Mit den M vor dem Rapport beginnen, den Rapport von 34 M fortlaufend wdh und mit den M nach dem Rapport enden. Alternativ die ersten 19 M und die letzten 7 M (= 26 M) als einzelne Bordüre arb. Die 1.-16. R stets wdh.

181 ZOPF-AJOURRAUTEN

[16 + 1 M + 2 Rdm]

Es sind nur die Hinr gezeichnet, in den Rückr alle M str wie sie erscheinen, U links str. Mit den M vor dem Rapport beginnen, den Rapport von 16 M fortlaufend wdh und mit den M nach dem Rapport enden. Die 1.-36. R stets wdh.

Verwendete Zeichen

⬤ = 1 Randmasche

■ = 1 Masche rechts

– = 1 Masche links

○ = 1 Umschlag

◢ = 2 Maschen rechts zusammenstricken.

◣ = 1 Masche wie zum Rechtsstricken abheben, nächste Masche rechts stricken, abgehobene Masche überziehen.

◿ = 2 Maschen links zusammenstricken.

◬ = 3 Maschen rechts überzogen zusammenstricken: 1 Masche wie zum Rechtsstricken abheben, 2 Maschen rechts zusammenstricken, abgehobene Masche überziehen.

= 2 Maschen auf einer Hilfsnadel hinter die Arbeit legen, 2 Maschen rechts stricken, dann die 2 Maschen der Hilfsnadel rechts stricken.

= 2 Maschen auf einer Hilfsnadel vor die Arbeit legen, 2 Maschen rechts stricken, dann die 2 Maschen der Hilfsnadel rechts stricken.

Rapport = 16 Maschen

182 GEZACKTES ZOPF-LOCHMUSTER [16 + 1 M + 2 Rdm]

Es sind nur die Hinr gezeichnet, in den Rückr alle M str wie sie erscheinen, U links str. Mit der Rdm vor dem Rapport beginnen, den Rapport von 16 M fortlaufend wdh und mit den M nach dem Rapport enden. Die 1.-18. R stets wdh.

Verwendete Zeichen

● = 1 Randmasche

■ = 1 Masche rechts

– = 1 Masche links

○ = 1 Umschlag

◣ = 2 Maschen rechts zusammenstricken.

◥ = 1 Masche wie zum Rechtsstricken abheben, nächste Masche
rechts stricken, abgehobene Masche überziehen.

◢ = 2 Maschen links zusammenstricken.

△ = 3 Maschen links zusammenstricken

■■◢ = 1 Masche auf einer
Hilfsnadel hinter die Arbeit legen,
2 Maschen rechts stricken, dann die
Masche der Hilfsnadel rechts stricken.

■◣■■ = 2 Maschen auf einer
Hilfsnadel vor die Arbeit legen,
1 Masche rechts stricken, dann die
2 Maschen der Hilfsnadel rechts
stricken.

Rapport = 16 Maschen

183 AJOURMUSTER MIT MITTELZOPF [18 + 2 Rdm]

Es sind nur die Hinr gezeichnet, in den Rückr alle M str wie sie erscheinen, U links str. Mit der Rdm vor dem Rapport beginnen, den Rapport von 18 M für einen einzelnen Muster-streifen einmal str, für ein flächiges Muster fortlaufend wdh und mit der Rdm nach dem Rapport enden. Die 1.-8. R stets wdh.

Verwendete Zeichen

● = 1 Randmasche

■ = 1 Masche rechts

– = 1 Masche links

○ = 1 Umschlag

◣ = 2 Maschen rechts zusammenstricken.

◥ = 1 Masche wie zum Rechtsstricken abheben, nächste Masche
rechts stricken, abgehobene Masche überziehen.

■■◥■■ = 2 Maschen auf einer
Hilfsnadel vor die Arbeit legen,
2 Maschen rechts stricken, dann die
2 Maschen der Hilfsnadel rechts
stricken.

Rapport = 18 Maschen

184 AJOUR-ZOPFBORDÜRE

[12 + 4 M + 2 Rdm]

Es sind nur die Hinr gezeichnet, in den Rückr alle M str wie sie erscheinen, U links und doppelte U 1 U links und 1 U links verschränkt str. Mit der Rdm vor dem Rapport beginnen, den Rapport von 12 M für einen einzelnen Musterstreifen einmal str, für ein flächiges Muster fortlaufend wdh und mit den M nach dem Rapport enden. Die 1.-10. R stets wdh.

Verwendete Zeichen

● = 1 Randmasche

■ = 1 Masche rechts

– = 1 Masche links

○ = 1 Umschlag

◢ = 2 Maschen rechts zusammenstricken.

◣ = 1 Masche wie zum Rechtsstricken abheben, nächste Masche rechts stricken, abgehobene Masche überziehen.

= 1 Masche auf einer Hilfsnadel hinter die Arbeit legen, 1 Masche rechts stricken, dann die Masche der Hilfsnadel rechts stricken.

= 3 Maschen auf einer Hilfsnadel vor die Arbeit legen, 3 Maschen rechts stricken, dann die 3 Maschen der Hilfsnadel rechts stricken. 3 Maschen der Hilfsnadel rechts stricken.

Rapport = 12 Maschen

185 AJOURBORDÜRE MIT DOPPELZÖPFEN

[23 + 2 Rdm]

Es sind nur die Hinr gezeichnet, in den Rückr alle M str wie sie erscheinen, U links str. Mit der Rdm vor dem Rapport beginnen, den Rapport von 23 M fortlaufend wdh und mit der Rdm nach dem Rapport enden. Die 1.-8. R stets wdh.

Rapport = 23 Maschen

Verwendete Zeichen

● = 1 Randmasche

■ = 1 Masche rechts

○ = 1 Umschlag

◢ = 2 Maschen rechts zusammenstricken.

◣ = 1 Masche wie zum Rechtsstricken abheben, nächste Masche rechts stricken, abgehobene Masche überziehen.

◿ = 2 Maschen links zusammenstricken.

= 2 Maschen auf einer Hilfsnadel hinter die Arbeit legen, 2 Maschen rechts stricken, dann die 2 Maschen der Hilfsnadel rechts stricken.

= 2 Maschen auf einer Hilfsnadel vor die Arbeit legen, 2 Maschen rechts stricken, dann die 2 Maschen der Hilfsnadel rechts stricken.

186 STRUKTUR-LOCHMUSTER MIT ZOPF

[14 + 5 M + 2 Rdm]

Es sind nur die Hinr gezeichnet, in den Rückr alle M str wie sie erscheinen, U links str. Mit der Rdm vor dem Rapport beginnen, den Rapport von 14 M für einen einzelnen Musterstreifen einmal str, für ein flächiges Muster fortlaufend wdh und mit den M nach dem Rapport enden. Die 1.-24. R stets wdh.

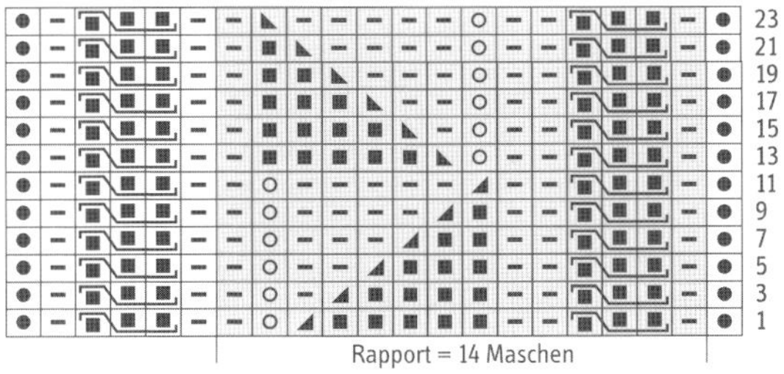

Verwendete Zeichen

= 1 Randmasche

= 1 Masche rechts

= 1 Masche links

= 1 Umschlag

= 2 Maschen rechts zusammenstricken.

= 1 Masche wie zum Rechtsstricken abheben, nächste Masche rechts stricken, abgehobene Masche überziehen.

= 2 Maschen auf einer Hilfsnadel vor die Arbeit legen, 1 Masche rechts stricken, dann die 2 Maschen der Hilfsnadel rechts stricken.

187 AUFGEFÄCHERTES ZOPFMUSTER

[36 + 2 Rdm]

Es sind nur die Hinr gezeichnet, in den Rückr alle M str wie sie erscheinen, U links str. Mit der Rdm vor dem Rapport beginnen, den Rapport von 36 M fortlaufend wdh und mit der Rdm nach dem Rapport enden. Die 1.-28. R stets wdh.

Verwendete Zeichen

= 1 Randmasche

= 1 Masche rechts

= 1 Masche links

= 1 Umschlag

= 2 Maschen rechts zusammenstricken.

= 1 Masche wie zum Rechtsstricken abheben, nächste Masche rechts stricken, abgehobene Masche überziehen.

= 5 Maschen auf einer Hilfsnadel vor die Arbeit legen, 5 Maschen rechts stricken, dann die 5 Maschen der Hilfsnadel rechts stricken.

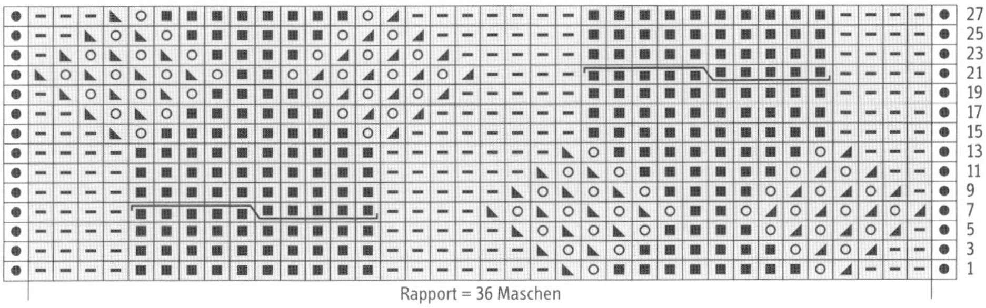

188 ZOPF-LOCHMUSTER-KOMBINATION

[15 + 6 M + 2 Rdm]

Es sind nur die Hinr ge-zeichnet, in den Rückr alle M str wie sie erscheinen, U links str. Mit der Rdm vor dem Rapport beginnen, den Rapport von 15 M für einen einzelnen Muster-streifen einmal str, für ein flächiges Muster fortlau-fend wdh und mit den M nach dem Rapport enden. Die 1.-4. R stets wdh.

Verwendete Zeichen

● = 1 Randmasche

■ = 1 Masche rechts

– = 1 Masche links

○ = 1 Umschlag

⋒ = 3 Maschen mit aufliegender Mittelmasche zusammenstricken: 2 Maschen gleichzeitig wie zum Rechtsstricken abheben, 1 Masche rechts stricken, abgehobene Maschen über-ziehen.

= 1 Masche auf einer Hilfsnadel hinter die Arbeit legen, 1 Masche rechts stricken, dann die Masche der Hilfsnadel rechts stricken.

= 1 Masche auf einer Hilfsnadel vor die Arbeit legen, 1 Masche rechts stricken, dann die Masche der Hilfsnadel rechts stricken.

Rapport = 15 Maschen

189 ZOPF-LOCHMUSTERORNAMENTE

[18 + 2 Rdm]

Es sind nur die Hinr gezeichnet, in den Rückr alle M str wie sie erscheinen, U links und doppelte U 1 U links und 1 U links verschränkt str. Mit den M vor dem Rap-port beginnen, den Rapport von 18 M fort-laufend wdh und mit den M nach dem Rapport enden. Die 1.-20. R stets wdh.

Verwendete Zeichen

● = 1 Randmasche

■ = 1 Masche rechts

– = 1 Masche links

○ = 1 Umschlag

◢ = 2 Maschen rechts zusammenstricken.

◣ = 1 Masche wie zum Rechtsstricken abheben, nächste Masche rechts stricken, abgehobene Ma-sche überziehen.

= 2 Maschen auf einer Hilfsnadel vor die Arbeit legen, 2 Maschen rechts stricken, dann die 2 Maschen der Hilfsnadel rechts stricken.

Rapport = 18 Maschen

190 ZOPF-LOCHMUSTEROVALE [18 + 1 M + 2 Rdm]

Es sind nur die Hinr gezeichnet, in den Rückr alle
M str wie sie erscheinen, U links und doppelte U
1 U links und 1 U links verschränkt str. Mit der Rdm
vor dem Rapport beginnen, den Rapport von 18 M
fortlaufend wdh und mit den M nach dem Rapport
enden. Die 1.-16. R stets wdh.

Rapport = 18 Maschen

Verwendete Zeichen

● = 1 Randmasche

■ = 1 Masche rechts

− = 1 Masche links

○ = 1 Umschlag

◢ = 2 Maschen rechts zusammenstricken.

◣ = 1 Masche wie zum Rechtsstricken abheben, nächste Masche rechts stricken, abgehobene Masche überziehen.

■−◣◇◇◢−■ = 1 Masche auf einer Hilfsnadel vor die Arbeit legen, 6 Maschen auf einer 2. Hilfsnadel hinter die Arbeit legen und 1 Masche rechts stricken. Dann die 6 Maschen der 2. Hilfsnadel 1 Masche links, 2 Maschen rechts zusammen, 2 Umschläge, 2 Maschen rechts überzogen und 1 Masche links stricken. Anschließend die Masche der 1. Hilfsnadel rechts stricken.

LOCH-MUSTER

FALLMASCHEN-MUSTER

Lochmuster

NETZMUSTER

[2 + 3 M + 2 Rdm]

Es sind nur die Hinr gezeichnet, in den Rückr alle M und U rechts str. Mit den M vor dem Rapport beginnen, den Rapport von 2 M fortlaufend wdh und mit den M nach dem Rapport enden. Die 1.-8. R stets wdh.

Verwendete Zeichen

● = 1 Randmasche

■ = 1 Masche rechts

O = 1 Umschlag

◢ = 2 Maschen rechts zusammenstricken.

Rapport =
2 Maschen

BREITE LOCHMUSTERRIPPEN

[8 + 2 Rdm]

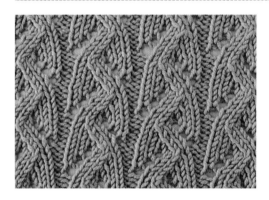

Es sind nur die Hinr gezeichnet, in den Rückr alle M str wie sie erscheinen, U links str. Mit der Rdm vor dem Rapport beginnen, den Rapport von 8 M fortlaufend wdh und mit der Rdm nach dem Rapport enden. Die 1.-12. R stets wdh.

Verwendete Zeichen

● = 1 Randmasche

■ = 1 Masche rechts

– = 1 Masche links

O = 1 Umschlag

◢ = 2 Maschen rechts zusammenstricken.

◤ = 1 Masche wie zum Rechtsstricken abheben, nächste Masche rechts stricken, abgehobene Masche überziehen.

Rapport = 8 Maschen

KLEINES RANKENMUSTER

[12 + 1 M + 2 Rdm]

Es sind nur die Hinr gezeichnet, in den Rückr alle M str wie sie erscheinen, U links str. Mit der Rdm vor dem Rapport beginnen, den Rapport von 12 M fortlaufend wdh und mit den M nach dem Rapport enden. Die 1.-8. R stets wdh.

Verwendete Zeichen

● = 1 Randmasche

■ = 1 Masche rechts

– = 1 Masche links

O = 1 Umschlag

◢ = 2 Maschen rechts zusammenstricken.

◤ = 1 Masche wie zum Rechtsstricken abheben, nächste Masche rechts stricken, abgehobene Masche überziehen.

Rapport = 12 Maschen

SENKRECHTES LOCHMUSTER

[4 + 1 M + 2 Rdm]

Es sind nur die Hinr gezeichnet, in den Rückr alle M und U links str. Mit der Rdm vor dem Rapport beginnen, den Rapport von 4 M fortlaufend wdh und mit den M nach dem Rapport enden. Die 1.-8. R stets wdh.

Rapport = 4 Maschen

Verwendete Zeichen

● = 1 Randmasche

■ = 1 Masche rechts

O = 1 Umschlag

◢ = 2 Maschen rechts zusammenstricken.

◤ = 1 Masche wie zum Rechtsstricken abheben, nächste Masche rechts stricken, abgehobene Masche überziehen.

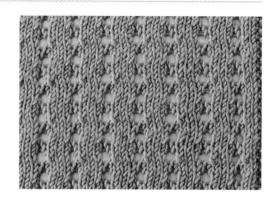

BREITE LOCHMUSTERSTREIFEN

[11 + 1 M + 2 Rdm]

Es sind nur die Hinr gezeichnet, in den Rückr alle M und U links str. Mit der Rdm vor dem Rapport beginnen, den Rapport von 11 M fortlaufend wdh und mit den M nach dem Rapport enden. Die 1.+2. R stets wdh.

Rapport = 11 Maschen

Verwendete Zeichen

● = 1 Randmasche

■ = 1 Masche rechts

O = 1 Umschlag

◢ = 2 Maschen rechts zusammenstricken.

◤ = 1 Masche wie zum Rechtsstricken abheben, nächste Masche rechts stricken, abgehobene Masche überziehen.

SENKRECHTE AJOURMUSTERSTREIFEN

[5 + 2 Rdm]

Es sind nur die Hinr gezeichnet, in den Rückr alle M und U links str. Mit der Rdm vor dem Rapport beginnen, den Rapport von 5 M fortlaufend wdh und mit der Rdm nach dem Rapport enden. Die 1.+2. R stets wdh.

Rapport = 5 Maschen

Verwendete Zeichen

● = 1 Randmasche

■ = 1 Masche rechts

O = 1 Umschlag

◢ = 2 Maschen rechts zusammenstricken.

◤ = 1 Masche wie zum Rechtsstricken abheben, nächste Masche rechts stricken, abgehobene Masche überziehen.

197 LOCHMUSTER MIT ÜBERZOGENEN MASCHEN [3 + 2 Rdm]

Es sind nur die Hinr gezeichnet, in den Rückr alle M und U links str. Mit der Rdm vor dem Rapport beginnen, den Rapport von 3 M fortlaufend wdh und mit der Rdm nach dem Rapport enden. Die 1.-4. R stets wdh.

Rapport =
3 Maschen

Verwendete Zeichen

⬤ = 1 Randmasche

▪ = 1 Masche rechts

○ = 1 Umschlag

▮▮▮ = 3 Maschen rechts stricken und die 1. Masche über die beiden folgenden Maschen ziehen

198 EINFACHES NETZMUSTER [2 + 2 Rdm]

Es sind Hin- und Rückr gezeichnet. Mit der Rdm vor dem Rapport beginnen, den Rapport von 2 M fortlaufend wdh und mit der Rdm nach dem Rapport enden. Die 1.+2. R stets wdh.

Rapport =
2 Maschen

Verwendete Zeichen

⬤ = 1 Randmasche

○ = 1 Umschlag

◢ = 2 Maschen links zusammenstricken.

◣ = 1 Masche wie zum Rechtsstricken abheben, nächste Masche rechts stricken, abgehobene Masche überziehen.

199 ENGLISCHES LOCHMUSTER [2 + 2 Rdm]

Es sind Hin- und Rückr gezeichnet. Mit der Rdm vor dem Rapport beginnen, den Rapport von 2 M fortlaufend wdh und mit der Rdm nach dem Rapport enden. Die 1.-4. R stets wdh.

Rapport =
2 Maschen

Verwendete Zeichen

⬤ = 1 Randmasche

— = 1 Masche links

○ = 1 Umschlag

◣ = 1 Masche wie zum Rechtsstricken abheben, nächste Masche rechts stricken, abgehobene Masche überziehen.

DURCHBROCHENES GITTERMUSTER

[7 + 2 Rdm]

Es sind Hin- und Rückr gezeichnet. Mit der Rdm vor dem Rapport beginnen, den Rapport von 7 M fortlaufend wdh und mit der Rdm nach dem Rapport enden. Die 1.-8. R stets wdh.

Verwendete Zeichen

● = 1 Randmasche

■ = 1 Masche rechts

– = 1 Masche links

O = 1 Umschlag

◢ = 2 Maschen rechts zusammenstricken.

◤ = 1 Masche wie zum Rechtsstricken abheben, nächste Masche rechts stricken, abgehobene Masche überziehen.

◿ = 2 Maschen links zusammenstricken.

⧄ = 2 Maschen links verschränkt zusammenstricken.

Rapport = 7 Maschen

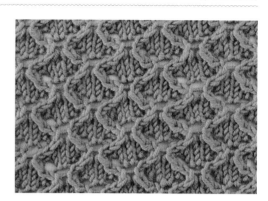

AJOURMUSTERSTREIFEN

[12 + 5 M + 2 Rdm]

Es sind nur die Hinr gezeichnet, in den Rückr alle M und U links str. Mit der Rdm vor dem Rapport beginnen, den Rapport von 12 M fortlaufend wdh und mit den M nach dem Rapport enden. Die 1.-6. R stets wdh.

Verwendete Zeichen

● = 1 Randmasche

■ = 1 Masche rechts

O = 1 Umschlag

◢ = 2 Maschen rechts zusammenstricken.

◤ = 1 Masche wie zum Rechtsstricken abheben, nächste Masche rechts stricken, abgehobene Masche überziehen.

Rapport = 12 Maschen

QUERGESTREIFTES AJOURMUSTER

[2 + 2 Rdm]

Es sind Hin- und Rückr gezeichnet. Mit der Rdm vor dem Rapport beginnen, den Rapport von 2 M fortlaufend wdh und mit der Rdm nach dem Rapport enden. Die 1.-10. R stets wdh.

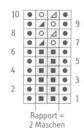
Rapport = 2 Maschen

Verwendete Zeichen

● = 1 Randmasche

■ = 1 Masche rechts

O = 1 Umschlag

◢ = 2 Maschen rechts zusammenstricken.

◿ = 2 Maschen links zusammenstricken.

GLOCKENMUSTER

[5 + 2 M + 2 Rdm]

Es sind nur die Hinr gezeichnet, in den Rückr alle M str wie sie erscheinen, U links str. Mit der Rdm vor dem Rapport beginnen, den Rapport von 5 M fortlaufend wdh und mit den M nach dem Rapport enden. Die 1.-6. R stets wdh.

Rapport =
5 Maschen

Verwendete Zeichen

⬤ = 1 Randmasche

■ = 1 Masche rechts

– = 1 Masche links

О = 1 Umschlag

△ = 3 Maschen rechts überzogen zusammenstricken: 1 Masche wie zum Rechtsstricken abheben, 2 Maschen rechts zusammenstricken, abgehobene Masche überziehen.

VERSETZTE GLÖCKCHEN

[6 + 2 M + 2 Rdm]

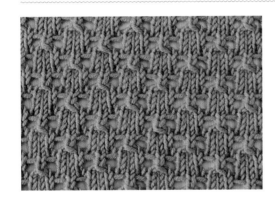

Es sind nur die Hinr gezeichnet, in den Rückr alle M links und U rechts str. Mit den M vor dem Rapport beginnen, den Rapport von 6 M fortlaufend wdh und mit den M nach dem Rapport enden. Die 1.-8. R stets wdh.

Rapport =
6 Maschen

Verwendete Zeichen

⬤ = 1 Randmasche

■ = 1 Masche rechts

О = 1 Umschlag

△ = 3 Maschen rechts überzogen zusammenstricken: 1 Masche wie zum Rechtsstricken abheben, 2 Maschen rechts zusammenstricken, abgehobene Masche überziehen.

SPITZBÖGEN

[10 + 1 M + 2 Rdm]

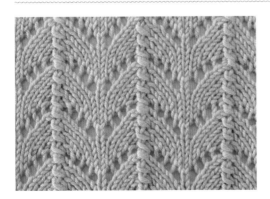

Es sind nur die Hinr gezeichnet, in den Rückr alle M und U links str. Mit der Rdm vor dem Rapport beginnen, den Rapport von 10 M fortlaufend wdh und mit den M nach dem Rapport enden. Die 1.-8. R stets wdh.

Rapport = 10 Maschen

Verwendete Zeichen

⬤ = 1 Randmasche

■ = 1 Masche rechts

О = 1 Umschlag

△ = 3 Maschen rechts überzogen zusammenstricken: 1 Masche wie zum Rechtsstricken abheben, 2 Maschen rechts zusammenstricken, abgehobene Masche überziehen.

ÖSENMUSTER

[6 + 2 Rdm]

Es sind Hin- und Rückr gezeichnet. Mit der Rdm vor dem Rapport beginnen, den Rapport von 6 M fortlaufend wdh und mit der Rdm nach dem Rapport enden. Die 1.-4. R stets wdh.

Verwendete Zeichen

● = 1 Randmasche

■ = 1 Masche rechts

− = 1 Masche links

O = 1 Umschlag

⊿ = 2 Maschen links zusammenstricken.

☐ = Keine Bedeutung, dient der besseren Übersicht.

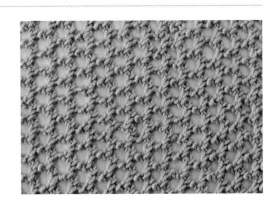

DURCHBRUCHMUSTER

[3 + 1 M + 2 Rdm]

Es sind Hin- und Rückr gezeichnet. Mit den M vor dem Rapport beginnen, den Rapport von 3 M fortlaufend wdh und mit den M nach dem Rapport enden. Die 1.-4. R stets wdh.

Verwendete Zeichen

● = 1 Randmasche

■ = 1 Masche rechts

− = 1 Masche links

O = 1 Umschlag

◢ = 2 Maschen rechts zusammenstricken.

LOCH-RIPPENMUSTER

[7 + 2 M + 2 Rdm]

Es sind nur die Hinr gezeichnet, in den Rückr alle M str wie sie erscheinen, U links str. Mit der Rdm vor dem Rapport beginnen, den Rapport von 7 M fortlaufend wdh und mit den M nach dem Rapport enden. Die 1.-4. R stets wdh.

Verwendete Zeichen

● = 1 Randmasche

■ = 1 Masche rechts

− = 1 Masche links

O = 1 Umschlag

◢ = 2 Maschen rechts zusammenstricken.

◣ = 1 Masche wie zum Rechtsstricken abheben, nächste Masche rechts stricken, abgehobene Masche überziehen.

FILIGRANES STREIFENMUSTER

[9 + 2 Rdm]

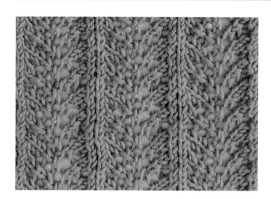

Es sind nur die Hinr gezeichnet, in den Rückr alle M und U links str. Mit der Rdm vor dem Rapport beginnen, den Rapport von 9 M fortlaufend wdh und mit der Rdm nach dem Rapport enden. Die 1.-8. R stets wdh.

Rapport = 9 Maschen

Verwendete Zeichen

⬤ = 1 Randmasche

■ = 1 Masche rechts

O = 1 Umschlag

◢ = 2 Maschen rechts zusammenstricken.

◣ = 1 Masche wie zum Rechtsstricken abheben, nächste Masche rechts stricken, abgehobene Masche überziehen.

STREIFEN MIT ÜBERZOGENEN MASCHEN

[3 + 2 Rdm]

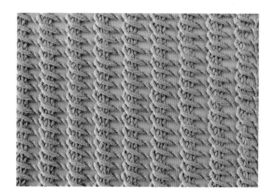

Es sind nur die Hinr gezeichnet, in den Rückr alle M und U links str. Mit der Rdm vor dem Rapport beginnen, den Rapport von 3 M fortlaufend wdh und mit der Rdm nach dem Rapport enden. Die 1.+2. R stets wdh.

Rapport = 3 Maschen

Verwendete Zeichen

⬤ = 1 Randmasche

O = 1 Umschlag

▷▷ = 1 Masche wie zum Linksstricken abheben, 2 Maschen rechts stricken und die abgehobene Masche darüber ziehen.

LOCHMUSTER MIT LÄNGSSTREIFEN

[4 + 2 Rdm]

Es sind Hin- und Rückr gezeichnet. Mit der Rdm vor dem Rapport beginnen, den Rapport von 4 M fortlaufend wdh und mit der Rdm nach dem Rapport enden. Die 1.+2. R stets wdh.

Rapport = 4 Maschen

Verwendete Zeichen

⬤ = 1 Randmasche

■ = 1 Masche rechts

– = 1 Masche links

O = 1 Umschlag

◣ = 1 Masche wie zum Rechtsstricken abheben, nächste Masche rechts stricken, abgehobene Masche überziehen.

◿ = 2 Maschen links zusammenstricken.

DURCHBROCHENES ZELLENMUSTER

[2 + 2 Rdm]

Bei dem Muster werden Hin- und Rückr mit zwei unterschiedlichen Ndstärken gestr. Die Hinr mit Nd 5,0, die Rückr mit Nd 2,0 arb.
Es sind Hin- und Rückr gezeichnet. Mit der Rdm vor dem Rapport beginnen, den Rapport von 2 M fortlaufend wdh und mit der Rdm nach dem Rapport enden. Die 1.+2. R stets wdh.

Verwendete Zeichen

● = 1 Randmasche

■ = 1 Masche rechts

– = 1 Masche links

◆ = 1 Masche rechts verschränkt

Rapport =
2 Maschen

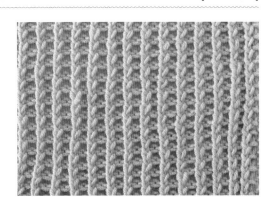

VERSETZTE SPITZEN

[10 + 2 Rdm]

Es sind nur die Hinr gezeichnet, in den Rückr alle M und U links str. Mit der Rdm vor dem Rapport beginnen, den Rapport von 10 M fortlaufend wdh und mit der Rdm nach dem Rapport enden. Die 1.-12. R stets wdh.

Verwendete Zeichen

● = 1 Randmasche

■ = 1 Masche rechts

○ = 1 Umschlag

◢ = 2 Maschen rechts zusammenstricken.

◣ = 1 Masche wie zum Rechtsstricken abheben, nächste Masche rechts stricken, abgehobene Masche überziehen.

Rapport = 10 Maschen

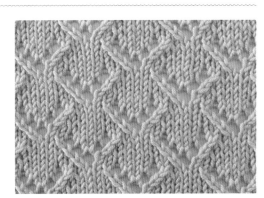

DURCHBROCHENES DIAMANTMUSTER

[10 + 2 Rdm]

Es sind nur die Hinr gezeichnet, in den Rückr alle M und U links str, doppelte U mit 1 M links und 1 M rechts abstr. Mit der Rdm vor dem Rapport beginnen, den Rapport von 10 M fortlaufend wdh und mit der Rdm nach dem Rapport enden. Die 1.-16. R stets wdh.

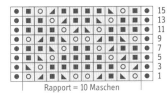

Rapport = 10 Maschen

Verwendete Zeichen

● = 1 Randmasche

■ = 1 Masche rechts

○ = 1 Umschlag

◢ = 2 Maschen rechts zusammenstricken.

◣ = 1 Masche wie zum Rechtsstricken abheben, nächste Masche rechts stricken, abgehobene Masche überziehen.

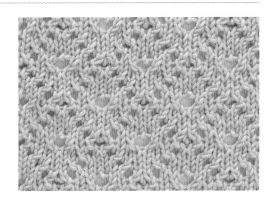

215 KATZENPFÖTCHEN [8 + 1 M + 2 Rdm]

Es sind nur die Hinr gezeichnet, in den Rückr alle M und U links str. Mit der Rdm vor dem Rapport beginnen, den Rapport von 8 M fortlaufend wdh und mit den M nach dem Rapport enden. Die 1.-8. R stets wdh.

Rapport = 8 Maschen

Verwendete Zeichen

● = 1 Randmasche

■ = 1 Masche rechts

O = 1 Umschlag

◢ = 2 Maschen rechts zusammenstricken.

◣ = 1 Masche wie zum Rechtsstricken abheben, nächste Masche rechts stricken, abgehobene Masche überziehen.

216 VERSETZTE BLUMEN [10 + 7 M + 2 Rdm]

Es sind nur die Hinr gezeichnet, in den Rückr alle M und U links str. Mit den M vor dem Rapport beginnen, den Rapport von 10 M fortlaufend wdh und mit den M nach dem Rapport enden. Die 1.-20. R stets wdh.

Rapport = 10 Maschen

Verwendete Zeichen

● = 1 Randmasche

■ = 1 Masche rechts

O = 1 Umschlag

◢ = 2 Maschen rechts zusammenstricken.

◣ = 1 Masche wie zum Rechtsstricken abheben, nächste Masche rechts stricken, abgehobene Masche überziehen.

217 SCHMETTERLINGSMUSTER [10 + 2 Rdm]

Es sind Hin- und Rückr gezeichnet. Mit der Rdm vor dem Rapport beginnen, den Rapport von 10 M fortlaufend wdh und mit der Rdm nach dem Rapport enden. Die 1.-12. R stets wdh.

Rapport = 10 Maschen

Verwendete Zeichen

● = 1 Randmasche

■ = 1 Masche rechts

◢ = 2 Maschen rechts zusammenstricken.

◣ = 1 Masche wie zum Rechtsstricken abheben, nächste Masche rechts stricken, abgehobene Masche überziehen.

─ = 1 Masche links

O = 1 Umschlag

ID = 1 Masche wie zum Linksstricken abheben mit dem Faden vor der Masche.

VERSETZTE RÖSCHEN

[12 + 7 M + 2 Rdm]

Rapport = 12 Maschen

Verwendete Zeichen

● = 1 Randmasche

■ = 1 Masche rechts

○ = 1 Umschlag

◢ = 2 Maschen rechts zusammenstricken.

◣ = 1 Masche wie zum Rechtsstricken abheben, nächste Masche rechts stricken, abgehobene Masche überziehen.

△ = 3 Maschen rechts überzogen zusammenstricken: 1 Masche wie zum Rechtsstricken abheben, 2 Maschen rechts zusammenstricken, abgehobene Masche überziehen.

Es sind nur die Hinr gezeichnet, in den Rückr alle M und U links str. Mit den M vor dem Rapport beginnen, den Rapport von 12 M fortlaufend wdh und mit den M nach dem Rapport enden. Die 1.-12. R stets wdh.

SCHILDKRÖTENMUSTER

[6 + 1 M + 2 Rdm]

Es sind nur die Hinr gezeichnet, in den Rückr alle M und U links str. Mit den M vor dem Rapport beginnen, den Rapport von 6 M fortlaufend wdh und mit den M nach dem Rapport enden. Die 1.-12. R stets wdh.

Verwendete Zeichen

● = 1 Randmasche

■ = 1 Masche rechts

○ = 1 Umschlag

◢ = 2 Maschen rechts zusammenstricken.

◣ = 1 Masche wie zum Rechtsstricken abheben, nächste Masche rechts stricken, abgehobene Masche überziehen.

△ = 3 Maschen rechts überzogen zusammenstricken: 1 Masche wie zum Rechtsstricken abheben, 2 Maschen rechts zusammenstricken, abgehobene Masche überziehen.

☐ = Keine Bedeutung, dient der besseren Übersicht.

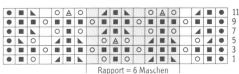

Rapport = 6 Maschen

220 VERSETZTE BLÜTEN

[12 + 8 M + 2 Rdm]

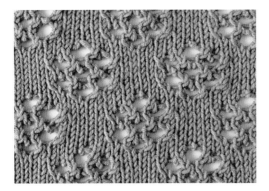

Es sind nur die Hinr gezeichnet, in den Rückr alle M links und die doppelten U mit 1 M links und 1 M rechts abstr. Mit den M vor dem Rapport beginnen, den Rapport von 12 M fortlaufend wdh und mit den M nach dem Rapport enden. Die 1.-20. R stets wdh.

Rapport = 12 Maschen

Verwendete Zeichen

● = 1 Randmasche

■ = 1 Masche rechts

○ = 1 Umschlag

◢ = 2 Maschen rechts zusammenstricken.

◣ = 1 Masche wie zum Rechtsstricken abheben, nächste Masche rechts stricken, abgehobene Masche überziehen.

221 KROKUSMUSTER

[11 + 9 M + 2 Rdm]

Es sind nur die Hinr gezeichnet, in den Rückr alle M und U links str. Mit den M vor dem Rapport beginnen, den Rapport von 11 M fortlaufend wdh und mit den M nach dem Rapport enden. Die 1.-32. R stets wdh.

Rapport = 11 Maschen

Verwendete Zeichen

● = 1 Randmasche

■ = 1 Masche rechts

○ = 1 Umschlag

◢ = 2 Maschen rechts zusammenstricken.

◣ = 1 Masche wie zum Rechtsstricken abheben, nächste Masche rechts stricken, abgehobene Masche überziehen.

△ = 3 Maschen rechts überzogen zusammenstricken: 1 Masche wie zum Rechtsstricken abheben, 2 Maschen rechts zusammenstricken, abgehobene Masche überziehen.

REBENMUSTER

[8 + 2 Rdm]

Es sind Hin- und Rückr gezeichnet. Mit der Rdm vor dem Rapport beginnen, den Rapport von 8 M fortlaufend wdh und mit der Rdm nach dem Rapport enden. Die 1.-12. R stets wdh.

Verwendete Zeichen

- ● = 1 Randmasche
- ■ = 1 Masche rechts
- − = 1 Masche links
- ◆ = 1 Masche rechts verschränkt
- O = 1 Umschlag
- ☐ = Keine Bedeutung, dient der besseren Übersicht.
- ◢ = 2 Maschen rechts zusammenstricken.
- ◣ = 1 Masche wie zum Rechtsstricken abheben, nächste Masche rechts stricken, abgehobene Masche überziehen.
- ◤ = 2 Maschen links zusammenstricken.

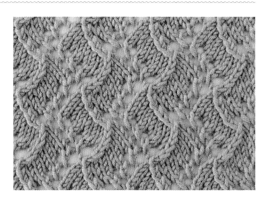

◳ = 2 Maschen nacheinander wie zum Rechtsstricken abheben und zurück auf die linke Nadel nehmen, dann links verschränkt zusammenstricken.

Rapport = 8 Maschen

KLEINE HÄUSCHEN

[10 + 1 M + 2 Rdm]

Mit der 1. R (= Rückr) beginnen und in den Rückr (= ungerade R) alle M und U links str. Es sind nur die Hinr (= gerade R) gezeichnet. Mit der Rdm vor dem Rapport beginnen, den Rapport von 10 M fortlaufend wdh und mit den M nach dem Rapport enden. Die 1.-14. R stets wdh.

Verwendete Zeichen

- ● = 1 Randmasche
- ■ = 1 Masche rechts
- O = 1 Umschlag
- ◢ = 2 Maschen rechts zusammenstricken.
- ◣ = 1 Masche wie zum Rechtsstricken abheben, nächste Masche rechts stricken, abgehobene Masche überziehen.
- ▲ = 3 Maschen rechts überzogen zusammenstricken: 1 Masche wie zum Rechtsstricken abheben, 2 Maschen rechts zusammenstricken, abgehobene Masche überziehen.

Rapport = 10 Maschen

ZARTE AJOURMUSTERSTREIFEN

[4 + 1 M + 2 Rdm]

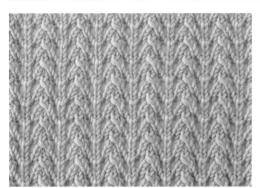

Es sind nur die Hinr gezeichnet, in den Rückr alle M und U links str. Mit der Rdm vor dem Rapport beginnen, den Rapport von 4 M fortlaufend wdh und mit den M nach dem Rapport enden. Die 1.-4. R stets wdh.

Rapport = 4 Maschen

Verwendete Zeichen

● = 1 Randmasche

■ = 1 Masche rechts

○ = 1 Umschlag

△ = 3 Maschen rechts überzogen zusammenstricken: 1 Masche wie zum Rechtsstricken abheben, 2 Maschen rechts zusammenstricken, abgehobene Masche überziehen.

☐ = Keine Bedeutung, dient der besseren Übersicht.

GEWELLTE AJOURRIPPEN

[9 + 2 M + 2 Rdm]

Es sind nur die Hinr gezeichnet, in den Rückr alle M und U links str. Mit der Rdm vor dem Rapport beginnen, den Rapport von 9 M fortlaufend wdh und mit den M nach dem Rapport enden. Die 1.-20. R stets wdh.

Rapport = 9 Maschen

Verwendete Zeichen

● = 1 Randmasche

■ = 1 Masche rechts

○ = 1 Umschlag

◢ = 2 Maschen rechts zusammenstricken.

◣ = 1 Masche wie zum Rechtsstricken abheben, nächste Masche rechts stricken, abgehobene Masche überziehen.

SPITZE BÖGEN

[10 + 1 M + 2 Rdm]

Es sind nur die Hinr gezeichnet, in den Rückr alle M und U links str. Mit der Rdm vor dem Rapport beginnen, den Rapport von 10 M fortlaufend wdh und mit den M nach dem Rapport enden. Die 1.-16. R stets wdh.

Rapport = 10 Maschen

Verwendete Zeichen

● = 1 Randmasche

■ = 1 Masche rechts

○ = 1 Umschlag

◢ = 2 Maschen rechts zusammenstricken.

◣ = 1 Masche wie zum Rechtsstricken abheben, nächste Masche rechts stricken, abgehobene Masche überziehen.

△ = 3 Maschen rechts überzogen zusammenstricken: 1 Masche wie zum Rechtsstricken abheben, 2 Maschen rechts zusammenstricken, abgehobene Masche überziehen.

TROPFENMUSTER

[10 + 1 M + 2 Rdm]

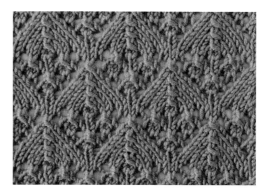

Rapport = 10 Maschen

Verwendete Zeichen

● = 1 Randmasche

■ = 1 Masche rechts

○ = 1 Umschlag

◢ = 2 Maschen rechts zusammenstricken.

◣ = 1 Masche wie zum Rechtsstricken abheben, nächste Masche rechts stricken, abgehobene Masche überziehen.

▲ = 3 Maschen rechts überzogen zusammenstricken: 1 Masche wie zum Rechtsstricken abheben, 2 Maschen rechts zusammenstricken, abgehobene Masche überziehen.

Es sind nur die Hinr gezeichnet, in den Rückr alle M und U links str. Mit den M vor dem Rapport beginnen, den Rapport von 10 M fortlaufend wdh und mit den M nach dem Rapport enden. Die 1.-24. R stets wdh.

KERAMIKMUSTER

[10 + 1 M + 2 Rdm]

Rapport = 10 Maschen

Verwendete Zeichen

● = 1 Randmasche

■ = 1 Masche rechts

○ = 1 Umschlag

◢ = 2 Maschen rechts zusammenstricken.

◣ = 1 Masche wie zum Rechtsstricken abheben, nächste Masche rechts stricken, abgehobene Masche überziehen.

▲ = 3 Maschen rechts überzogen zusammenstricken: 1 Masche wie zum Rechtsstricken abheben, 2 Maschen rechts zusammenstricken, abgehobene Masche überziehen.

Es sind nur die Hinr gezeichnet, in den Rückr alle M und U links str. Mit den M vor dem Rapport beginnen, den Rapport von 10 M fortlaufend wdh und mit den M nach dem Rapport enden. Die 1.-16. R stets wdh.

KERZENMUSTER

[12 + 1 M + 2 Rdm]

Es sind nur die Hinr gezeichnet, in den Rückr alle M und U links str. Mit den M vor dem Rapport beginnen, den Rapport von 12 M fortlaufend wdh und mit den M nach dem Rapport enden. Die 1.-20. R stets wdh.

Verwendete Zeichen

● = 1 Randmasche

■ = 1 Masche rechts

○ = 1 Umschlag

◢ = 2 Maschen rechts zusammenstricken.

◣ = 1 Masche wie zum Rechtsstricken abheben, nächste Masche rechts stricken, abgehobene Masche überziehen.

▲ = 3 Maschen rechts überzogen zusammenstricken: 1 Masche wie zum Rechtsstricken abheben, 2 Maschen rechts zusammenstricken, abgehobene Masche überziehen.

AJOUR-ZICKZACKMUSTER

[10 + 3 M + 2 Rdm]

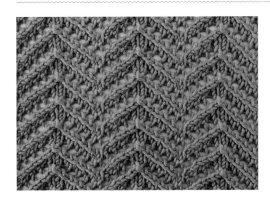

Es sind nur die Hinr gezeichnet, in den Rückr alle M und U links str. Mit den M vor dem Rapport beginnen, den Rapport von 10 M fortlaufend wdh und mit den M nach dem Rapport enden. Die 1.-6. R stets wdh.

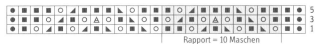

Verwendete Zeichen

● = 1 Randmasche

■ = 1 Masche rechts

○ = 1 Umschlag

◢ = 2 Maschen rechts zusammenstricken.

◣ = 1 Masche wie zum Rechtsstricken abheben, nächste Masche rechts stricken, abgehobene Masche überziehen.

▲ = 3 Maschen rechts überzogen zusammenstricken: 1 Masche wie zum Rechtsstricken abheben, 2 Maschen rechts zusammenstricken, abgehobene Masche überziehen.

PFAUENMUSTER

[17 + 2 Rdm]

Es sind Hin- und Rückr gezeichnet. Mit der Rdm vor dem Rapport beginnen, den Rapport von 17 M fortlaufend wdh und mit der Rdm nach dem Rapport enden. Die 1.-4. R stets wdh.

Verwendete Zeichen

- ● = 1 Randmasche
- ■ = 1 Masche rechts
- − = 1 Masche links
- ○ = 1 Umschlag
- ◢ = 2 Maschen rechts zusammenstricken.

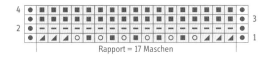

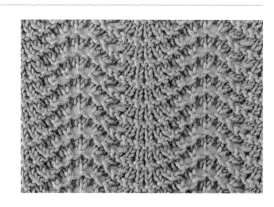

FARNSTREIFEN

[16 + 2 Rdm]

Es sind nur die Hinr gezeichnet, in den Rückr alle M str wie sie erscheinen. Mit der Rdm vor dem Rapport beginnen, den Rapport von 16 M fortlaufend wdh und mit der Rdm nach dem Rapport enden. Die 1.-8. R stets wdh.

Verwendete Zeichen

- ● = 1 Randmasche
- ■ = 1 Masche rechts
- − = 1 Masche links
- ○ = 1 Umschlag
- ◢ = 2 Maschen rechts zusammenstricken.
- ◣ = 1 Masche wie zum Rechtsstricken abheben, nächste Masche rechts stricken, abgehobene Masche überziehen.

MINI-PFAUENMUSTER

[12 + 1 M + 2 Rdm]

Es sind nur die Hinr gezeichnet, in den Rückr alle M str wie sie erscheinen. Mit der Rdm vor dem Rapport beginnen, den Rapport von 12 M fortlaufend wdh und mit den M nach dem Rapport enden. Die 1.-8. R stets wdh.

Verwendete Zeichen

- ● = 1 Randmasche
- ■ = 1 Masche rechts
- − = 1 Masche links
- ○ = 1 Umschlag
- △ = 3 Maschen rechts überzogen zusammenstricken: 1 Masche wie zum Rechtsstricken abheben, 2 Maschen rechts zusammenstricken, abgehobene Masche überziehen.
- ▲ = 3 Maschen rechts zusammenstricken.

234 PFEILSPITZENMUSTER

[10 + 1 M + 2 Rdm]

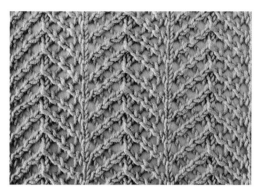

Es sind nur die Hinr gezeichnet, in den Rückr alle M und U links str. Mit der Rdm vor dem Rapport beginnen, den Rapport von 10 M fortlaufend wdh und mit den M nach dem Rapport enden. Die 1.-4. R stets wdh.

Rapport = 10 Maschen

Verwendete Zeichen

● = 1 Randmasche

■ = 1 Masche rechts

O = 1 Umschlag

◢ = 2 Maschen rechts zusammenstricken.

◣ = 1 Masche wie zum Rechtsstricken abheben, nächste Masche rechts stricken, abgehobene Masche überziehen.

△ = 3 Maschen rechts überzogen zusammenstricken: 1 Masche wie zum Rechtsstricken abheben, 2 Maschen rechts zusammenstricken, abgehobene Masche überziehen.

235 AJOURGEFLECHT

[13 + 2 Rdm]

Es sind nur die Hinr gezeichnet, in den Rückr alle M und U links str. Mit der Rdm vor dem Rapport beginnen, den Rapport von 13 M fortlaufend wdh und mit der Rdm nach dem Rapport enden. Die 1.-12. R stets wdh.

Rapport = 13 Maschen

Verwendete Zeichen

● = 1 Randmasche

■ = 1 Masche rechts

O = 1 Umschlag

◢ = 2 Maschen rechts zusammenstricken.

◣ = 1 Masche wie zum Rechtsstricken abheben, nächste Masche rechts stricken, abgehobene Masche überziehen.

236 DURCHBROCHENES DREIECKMUSTER

[13 + 2 Rdm]

Es sind Hin- und Rückr gezeichnet. Mit der Rdm vor dem Rapport beginnen, den Rapport von 13 M fortlaufend wdh und mit der Rdm nach dem Rapport enden. Die 1.-14. R stets wdh.

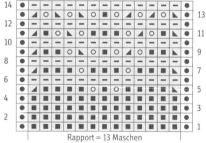

Rapport = 13 Maschen

Verwendete Zeichen

● = 1 Randmasche

■ = 1 Masche rechts

− = 1 Masche links

O = 1 Umschlag

◢ = 2 Maschen rechts zusammenstricken.

◣ = 1 Masche wie zum Rechtsstricken abheben, nächste Masche rechts stricken, abgehobene Masche überziehen.

DURCHBROCHENES WELLENMUSTER

[6 + 1 M + 2 Rdm]

Es sind nur die Hinr gezeichnet, in den Rückr alle M und U links str. Mit den M vor dem Rapport beginnen, den Rapport von 6 M fortlaufend wdh und mit den M nach dem Rapport enden. Die 1.-12. R stets wdh.

Verwendete Zeichen

● = 1 Randmasche

■ = 1 Masche rechts

O = 1 Umschlag

◢ = 2 Maschen rechts zusammenstricken.

◣ = 1 Masche wie zum Rechtsstricken abheben, nächste Masche rechts stricken, abgehobene Masche überziehen.

Rapport = 6 Maschen

AJOUR-BOGENMUSTER

[10 + 1 M + 2 Rdm]

Es sind nur die Hinr gezeichnet, in den Rückr alle M und U links str. Mit der Rdm vor dem Rapport beginnen, den Rapport von 10 M fortlaufend wdh und mit den M nach dem Rapport enden. Die 1.-8. R stets wdh.

Verwendete Zeichen

● = 1 Randmasche

■ = 1 Masche rechts

O = 1 Umschlag

∩ = 3 Maschen mit aufliegender Mittelmasche zusammenstricken: 2 Maschen gleichzeitig wie zum Rechtsstricken abheben, 1 Masche rechts stricken, abgehobene Maschen überziehen.

Rapport = 10 Maschen

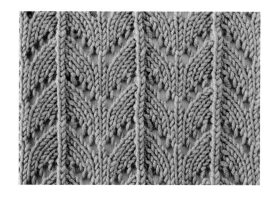

239 KNOSPENMUSTER [10 + 1 M + 2 Rdm]

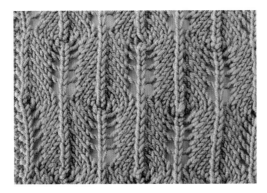

Es sind nur die Hinr gezeichnet, in den Rückr alle M und U links str. Mit den M vor dem Rapport beginnen, den Rapport von 10 M fortlaufend wdh und mit den M nach dem Rapport enden. Die 1.-24. R stets wdh.

Rapport = 10 Maschen

Verwendete Zeichen

● = 1 Randmasche

■ = 1 Masche rechts

○ = 1 Umschlag

◢ = 2 Maschen rechts zusammenstricken.

◣ = 1 Masche wie zum Rechtsstricken abheben, nächste Masche rechts stricken, abgehobene Masche überziehen.

∩ = 3 Maschen mit aufliegender Mittelmasche zusammenstricken: 2 Maschen gleichzeitig wie zum Rechtsstricken abheben, 1 Masche rechts stricken, abgehobene Maschen überziehen.

240 KLEINES RAUTENMUSTER [10 + 1 M + 2 Rdm]

Es sind nur die Hinr gezeichnet, in den Rückr alle M und U links str. Mit den M vor dem Rapport beginnen, den Rapport von 10 M fortlaufend wdh und mit den M nach dem Rapport enden. Die 1.-12. R stets wdh.

Rapport = 10 Maschen

Verwendete Zeichen

● = 1 Randmasche

■ = 1 Masche rechts

○ = 1 Umschlag

◢ = 2 Maschen rechts zusammenstricken.

◣ = 1 Masche wie zum Rechtsstricken abheben, nächste Masche rechts stricken, abgehobene Masche überziehen.

△ = 3 Maschen rechts überzogen zusammenstricken: 1 Masche wie zum Rechtsstricken abheben, 2 Maschen rechts zusammenstricken, abgehobene Masche überziehen.

AJOUR-RIPPENMUSTER

[4 + 1 M + 2 Rdm]

Es sind nur die Hinr gezeichnet, in den Rückr alle M str wie sie erscheinen, U links str. Mit den M vor dem Rapport beginnen, den Rapport von 4 M fortlaufend wdh und mit den M nach dem Rapport enden. Die 1.-20. R stets wdh.

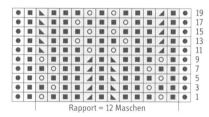

Rapport = 4 Maschen

Verwendete Zeichen

● = 1 Randmasche

■ = 1 Masche rechts

– = 1 Masche links

O = 1 Umschlag

◢ = 2 Maschen rechts zusammenstricken.

◣ = 1 Masche wie zum Rechtsstricken abheben, nächste Masche rechts stricken, abgehobene Masche überziehen.

LOTUSBLÜTEN

[12 + 1 M + 2 Rdm]

Es sind nur die Hinr gezeichnet, in den Rückr alle M und U links str. Mit der Rdm vor dem Rapport beginnen, den Rapport von 12 M fortlaufend wdh und mit den M nach dem Rapport enden. Die 1.-20. R stets wdh.

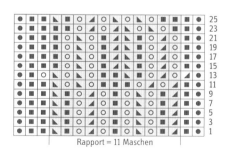

Rapport = 12 Maschen

Verwendete Zeichen

● = 1 Randmasche

■ = 1 Masche rechts

O = 1 Umschlag

◢ = 2 Maschen rechts zusammenstricken.

◣ = 1 Masche wie zum Rechtsstricken abheben, nächste Masche rechts stricken, abgehobene Masche überziehen.

FÄCHERMUSTER

[11 + 3 M + 2 Rdm]

Es sind nur die Hinr gezeichnet, in den Rückr alle M und U links str. Mit den M vor dem Rapport beginnen, den Rapport von 11 M fortlaufend wdh und mit den M nach dem Rapport enden. Die 1.-26. R stets wdh.

Rapport = 11 Maschen

Verwendete Zeichen

● = 1 Randmasche

■ = 1 Masche rechts

O = 1 Umschlag

◢ = 2 Maschen rechts zusammenstricken.

◣ = 1 Masche wie zum Rechtsstricken abheben, nächste Masche rechts stricken, abgehobene Masche überziehen.

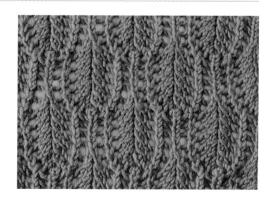

244 KATZENKÖPFCHEN

[14 + 2 Rdm]

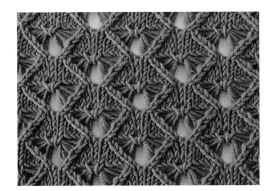

Es sind Hin- und Rückr gezeichnet. Mit der Rdm vor dem Rapport beginnen, den Rapport von 14 M fortlaufend wdh und mit der Rdm nach dem Rapport enden. Dabei in der 6. und 12. R die U der Vor-R links und rechts (siehe Strickschrift) abstricken. Die 1.-12. R stets wdh.

Verwendete Zeichen

● = 1 Randmasche

■ = 1 Masche rechts

– = 1 Masche links

○ = 1 Umschlag

◢ = 2 Maschen rechts zusammenstricken.

◣ = 1 Masche wie zum Rechtsstricken abheben, nächste Masche rechts stricken, abgehobene Masche überziehen.

◿ = 2 Maschen links zusammenstricken.

◲ = 2 Maschen nacheinander wie zum Rechtsstricken abheben und zurück auf die linke Nadel nehmen, dann links verschränkt zusammenstricken.

◆ = 1 Masche rechts verschränkt

☐ = Keine Bedeutung, dient der besseren Übersicht.

◖◗ = Den Umschlag (die Umschläge) der Vorreihe (Vorreihen) mit einem weiteren Umschlag wie zum Linksstricken abheben.

245 AJOUR-ZICKZACK-LÄNGSSTREIFEN

[24 + 1 M + 2 Rdm]

Rapport = 24 Maschen

Verwendete Zeichen

● = 1 Randmasche

■ = 1 Masche rechts

– = 1 Masche links

○ = 1 Umschlag

◢ = 2 Maschen rechts zusammenstricken.

◣ = 1 Masche wie zum Rechtsstricken abheben, nächste Masche rechts stricken, abgehobene Masche überziehen.

◿ = 2 Maschen links zusammenstricken.

◲ = 2 Maschen nacheinander wie zum Rechtsstricken abheben und zurück auf die linke Nadel nehmen, dann links verschränkt zusammenstricken.

Es sind Hin- und Rückr gezeichnet. Mit den M vor dem Rapport beginnen, den Rapport von 24 M fortlaufend wdh und mit den M nach dem Rapport enden. Die 1.-10. R stets wdh.

SECHSECK-ORNAMENTE

[8 + 1 M + 2 Rdm]

Verwendete Zeichen

● = 1 Randmasche

■ = 1 Masche rechts

○ = 1 Umschlag

◢ = 2 Maschen rechts zusammenstricken.

◣ = 1 Masche wie zum Rechtsstricken abheben, nächste Masche rechts stricken, abgehobene Masche überziehen.

△ = 3 Maschen rechts überzogen zusammenstricken: 1 Masche wie zum Rechtsstricken abheben, 2 Maschen rechts zusammenstricken, abgehobene Masche überziehen.

Rapport = 8 Maschen

Es sind nur die Hinr gezeichnet, in den Rückr alle M und U links str. Mit den M vor dem Rapport beginnen, den Rapport von 8 M fortlaufend wdh und mit den M nach dem Rapport enden. Die 1.-32. R stets wdh.

SPANISCHES SPITZENMUSTER

[34 + 16 + 2 Rdm]

❱ Strickschrift Vorlagenbogen 4B

Es sind Hin- und Rückr gezeichnet. Mit den M vor dem Rapport beginnen, den Rapport von 34 M fortlaufend wdh und mit den M nach dem Rapport enden. Die 1.-24. R stets wdh.

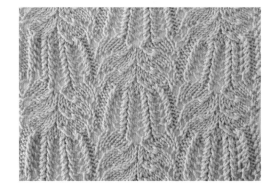

Fallmaschenmuster

RIPPEN MIT FALLMASCHEN

[8 + 2 M + 2 Rdm]

Es sind Hin- und Rückr gezeichnet. Mit den M vor dem Rapport beginnen, den Rapport von 8 M fortlaufend wdh und mit den M nach dem Rapport enden. Die 1.-16. R stets wdh.

Rapport = 8 Maschen

Verwendete Zeichen

● = 1 Randmasche

■ = 1 Masche rechts

− = 1 Masche links

○ = 1 Umschlag

☐ = Keine Bedeutung, dient der besseren Übersicht.

↓ = Die Masche bis zum Umschlag fallen lassen.

KLEINES MUSCHELMUSTER

[10 + 5 M + 2 Rdm]

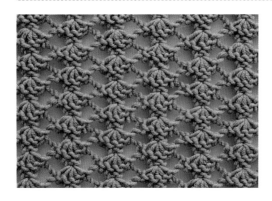

Es sind Hin- und Rückr gezeichnet. Mit den M vor dem Rapport beginnen, den Rapport von 10 M fortlaufend wdh und mit den M nach dem Rapport enden. Die 3.-6. R stets wdh.

Rapport = 10 Maschen

Verwendete Zeichen

● = 1 Randmasche

■ = 1 Masche rechts

− = 1 Masche links

○ = 1 Umschlag

☐ = Keine Bedeutung, dient der besseren Übersicht.

>>>>> = 5 Maschen wie zum Linksstricken abheben und die Umschläge der Vorreihe dabei fallen lassen. Die Maschen lang ziehen und zurück auf die linke Nadel heben. 2 Umschläge auf die Nadel nehmen, die 5 langgezogenen Maschen rechts verschränkt zusammenstricken und 2 Umschläge auf die Nadel nehmen.

KRAUS RECHTS MIT FALLMASCHEN [1 + 2 Rdm]

Es sind Hin- und Rückr gezeichnet. Mit der Rdm vor dem Rapport beginnen, den Rapport von 1 M fortlaufend wdh und mit der Rdm nach dem Rapport enden. Die 1.-4. R stets wdh.

Rapport =
1 Masche

Verwendete Zeichen

● = 1 Randmasche

■ = 1 Masche rechts

⊙ = 1 Masche rechts stricken und dabei den Faden zweimal um die Nadel schlingen und beide Umschläge durch die Masche ziehen.

▮ = 1 Masche rechts stricken und dabei einen der beiden Umschläge der Vorreihe fallen lassen.

FALLMASCHEN-REIHEN [2 + 1 M + 2 Rdm]

Es sind Hin- und Rückr gezeichnet, in der 2. R die U der 1. R fallen lassen. Mit den M vor dem Rapport beginnen, den Rapport von 2 M fortlaufend wdh und mit den M nach dem Rapport enden. Die 1.-4. R stets wdh.

Rapport =
2 Maschen

Verwendete Zeichen

● = 1 Randmasche

■ = 1 Masche rechts

○ = 1 Umschlag

② = 2 Umschläge

◣ = 1 Masche wie zum Rechtsstricken abheben, nächste Masche rechts stricken, abgehobene Masche überziehen.

☐ = Keine Bedeutung, dient der besseren Übersicht.

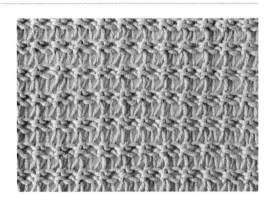

FALLMASCHEN MIT ÜBERZOGENEN MASCHEN [4 + 2 Rdm]

Es sind Hin- und Rückr gezeichnet. Mit der Rdm vor dem Rapport beginnen, den Rapport von 4 M fortlaufend wdh und mit der Rdm nach dem Rapport enden. Die 1.-4. R stets wdh.

Rapport =
4 Maschen

Verwendete Zeichen

● = 1 Randmasche

■ = 1 Masche rechts

− = 1 Masche links

○ = 1 Umschlag

＞＞＞＞ = Den Umschlag der vorhergehenden Reihe fallen lassen, die 1. Masche wie zum Rechtsstricken abheben, die folgenden 3 Maschen rechts stricken und die abgehobene Masche darüber ziehen.

☐ = Keine Bedeutung, dient der besseren Übersicht.

253 FALLMASCHEN-WELLEN

[9 + 1 M + 2 Rdm]

Es sind nur die Hinr gezeichnet, in den Rückr alle M rechts str und in der 2. und 6. R jeweils die U der Vor-R fallen lassen. Mit der Rdm vor dem Rapport beginnen, den Rapport von 9 M fortlaufend wdh und mit den M nach dem Rapport enden. Die 1.-8. R stets wdh.

Verwendete Zeichen

⬤ = 1 Randmasche

■ = 1 Masche rechts

○ = 1 Umschlag

② = 2 Umschläge

③ = 3 Umschläge

☐ = Keine Bedeutung, dient der besseren Übersicht.

Rapport = 9 Maschen

254 ÖSENMUSTER AUS FALLMASCHEN

[5 + 2 Rdm]

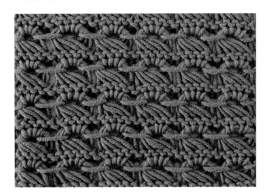

Es sind Hin- und Rückr gezeichnet. Mit der Rdm vor dem Rapport beginnen, den Rapport von 5 M fortlaufend wdh und mit der Rdm nach dem Rapport enden. Die 1.-4. R stets wdh.

Verwendete Zeichen

⬤ = 1 Randmasche

■ = 1 Masche rechts

③ = 3 Umschläge

☐ = Keine Bedeutung, dient der besseren Übersicht.

■■■■■■ = 5 Maschen wie zum Linksstricken abheben und die Umschläge der Vorreihe dabei fallen lassen. Die Maschen lang ziehen, zurück auf die linke Nadel heben und rechts verschränkt zusammenstricken. Die Maschen auf der linken Nadel belassen, 1 Umschlag auf die rechte Nadel nehmen, 1 weitere Masche rechts verschränkt aus den Maschen herausstricken, 1 weiteren Umschlag auf die rechte Nadel nehmen und eine dritte Masche rechts verschränkt herausstricken.

Rapport = 5 Maschen

255 VERKREUZTE FALLMASCHEN

[6 + 2 Rdm]

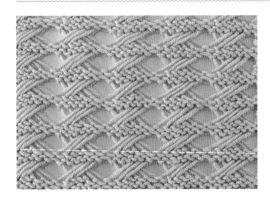

Es sind Hin- und Rückr gezeichnet. Mit der Rdm vor dem Rapport beginnen, den Rapport von 6 M fortlaufend wdh und mit der Rdm nach dem Rapport enden. In der 3. R beim Abstr der M die ursprüngliche Reihenfolge der M beachten und zunächst die ehemals 4., 5. und 6. Masche und dann die ehemals 1., 2. und 3. M str. Die 1.-4. R stets wdh.

Verwendete Zeichen

⬤ = 1 Randmasche

■ = 1 Masche rechts

③ = 3 Umschläge

☐ = Keine Bedeutung, dient der besseren Übersicht.

 = 6 Maschen wie zum Linksstricken abheben und die Umschläge der Vorreihe dabei fallen lassen. Die Maschen langziehen und zurück auf die linke Nadel heben. Mit der rechten Nadel die ersten 3 Maschen fassen und über die folgenden 3 Maschen ziehen. Die 3 Maschen von der rechten Nadel zurück auf die linke Nadel heben und alle 6 Maschen nacheinander rechts abstricken.

Rapport = 6 Maschen

GROSSES MUSCHELMUSTER [18 + 1 M + 2 Rdm]

Verwendete Zeichen

● = 1 Randmasche

■ = 1 Masche rechts

– = 1 Masche links

○ = 1 Umschlag

② = 2 Umschläge

☐ = Keine Bedeutung, dient der besseren Übersicht.

◢ = 2 Maschen rechts zusammenstricken.

◣ = 1 Masche wie zum Rechtsstricken abheben, nächste Masche rechts stricken, abgehobene Masche überziehen.

∼ = Die doppelten Umschläge der Vorreihe von der Nadel gleiten lassen und 15 Maschen links zusammenstricken.

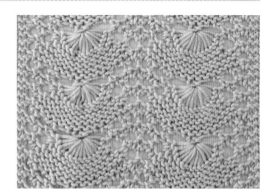

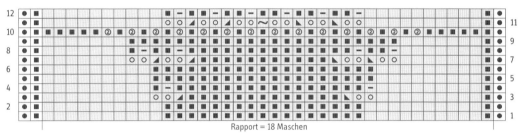

Rapport = 18 Maschen

Es sind Hin- und Rückr gezeichnet. Mit den M vor dem Rapport beginnen, den Rapport von 18 M fortlaufend wdh und mit den M nach dem Rapport enden. Die 1.-12. R stets wdh.

GÄNSEBLÜMCHENMUSTER [6 + 1 M + 2 Rdm]

Verwendete Zeichen

● = 1 Randmasche

■ = 1 Masche rechts

– = 1 Masche links

② = 2 Umschläge

☐ = Keine Bedeutung, dient der besseren Übersicht.

▐▐▐▐ = 3 Maschen wie zum Linksstricken abheben und die Umschläge der Vorreihe dabei fallen assen. Die Maschen langziehen, zurück auf die linke Nadel heben und rechts verschränkt zusammenstricken. Die Maschen auf der linken Nadel belassen, 1 Umschlag auf die rechte Nadel nehmen und 1 weitere Masche rechts verschränkt aus den Maschen herausstricken.

▐▐▐▐▐▐ = 5 Maschen wie zum Linksstricken abheben und die Umschläge der Vorreihe dabei fallen lassen. Die Maschen lang ziehen, zurück auf die linke Nadel heben und rechts verschränkt zusammenstricken. Die Maschen auf der linken Nadel belassen, 1 Umschlag auf die rechte Nadel nehmen, 1 weitere Masche rechts verschränkt aus den Maschen herausstricken, 1 weiteren Umschlag auf die rechte Nadel nehmen und eine dritte Masche rechts verschränkt herausstricken.

Es sind Hin- und Rückr gezeichnet. Mit der 1. R (= Rückr) und mit den M vor dem Rapport beginnen, den Rapport von 6 M fortlaufend wdh und mit den M nach dem Rapport enden. Die 1.-4. R stets wdh.

Rapport = 6 Maschen

HEBEMASCHEN-MUSTER

258 KLEINES RAUPENMUSTER

[3 + 1 M + 2 Rdm]

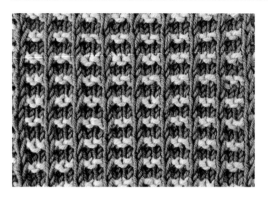

Es sind Hin- und Rückr gezeichnet. Mit den M vor dem Rapport beginnen, den Rapport von 3 M fortlaufend wdh und mit den M nach dem Rapport enden. Die 1.-4. R stets wdh.

Rapport = 3 Maschen

Verwendete Zeichen

● = 1 Randmasche in Farbe A

◉ = 1 Randmasche in Farbe B

▪ = 1 Masche rechts in Farbe A

▪ = 1 Masche rechts in Farbe B

− = 1 Masche links in Farbe B

CI = 1 Masche in Farbe B wie zum Linksstricken abheben mit dem Faden hinter der Masche.

ID = 1 Masche in Farbe B wie zum Linksstricken abheben mit dem Faden vor der Masche.

259 VERSETZTES RAUPENMUSTER

[4 + 2 Rdm]

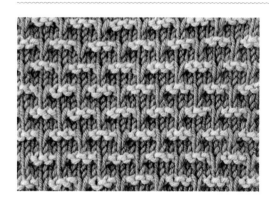

Es sind Hin- und Rückr gezeichnet. Mit der Rdm vor dem Rapport beginnen, den Rapport von 4 M fortlaufend wdh und mit der Rdm nach dem Rapport enden. Die 1.-8. R stets wdh.

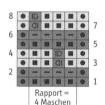

Rapport = 4 Maschen

Verwendete Zeichen

● = 1 Randmasche in Farbe A

◉ = 1 Randmasche in Farbe B

▪ = 1 Masche rechts in Farbe A

▪ = 1 Masche rechts in Farbe B

− = 1 Masche links in Farbe B

CI = 1 Masche in Farbe B wie zum Linksstricken abheben mit dem Faden hinter der Masche.

ID = 1 Masche in Farbe B wie zum Linksstricken abheben mit dem Faden vor der Masche.

260 KLEINES TUPFENMUSTER

[2 + 1 M + 2 Rdm]

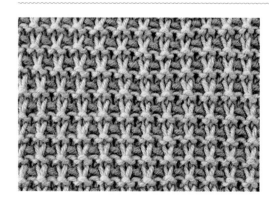

Es sind Hin- und Rückr gezeichnet. Mit den M vor dem Rapport beginnen, den Rapport von 2 M fortlaufend wdh und mit den M nach dem Rapport enden. Die 1.-4. R stets wdh.

Rapport = 2 Maschen

Verwendete Zeichen

● = 1 Randmasche in Farbe A

◉ = 1 Randmasche in Farbe B

▪ = 1 Masche rechts in Farbe A

▪ = 1 Masche rechts in Farbe B

CI = 1 Masche in Farbe A wie zum Linksstricken abheben mit dem Faden hinter der Masche.

ID = 1 Masche in Farbe A wie zum Linksstricken abheben mit dem Faden vor der Masche.

261 DREIFARBIGES LEITERMUSTER [4 + 3 M + 2 Rdm]

Verwendete Zeichen

● = 1 Randmasche in Farbe A

● = 1 Randmasche in Farbe B

● = 1 Randmasche in Farbe C

■ = 1 Masche rechts in Farbe A

■ = 1 Masche rechts in Farbe B

■ = 1 Masche rechts in Farbe C

– = 1 Masche links in Farbe A

◖I = 1 Masche in Farbe A wie zum Linksstricken abheben mit dem Faden hinter der Masche.

◖I = 1 Masche in Farbe B wie zum Linksstricken abheben mit dem Faden hinter der Masche.

◖I = 1 Masche in Farbe C wie zum Linksstricken abheben mit dem Faden hinter der Masche.

ID = 1 Masche in Farbe A wie zum Linksstricken abheben mit dem Faden vor der Masche.

ID = 1 Masche in Farbe B wie zum Linksstricken abheben mit dem Faden vor der Masche.

ID = 1 Masche in Farbe C wie zum Linksstricken abheben mit dem Faden vor der Masche.

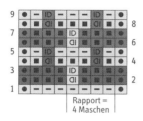

Rapport = 4 Maschen

Es sind Hin- und Rückr gezeichnet. Mit den M vor dem Rapport beginnen, den Rapport von 4 M fortlaufend wdh und mit den M nach dem Rapport enden. Die 1.-9. R 1x arb, dann die 2.-9. R stets wdh.

262 DREIFARBIGES STREIFENMUSTER [3 + 2 Rdm]

Verwendete Zeichen

● = 1 Randmasche in Farbe A

● = 1 Randmasche in Farbe B

● = 1 Randmasche in Farbe C

■ = 1 Masche rechts in Farbe A

■ = 1 Masche rechts in Farbe B

■ = 1 Masche rechts in Farbe C

– = 1 Masche links in Farbe A

— = 1 Masche links in Farbe B

— = 1 Masche links in Farbe C

◖I = 1 Masche in Farbe A wie zum Rechtsstricken abheben mit dem Faden hinter der Masche.

◖I = 1 Masche in Farbe B wie zum Rechtsstricken abheben mit dem Faden hinter der Masche.

◖I = 1 Masche in Farbe C wie zum Rechtsstricken abheben mit dem Faden hinter der Masche.

ID = 1 Masche in Farbe A wie zum Linksstricken abheben mit dem Faden vor der Masche.

ID = 1 Masche in Farbe B wie zum Linksstricken abheben mit dem Faden vor der Masche.

ID = 1 Masche in Farbe C wie zum Linksstricken abheben mit dem Faden vor der Masche.

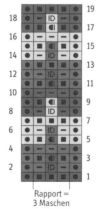

Rapport = 3 Maschen

Es sind Hin- und Rückr gezeichnet. Mit der Rdm vor dem Rapport beginnen, den Rapport von 3 M fortlaufend wdh und mit der Rdm nach dem Rapport enden. In den R ohne Hebemaschen (= 1., 4., 7., 10., 13., 16. und 19. R) die M etwas lockerer str. Die 1.-19. R 1x arb, dann die 2.-19. R stets wdh.

263 VERSETZTES SCHRÄGSTREIFENMUSTER [12 + 2 Rdm]

Es sind Hin- und Rückr gezeichnet. Mit der Rdm vor dem Rapport beginnen, den Rapport von 12 M fortlaufend wdh und mit der Rdm nach dem Rapport enden. Die 1.-26. R 1x arb, dann die 3.-26. R stets wdh.

Verwendete Zeichen

● = 1 Randmasche in Farbe A

◉ = 1 Randmasche in Farbe B

▥ = 1 Masche rechts in Farbe A

▨ = 1 Masche rechts in Farbe B

━ = 1 Masche links in Farbe A

▬ = 1 Masche links in Farbe B

⊙I = 1 Masche in Farbe A wie zum Linksstricken abheben mit dem Faden hinter der Masche.

⊙I = 1 Masche in Farbe B wie zum Linksstricken abheben mit dem Faden hinter der Masche.

I⊙ = 1 Masche in Farbe A wie zum Linksstricken abheben mit dem Faden vor der Masche.

I⊙ = 1 Masche in Farbe B wie zum Linksstricken abheben mit dem Faden vor der Masche.

Rapport = 12 Maschen

264 TREPPENMUSTER ○ [4 + 2 Rdm]

Es sind Hin- und Rückr gezeichnet. Mit der Rdm vor dem Rapport beginnen, den Rapport von 4 M fortlaufend wdh und mit der Rdm nach dem Rapport enden. Nach der 1. R (= Hinr) in Farbe B die M an das rechte Nd-Ende zurückschieben und die 2. R (= Hinr) in Farbe A str. Nach der 3. R (= Rückr) in Farbe A die M wieder an das rechte Nd-Ende zurückschieben und die 4. R (= Rückr) in Farbe B str. Dies in der 7.-10. R wdh. In den R ohne Hebemaschen (= 1., 4., 7. und 10. R) die M etwas lockerer str. Die 1.-12. R stets wdh.

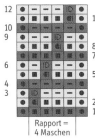

Rapport = 4 Maschen

Verwendete Zeichen

● = 1 Randmasche in Farbe A

◉ = 1 Randmasche in Farbe B

▥ = 1 Masche rechts in Farbe A

▨ = 1 Masche rechts in Farbe B

━ = 1 Masche links in Farbe A

▬ = 1 Masche links in Farbe B

▦ = 1 Masche in Farbe B wie zum Rechtsstricken abheben mit dem Faden hinter der Masche.

I⊙ = 1 Masche in Farbe B wie zum Linksstricken abheben mit dem Faden vor der Masche.

265 RIPPEN

[2 + 1 M + 2 Rdm]

Es sind Hin- und Rückr gezeichnet. Mit den M vor dem Rapport
beginnen, den Rapport von 2 M
fortlaufend wdh und mit den M
nach dem Rapport enden. Die
1.+2. R stets wdh.

Verwendete Zeichen

● = 1 Randmasche

■ = 1 Masche rechts

— = 1 Masche links

ID = 1 Masche wie zum
Linksstricken abheben mit
dem Faden vor der Masche.

Rapport =
2 Maschen

266 BREITE RIPPEN

[5 + 2 M + 2 Rdm]

Es sind Hin- und Rückr gezeichnet. Mit den M vor dem Rapport
beginnen, den Rapport von 5 M
fortlaufend wdh und mit den M
nach dem Rapport enden. Die
1.+2. R stets wdh.

Verwendete Zeichen

● = 1 Randmasche

■ = 1 Masche rechts

— = 1 Masche links

CI = 1 Masche wie zum
Linksstricken abheben mit
dem Faden hinter der Masche.

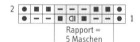

Rapport =
5 Maschen

267 KLEINE KORBRIPPEN

[2 + 1 M + 2 Rdm]

Es sind Hin- und Rückr gezeichnet. Mit den M vor dem Rapport
beginnen, den Rapport von 2 M
fortlaufend wdh und mit den M
nach dem Rapport enden. Die
1.-4. R stets wdh.

Verwendete Zeichen

● = 1 Randmasche in Farbe A

● = 1 Randmasche in Farbe B

■ = 1 Masche rechts in
Farbe A

■ = 1 Masche rechts in
Farbe B

— = 1 Masche links in Farbe A

CI = 1 Masche in Farbe A wie
zum Linksstricken abheben mit
dem Faden hinter der Masche.

ID = 1 Masche in Farbe A wie
zum Linksstricken abheben mit
dem Faden vor der Masche.

Rapport =
2 Maschen

268 ZWEIFARBIGES ZIEGELMUSTER

○ [4 + 2 Rdm]

Es sind Hin- und Rückr gezeichnet. Mit der Rdm vor dem Rapport beginnen, den Rapport von 4 M fortlaufend wdh und mit der Rdm nach dem Rapport enden. Nach der 5. R (= Hinr) in Farbe A die M an das rechte Nd-Ende zurückschieben und die 6. R (= Hinr) in Farbe B str. Nach der 7. R (= Rückr) in Farbe B die M wieder an das rechte Nd-Ende zurückschieben und die 8. R (= Rückr) in Farbe A str. In der 2. und 7. R die M etwas lockerer str. Die 1.-10. R stets wdh.

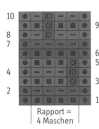

Rapport = 4 Maschen

Verwendete Zeichen

- = 1 Randmasche in Farbe A
- = 1 Randmasche in Farbe B
- = 1 Masche rechts in Farbe A
- = 1 Masche rechts in Farbe B
- = 1 Masche links in Farbe A
- = 1 Masche links in Farbe B
- = 1 Masche in Farbe B wie zum Linksstricken abheben mit dem Faden hinter der Masche.
- = 1 Masche in Farbe B wie zum Linksstricken abheben mit dem Faden vor der Masche.

269 DREIFARBIGES ZOPFMUSTER

[7 + 1 M + 2 Rdm]

Es sind Hin- und Rückr gezeichnet. Mit der Rdm vor dem Rapport beginnen, den Rapport von 7 M fortlaufend wdh und mit den M nach dem Rapport enden. Die 1.-15. R 1x arb, dann die 4.-15. R stets wdh.

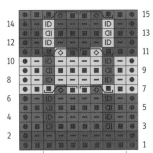

Rapport = 7 Maschen

Verwendete Zeichen

- = 1 Randmasche in Farbe A
- = 1 Randmasche in Farbe B
- = 1 Randmasche in Farbe C
- = 1 Masche rechts in Farbe A
- = 1 Masche rechts in Farbe B
- = 1 Masche rechts in Farbe C
- = 1 Masche links in Farbe A
- = 1 Masche links in Farbe B
- = 1 Masche links in Farbe C
- = 1 Masche in Farbe A wie zum Linksstricken abheben mit dem Faden hinter der Masche.
- = 1 Masche in Farbe B wie zum Linksstricken abheben mit dem Faden hinter der Masche.
- = 1 Masche in Farbe C wie zum Linksstricken abheben mit dem Faden hinter der Masche.
- = 1 Masche in Farbe A wie zum Linksstricken abheben mit dem Faden vor der Masche.
- = 1 Masche in Farbe B wie zum Linksstricken abheben mit dem Faden vor der Masche.
- = 1 Masche in Farbe C wie zum Linksstricken abheben mit dem Faden vor der Masche.
- = 1 Masche auf einer Hilfsnadel vor die Arbeit legen, 1 Masche in Farbe B wie zum Linksstricken abheben mit dem Faden hinter der Masche, 1 Masche rechts in Farbe A stricken, dann die Masche der Hilfsnadel rechts in Farbe A stricken.
- = 2 Maschen auf einer Hilfsnadel hinter die Arbeit legen, 1 Masche rechts in Farbe A stricken, dann die 1. Masche der Hilfsnadel rechts in Farbe A stricken und die 2. Masche der Hilfsnadel in Farbe B wie zum Linksstricken abheben mit dem Faden hinter der Masche.
- = 1 Masche auf einer Hilfsnadel vor die Arbeit legen, 1 Masche in Farbe A wie zum Linksstricken abheben mit dem Faden hinter der Masche, 1 Masche rechts in Farbe C stricken, dann die Masche der Hilfsnadel rechts in Farbe C stricken.
- = 2 Maschen auf einer Hilfsnadel hinter die Arbeit legen, 1 Masche rechts in Farbe C stricken, dann die 1. Masche der Hilfsnadel rechts in Farbe C stricken und die 2. Masche der Hilfsnadel in Farbe A wie zum Linksstricken abheben mit dem Faden hinter der Masche.
- = 1 Masche auf einer Hilfsnadel vor die Arbeit legen, 1 Masche in Farbe C wie zum Linksstricken abheben mit dem Faden hinter der Masche, 1 Masche rechts in Farbe B stricken, dann die Masche der Hilfsnadel rechts in Farbe B stricken.
- = 2 Maschen auf einer Hilfsnadel hinter die Arbeit legen, 1 Masche rechts in Farbe B stricken, dann die 1. Masche der Hilfsnadel rechts in Farbe B stricken und die 2. Masche der Hilfsnadel in Farbe C wie zum Linksstricken abheben mit dem Faden hinter der Masche.

270 VERSETZTES ZIEGELMUSTER

[6 + 3 M + 2 Rdm]

Es sind Hin- und Rückr gezeichnet. Mit den M vor dem Rapport
beginnen, den Rapport von 6 M
fortlaufend wdh und mit den M
nach dem Rapport enden. Die
1.-12. R stets wdh.

Verwendete Zeichen

- = 1 Randmasche in Farbe A
- = 1 Randmasche in Farbe B
- = 1 Masche rechts in Farbe A
- = 1 Masche rechts in Farbe B
- = 1 Masche links in Farbe A
- = 1 Masche links in Farbe B

CI = 1 Masche in Farbe A wie
zum Linksstricken abheben mit
dem Faden hinter der Masche.

ID = 1 Masche in Farbe A wie
zum Linksstricken abheben mit
dem Faden vor der Masche.

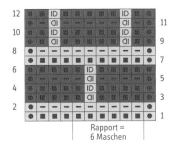

Rapport =
6 Maschen

271 TUPFRIPPEN

[2 + 1 M + 2 Rdm]

Verwendete Zeichen

- = 1 Randmasche in Farbe A
- = 1 Randmasche in Farbe B
- = 1 Randmasche in Farbe C
- = 1 Masche rechts in Farbe A
- = 1 Masche rechts in Farbe B
- = 1 Masche rechts in Farbe C

CI = 1 Masche in Farbe A wie zum Linksstricken
abheben mit dem Faden hinter der Masche.

CI = 1 Masche in Farbe B wie zum Linksstricken
abheben mit dem Faden hinter der Masche.

CI = 1 Masche in Farbe C wie zum Linksstricken
abheben mit dem Faden hinter der Masche.

ID = 1 Masche in Farbe A wie zum Linksstricken
abheben mit dem Faden vor der Masche.

ID = 1 Masche in Farbe B wie zum Linksstricken
abheben mit dem Faden vor der Masche.

ID = 1 Masche in Farbe C wie zum Linksstricken
abheben mit dem Faden vor der Masche.

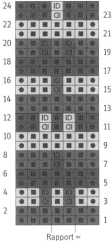

Rapport =
2 Maschen

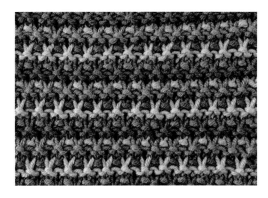

Es sind Hin- und Rückr gezeichnet. Mit den M
vor dem Rapport beginnen, den Rapport von
2 M fortlaufend wdh und mit den M nach dem
Rapport enden. Die 1.-24. R stets wdh.

272 SPALIERMUSTER

[6 + 5 M + 2 Rdm]

Es sind Hin- und Rückr gezeichnet. Mit den M vor dem Rapport beginnen, den Rapport von 6 M fortlaufend wdh und mit den M nach dem Rapport enden. Die 1.-12. R stets wdh.

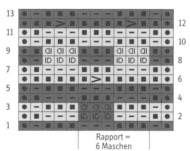

Rapport = 6 Maschen

Verwendete Zeichen

● = 1 Randmasche

■ = 1 Masche rechts

− = 1 Masche links

CI = 1 Masche wie zum Linksstricken abheben mit dem Faden hinter der Masche.

ID = 1 Masche wie zum Linksstricken abheben mit dem Faden vor der Masche.

> = Die beiden Spannfäden vor den drei 3-4 Reihen darunter liegenden, abgehobenen Maschen mit der rechten Nadel aufnehmen, die nächste Masche rechts stricken und die beiden Spannfäden über diese Masche ziehen.

273 ZWEIFARBIGES SPALIERMUSTER

[6 + 5 M + 2 Rdm]

Es sind Hin- und Rückr gezeichnet. Mit den M vor dem Rapport beginnen, den Rapport von 6 M fortlaufend wdh und mit den M nach dem Rapport enden. Die 1.-13. R 1x arb, dann die 2.-13. R stets wdh.

Rapport = 6 Maschen

Verwendete Zeichen

● = 1 Randmasche in Farbe A

● = 1 Randmasche in Farbe B

■ = 1 Masche rechts in Farbe A

■ = 1 Masche rechts in Farbe B

− = 1 Masche links in Farbe A

− = 1 Masche links in Farbe B

> = Die beiden Spannfäden in Farbe A vor den drei 3-4 Reihen darunter liegenden, abgehobenen Maschen mit der rechten Nadel aufnehmen, die nächste Masche rechts stricken und die beiden Spannfäden über diese Masche ziehen.

> = Die beiden Spannfäden in Farbe B vor den drei 3-4 Reihen darunter liegenden, abgehobenen Maschen mit der rechten Nadel aufnehmen, die nächste Masche rechts stricken und die beiden Spannfäden über diese Masche ziehen.

274 BACKSTEINMUSTER

[4 + 1 M + 2 Rdm]

Es sind Hin- und Rückr gezeichnet. Mit den M vor dem Rapport beginnen, den Rapport von 4 M fortlaufend wdh und mit den M nach dem Rapport enden. Die 1.-16. R stets wdh.

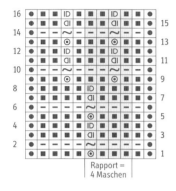

Verwendete Zeichen

● = 1 Randmasche

■ = 1 Masche rechts

– = 1 Masche links

~ = 1 Masche wie zum Linksstricken abheben und dabei die zusätzliche Schlinge fallen lassen.

◁I = 1 Masche wie zum Linksstricken abheben mit dem Faden hinter der Masche.

I◁ = 1 Masche wie zum Linksstricken abheben mit dem Faden vor der Masche.

◉ = In die Masche wie zum Rechtsstricken einstechen, den Faden zweimal um die Nadel schlingen und die Masche rechts stricken.

275 ZWEIFARBIGES BACKSTEINMUSTER

[4 + 1 M + 2 Rdm]

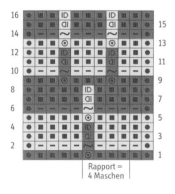

Es sind Hin- und Rückr gezeichnet. Mit den M vor dem Rapport beginnen, den Rapport von 4 M fortlaufend wdh und mit den M nach dem Rapport enden. Die 1.-16. R stets wdh.

Verwendete Zeichen

● = 1 Randmasche in Farbe A

● = 1 Randmasche in Farbe B

■ = 1 Masche rechts in Farbe A

■ = 1 Masche rechts in Farbe B

– = 1 Masche links in Farbe A

– = 1 Masche links in Farbe B

~ = 1 Masche in Farbe A wie zum Linksstricken abheben und dabei die zusätzliche Schlinge fallen lassen.

~ = 1 Masche in Farbe B wie zum Linksstricken abheben und dabei die zusätzliche Schlinge fallen lassen.

◁I = 1 Masche in Farbe A wie zum Linksstricken abheben mit dem Faden hinter der Masche.

◁I = 1 Masche in Farbe B wie zum Linksstricken abheben mit dem Faden hinter der Masche.

I◁ = 1 Masche in Farbe A wie zum Linksstricken abheben mit dem Faden vor der Masche.

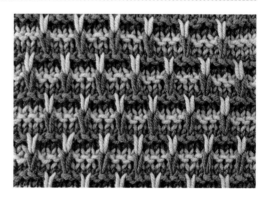

I◁ = 1 Masche in Farbe B wie zum Linksstricken abheben mit dem Faden vor der Masche.

◉ = In die Masche wie zum Rechtsstricken einstechen, den Faden in Farbe A zweimal um die Nadel schlingen und die Masche rechts stricken.

◉ = In die Masche wie zum Rechtsstricken einstechen, den Faden in Farbe B zweimal um die Nadel schlingen und die Masche rechts stricken.

276 HAHNENTRITTMUSTER [3 + 2 Rdm]

Es sind Hin- und Rückr gezeichnet. Die M in Farbe B anschl. Mit der Rdm vor dem Rapport beginnen, den Rapport von 3 M fortlaufend wdh und mit der Rdm nach dem Rapport enden. Die 1.-4. R stets wdh.

Rapport = 3 Maschen

Verwendete Zeichen

- ● = 1 Randmasche in Farbe A
- ◕ = 1 Randmasche in Farbe B
- ■ = 1 Masche rechts in Farbe A
- ▦ = 1 Masche rechts in Farbe B
- ⊂I = 1 Masche in Farbe A wie zum Linksstricken abheben mit dem Faden hinter der Masche.
- ⊂I = 1 Masche in Farbe B wie zum Linksstricken abheben mit dem Faden hinter der Masche.

277 HAHNENTRITTMUSTER IN KRAUS-RECHTS [3 + 2 Rdm]

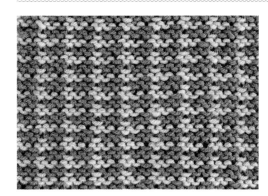

Es sind Hin- und Rückr gezeichnet. Die M in Farbe B anschl. Mit der Rdm vor dem Rapport beginnen, den Rapport von 3 M fortlaufend wdh und mit der Rdm nach dem Rapport enden. Die 1.-4. R stets wdh.

Rapport = 3 Maschen

Verwendete Zeichen

- ● = 1 Randmasche in Farbe A
- ◕ = 1 Randmasche in Farbe B
- ■ = 1 Masche rechts in Farbe A
- ▦ = 1 Masche rechts in Farbe B
- − = 1 Masche links in Farbe A
- ▬ = 1 Masche links in Farbe B
- ⊂I = 1 Masche in Farbe A wie zum Linksstricken abheben mit dem Faden hinter der Masche.
- ⊂I = 1 Masche in Farbe B wie zum Linksstricken abheben mit dem Faden hinter der Masche.

278 HAGEBUTTENMUSTER [4 + 3 M + 2 Rdm]

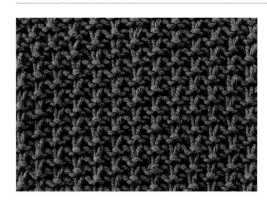

Es sind Hin- und Rückr gezeichnet. Mit den M vor dem Rapport beginnen, den Rapport von 4 M fortlaufend wdh und mit den M nach dem Rapport enden. Die 1.-4. R stets wdh.

Rapport = 4 Maschen

Verwendete Zeichen

- ● = 1 Randmasche
- ■ = 1 Masche rechts
- ⊂I = 1 Masche wie zum Linksstricken abheben mit dem Faden hinter der Masche.
- ID = 1 Masche wie zum Linksstricken abheben mit dem Faden vor der Masche.

279 TWEED-RELIEFMUSTER

[4 + 3 M + 2 Rdm]

Verwendete Zeichen

- ● = 1 Randmasche in Farbe A
- ● = 1 Randmasche in Farbe B
- ● = 1 Randmasche in Farbe C
- ■ = 1 Masche rechts in Farbe A
- ▦ = 1 Masche rechts in Farbe B
- ▦ = 1 Masche rechts in Farbe C

- CI = 1 Masche in Farbe A wie zum Linksstricken abheben mit dem Faden hinter der Masche.

- CI = 1 Masche in Farbe B wie zum Linksstricken abheben mit dem Faden hinter der Masche.

- CI = 1 Masche in Farbe C wie zum Linksstricken abheben mit dem Faden hinter der Masche.

- ID = 1 Masche in Farbe A wie zum Linksstricken abheben mit dem Faden vor der Masche.

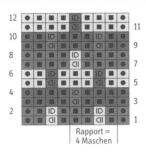

Rapport = 4 Maschen

- ID = 1 Masche in Farbe B wie zum Linksstricken abheben mit dem Faden vor der Masche.

- ID = 1 Masche in Farbe C wie zum Linksstricken abheben mit dem Faden vor der Masche.

Es sind Hin- und Rückr gezeichnet. Die M in Farbe A anschl. Mit den M vor dem Rapport beginnen, den Rapport von 4 M fortlaufend wdh und mit den M nach dem Rapport enden. Die 1.-12. R stets wdh.

280 DREIFARBIGES BANDMUSTER

[4 + 3 M + 2 Rdm]

Verwendete Zeichen

- ● = 1 Randmasche in Farbe A
- ● = 1 Randmasche in Farbe B
- ● = 1 Randmasche in Farbe C
- ■ = 1 Masche rechts in Farbe A
- ▦ = 1 Masche rechts in Farbe B
- ▦ = 1 Masche rechts in Farbe C
- — = 1 Masche links in Farbe A
- — = 1 Masche links in Farbe B
- — = 1 Masche links in Farbe C

- CI = 1 Masche in Farbe A wie zum Linksstricken abheben mit dem Faden hinter der Masche.

- ID = 1 Masche in Farbe A wie zum Linksstricken abheben mit dem Faden vor der Masche.

Es sind Hin- und Rückr gezeichnet. Mit den M vor dem Rapport beginnen, den Rapport von 4 M fortlaufend wdh und mit den M nach dem Rapport enden. In der 2. und 6. R die M etwas lockerer str. Die 1.-10. R stets wdh.

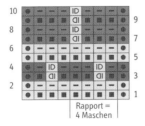

Rapport = 4 Maschen

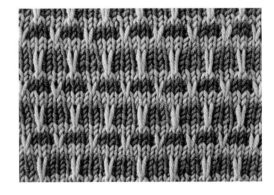

281 ZWEIFARBIG MIT SPANNFÄDEN [2 + 1 M + 2 Rdm]

Rapport =
2 Maschen

Es sind Hin- und Rückr gezeichnet. Mit den M vor dem Rapport beginnen, den Rapport von 2 M fortlaufend wdh und mit den M nach dem Rapport enden. Die 1.-8. R stets wdh.

Verwendete Zeichen

⬤ = 1 Randmasche in Farbe A

⬤ = 1 Randmasche in Farbe B

■ = 1 Masche rechts in Farbe A

▦ = 1 Masche rechts in Farbe B

− = 1 Masche links in Farbe A

▬ = 1 Masche links in Farbe B

CI = 1 Masche in Farbe A wie zum Linksstricken abheben mit dem Faden hinter der Masche.

CI = 1 Masche in Farbe B wie zum Linksstricken abheben mit dem Faden hinter der Masche.

ID = 1 Masche in Farbe A wie zum Linksstricken abheben mit dem Faden vor der Masche.

ID = 1 Masche in Farbe B wie zum Linksstricken abheben mit dem Faden vor der Masche.

282 DREIFARBIG MIT SPANNFÄDEN [2 + 1 M + 2 Rdm]

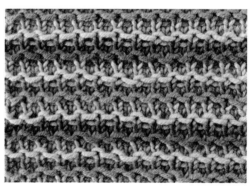
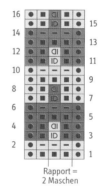

Rapport =
2 Maschen

Es sind Hin- und Rückr gezeichnet. Mit den M vor dem Rapport beginnen, den Rapport von 2 M fortlaufend wdh und mit den M nach dem Rapport enden. Die 1.-16. R stets wdh.

Verwendete Zeichen

⬤ = 1 Randmasche in Farbe A

⬤ = 1 Randmasche in Farbe B

⬤ = 1 Randmasche in Farbe C

■ = 1 Masche rechts in Farbe A

▦ = 1 Masche rechts in Farbe B

▦ = 1 Masche rechts in Farbe C

− = 1 Masche links in Farbe A

▬ = 1 Masche links in Farbe B

▬ = 1 Masche links in Farbe C

CI = 1 Masche in Farbe A wie zum Linksstricken abheben mit dem Faden hinter der Masche.

CI = 1 Masche in Farbe B wie zum Linksstricken abheben mit dem Faden hinter der Masche.

CI = 1 Masche in Farbe C wie zum Linksstricken abheben mit dem Faden hinter der Masche.

ID = 1 Masche in Farbe A wie zum Linksstricken abheben mit dem Faden vor der Masche.

ID = 1 Masche in Farbe B wie zum Linksstricken abheben mit dem Faden vor der Masche.

ID = 1 Masche in Farbe C wie zum Linksstricken abheben mit dem Faden vor der Masche.

283 VERKREUZTES ZICKZACKMUSTER

Es sind Hin- und Rückr gezeichnet. Die M in Farbe A anschl. Mit den M vor dem Rapport beginnen, den Rapport von 4 M fortlaufend wdh und mit den M nach dem Rapport enden. Die 1.-8. R stets wdh.

Rapport = 4 Maschen

Verwendete Zeichen

● = 1 Randmasche in Farbe A

◉ = 1 Randmasche in Farbe B

■ = 1 Masche rechts in Farbe A

▦ = 1 Masche rechts in Farbe B

– = 1 Masche links in Farbe A

▬ = 1 Masche links in Farbe B

ɔ̣ = 1 Masche in Farbe A wie zum Linksstricken abheben mit dem Faden hinter der Masche.

ıɔ = 1 Masche in Farbe A wie zum Linksstricken abheben mit dem Faden vor der Masche.

▐▌▙ = 1 Masche auf einer Hilfsnadel vor die Arbeit legen, 2 Maschen rechts in Farbe A stricken, dann die Masche der Hilfsnadel rechts in Farbe A stricken.

▟▐▌ = 2 Maschen auf einer Hilfsnadel hinter die Arbeit legen, 1 Masche rechts in Farbe A stricken, dann die 2 Maschen der Hilfsnadel rechts in Farbe A stricken.

284 RIEGELMUSTER

Es sind Hin- und Rückr gezeichnet. Mit den M vor dem Rapport beginnen, den Rapport von 14 M fortlaufend wdh und mit den M nach dem Rapport enden. Die 1.-24. R stets wdh und dabei in jeder Hinr ohne Hebemaschen die langen Spannfäden der beiden darunterliegenden R 1x mittig fixieren. Hierfür beim Rechtsstricken einer M oberhalb der Spannfäden mit der rechten Nd zunächst in die M und dann unter den beiden Spannfäden hindurch stechen, den Faden um die Nd wickeln und durch die M ziehen.

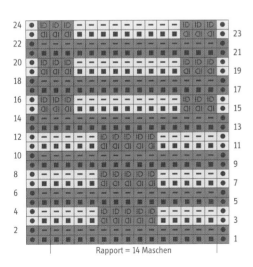

Rapport = 14 Maschen

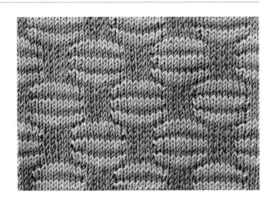

Verwendete Zeichen

● = 1 Randmasche in Farbe A

◉ = 1 Randmasche in Farbe B

■ = 1 Masche rechts in Farbe A

▦ = 1 Masche rechts in Farbe B

– = 1 Masche links in Farbe A

▬ = 1 Masche links in Farbe B

ɔı = 1 Masche in Farbe B wie zum Linksstricken abheben mit dem Faden hinter der Masche.

ıɔ = 1 Masche in Farbe B wie zum Linksstricken abheben mit dem Faden vor der Masche.

285 RAUTENMUSTER

[10 + 3 M + 2 Rdm]

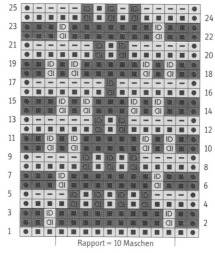

Rapport = 10 Maschen

Es sind Hin- und Rückr gezeichnet. Mit den M vor dem Rapport beginnen, den Rapport von 10 M fortlaufend wdh und mit den M nach dem Rapport enden. Die 1.-25. R 1x arb, dann die 2.-25. R stets wdh.

Verwendete Zeichen

⬤ = 1 Randmasche in Farbe A

▣ = 1 Randmasche in Farbe B

▪ = 1 Masche rechts in Farbe A

▪ = 1 Masche rechts in Farbe B

– = 1 Masche links in Farbe A

CI = 1 Masche in Farbe A wie zum Linksstricken abheben mit dem Faden hinter der Masche.

CI = 1 Masche in Farbe B wie zum Linksstricken abheben mit dem Faden hinter der Masche.

ID = 1 Masche in Farbe A wie zum Linksstricken abheben mit dem Faden vor der Masche.

ID = 1 Masche in Farbe B wie zum Linksstricken abheben mit dem Faden vor der Masche.

286 VERKREUZTE HEBEMASCHEN ZWEIFARBIG

[6 + 2 Rdm]

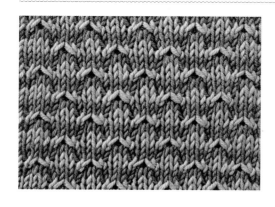

Es sind Hin- und Rückr gezeichnet. Mit den M vor dem Rapport beginnen, den Rapport von 6 M fortlaufend wdh und mit den M nach dem Rapport enden. Die 1.-10. R 1x arb, dann die 3.-10. R stets wdh.

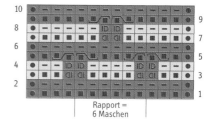

Rapport = 6 Maschen

Verwendete Zeichen

⬤ = 1 Randmasche in Farbe A

▣ = 1 Randmasche in Farbe B

▪ = 1 Masche rechts in Farbe A

▪ = 1 Masche rechts in Farbe B

– = 1 Masche links in Farbe A

– = 1 Masche links in Farbe B

CI = 1 Masche in Farbe B wie zum Linksstricken abheben mit dem Faden hinter der Masche.

ID = 1 Masche in Farbe B wie zum Linksstricken abheben mit dem Faden vor der Masche.

⬛/ = 1 Masche auf einer Hilfsnadel hinter die Arbeit legen, 1 Masche rechts in Farbe B stricken, dann die Masche der Hilfsnadel in Farbe B rechts stricken.

\⬛ = 1 Masche auf einer Hilfsnadel vor die Arbeit legen, 1 Masche rechts in Farbe B stricken, dann die Masche der Hilfsnadel in Farbe B rechts stricken.

287 STREIFEN

[4 + 2 Rdm]

Es sind Hin- und Rückr gezeichnet. Mit den M vor dem Rapport beginnen, den Rapport von 4 M fortlaufend wdh und mit den M nach dem Rapport enden. Die 1.-6. R 1x arb, dann die 3.-6. R stets wdh.

Verwendete Zeichen

- ● = 1 Randmasche in Farbe A
- ◉ = 1 Randmasche in Farbe B
- ■ = 1 Masche rechts in Farbe A
- ▦ = 1 Masche rechts in Farbe B
- − = 1 Masche links in Farbe A
- ▬ = 1 Masche links in Farbe B
- CI = 1 Masche in Farbe A wie zum Linksstricken abheben mit dem Faden hinter der Masche.
- CI = 1 Masche in Farbe B wie zum Linksstricken abheben mit dem Faden hinter der Masche.
- ID = 1 Masche in Farbe A wie zum Linksstricken abheben mit dem Faden vor der Masche.
- ID = 1 Masche in Farbe B wie zum Linksstricken abheben mit dem Faden vor der Masche.

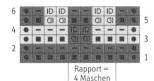

Rapport = 4 Maschen

288 KAROMUSTER

[4 + 2 Rdm]

Es sind Hin- und Rückr gezeichnet. Mit den M vor dem Rapport beginnen, den Rapport von 4 M fortlaufend wdh und mit den M nach dem Rapport enden. Die 1.-6. R stets wdh.

Verwendete Zeichen

- ● = 1 Randmasche in Farbe A
- ◉ = 1 Randmasche in Farbe B
- ◉ = 1 Randmasche in Farbe C
- ■ = 1 Masche rechts in Farbe A
- ▦ = 1 Masche rechts in Farbe B
- ▦ = 1 Masche rechts in Farbe C
- − = 1 Masche links in Farbe A
- ▬ = 1 Masche links in Farbe B
- ▬ = 1 Masche links in Farbe C
- CI = 1 Masche in Farbe A wie zum Linksstricken abheben mit dem Faden hinter der Masche.
- ID = 1 Masche in Farbe A wie zum Linksstricken abheben mit dem Faden vor der Masche.

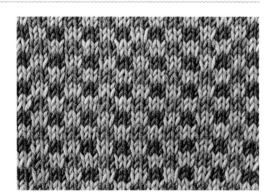

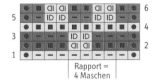

Rapport = 4 Maschen

289 GEDREHTES LEITERMUSTER

[6 + 2 Rdm]

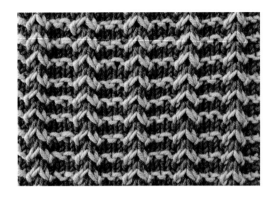

Es sind Hin- und Rückr gezeichnet. Mit der Rdm vor dem Rapport beginnen, den Rapport von 6 M fortlaufend wdh und mit der Rdm nach dem Rapport enden. Die 1.-6. R 1x arb, dann die 3.-6. R stets wdh.

Verwendete Zeichen

● = 1 Randmasche in Farbe A

● = 1 Randmasche in Farbe B

■ = 1 Masche rechts in Farbe A

■ = 1 Masche rechts in Farbe B

– = 1 Masche links in Farbe A

– = 1 Masche links in Farbe B

ᴄI = 1 Masche in Farbe B wie zum Linksstricken abheben mit dem Faden hinter der Masche.

ID = 1 Masche in Farbe B wie zum Linksstricken abheben mit dem Faden vor der Masche.

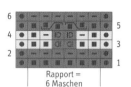

Rapport = 6 Maschen

▪/▪ = 1 Masche auf einer Hilfs- nadel hinter die Arbeit legen, 1 Ma- sche rechts in Farbe B stricken, dann die Masche der Hilfsnadel in Farbe B rechts stricken.

▪▪ = 1 Masche auf einer Hilfs- nadel vor die Arbeit legen, 1 Ma- sche rechts in Farbe B stricken, dann die Masche der Hilfsnadel in Farbe B rechts stricken.

290 HEBEMASCHEN-ZOPFMUSTER

[6 + 2 Rdm]

Es sind Hin- und Rückr gezeichnet. Mit der Rdm vor dem Rapport beginnen, den Rapport von 6 M fortlaufend wdh und mit der Rdm nach dem Rapport enden. Die 1.-6. R 1x arb, dann die 3.-6. R stets wdh.

Verwendete Zeichen

● = 1 Randmasche in Farbe A

● = 1 Randmasche in Farbe B

■ = 1 Masche rechts in Farbe A

■ = 1 Masche rechts in Farbe B

– = 1 Masche links in Farbe A

– = 1 Masche links in Farbe B

ᴄI = 1 Masche in Farbe A wie zum Linksstricken abheben mit dem Faden hinter der Masche.

ID = 1 Masche in Farbe A wie zum Linksstricken abheben mit dem Faden vor der Masche.

Rapport = 6 Maschen

▪/▪ = 1 Masche auf einer Hilfs- nadel hinter die Arbeit legen, 1 Ma- sche rechts in Farbe A stricken, dann die Masche der Hilfsnadel in Farbe A rechts stricken.

▪▪ = 1 Masche auf einer Hilfs- nadel vor die Arbeit legen, 1 Ma- sche rechts in Farbe A stricken, dann die Masche der Hilfsnadel in Farbe A rechts stricken.

291 VERKREUZTES RHOMBENMUSTER [4 + 2 M + 2 Rdm]

Es sind Hin- und Rückr gezeichnet. Mit den M vor dem Rapport beginnen, den Rapport von 4 M fortlaufend wdh und mit den M nach dem Rapport enden. Die 1.-12. R stets wdh.

Verwendete Zeichen

● = 1 Randmasche

■ = 1 Masche rechts

– = 1 Masche links

◁l = 1 Masche wie zum Linksstricken abheben mit dem Faden hinter der Masche.

lD = 1 Masche wie zum Linksstricken abheben mit dem Faden vor der Masche.

▀◣■◣ = 1 Masche auf einer Hilfsnadel vor die Arbeit legen, 1 Masche rechts stricken, dann die Masche der Hilfsnadel rechts stricken.

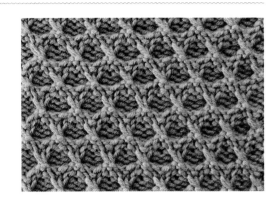

292 GESPRENKELTES TWEEDMUSTER [4 + 3 M + 2 Rdm]

Es sind Hin- und Rückr gezeichnet. Die M in Farbe B anschl. Mit den M vor dem Rapport beginnen, den Rapport von 4 M fortlaufend wdh und mit den M nach dem Rapport enden. Die 1.-4. R stets wdh.

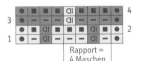

Verwendete Zeichen

● = 1 Randmasche in Farbe A

● = 1 Randmasche in Farbe B

■ = 1 Masche rechts in Farbe A

■ = 1 Masche rechts in Farbe B

– = 1 Masche links in Farbe A

– = 1 Masche links in Farbe B

◁l = 1 Masche in Farbe A wie zum Linksstricken abheben mit dem Faden hinter der Masche.

lD = 1 Masche in Farbe B wie zum Linksstricken abheben mit dem Faden hinter der Masche.

293 ZACKENMUSTER [12 + 1 M + 2 Rdm]

Es sind Hin- und Rückr gezeichnet. Mit den M vor dem Rapport beginnen, den Rapport von 12 M fortlaufend wdh und mit den M nach dem Rapport enden. Die 1.-16. R stets wdh.

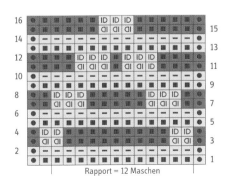

Verwendete Zeichen

● = 1 Randmasche in Farbe A

● = 1 Randmasche in Farbe B

■ = 1 Masche rechts in Farbe A

■ = 1 Masche rechts in Farbe B

– = 1 Masche links in Farbe A

◁l = 1 Masche in Farbe A wie zum Linksstricken abheben mit dem Faden hinter der Masche.

lD = 1 Masche in Farbe A wie zum Linksstricken abheben mit dem Faden vor der Masche.

294 GROSSES WABENMUSTER

[8 + 2 Rdm]

Es sind Hin- und Rückr gezeichnet. Mit der Rdm vor dem Rapport beginnen, den Rapport von 8 M fortlaufend wdh und mit der Rdm nach dem Rapport enden. Die 1.-12. R stets wdh.

Rapport = 8 Maschen

Verwendete Zeichen

● = 1 Randmasche in Farbe A

● = 1 Randmasche in Farbe B

■ = 1 Masche rechts in Farbe A

▥ = 1 Masche rechts in Farbe B

– = 1 Masche links in Farbe A

◁ = 1 Masche in Farbe B wie zum Linksstricken abheben mit dem Faden hinter der Masche.

ID = 1 Masche in Farbe B wie zum Linksstricken abheben mit dem Faden vor der Masche.

295 ZWEIFARBIGES RAUTENMUSTER

[10 + 2 Rdm]

Es sind Hin- und Rückr gezeichnet. Mit der Rdm vor dem Rapport beginnen, den Rapport von 10 M fortlaufend wdh und mit der Rdm nach dem Rapport enden. Die 1.-32. R stets wdh.

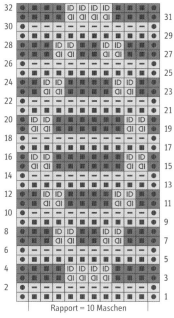

Rapport = 10 Maschen

Verwendete Zeichen

● = 1 Randmasche in Farbe A

● = 1 Randmasche in Farbe B

■ = 1 Masche rechts in Farbe A

▥ = 1 Masche rechts in Farbe B

– = 1 Masche links in Farbe A

◁ = 1 Masche in Farbe A wie zum Linksstricken abheben mit dem Faden hinter der Masche.

ID = 1 Masche in Farbe A wie zum Linksstricken abheben mit dem Faden vor der Masche.

296 RHOMBENMUSTER

[22 + 2 Rdm]

Verwendete Zeichen

⊡ = 1 Randmasche in Farbe A

⊞ = 1 Randmasche in Farbe B

▣ = 1 Masche rechts in Farbe A

▦ = 1 Masche rechts in Farbe B

― = 1 Masche links in Farbe B

ᴝ = 1 Masche in Farbe B wie zum Linksstricken abheben mit dem Faden hinter der Masche.

ᴵᴰ = 1 Masche in Farbe B wie zum Linksstricken abheben mit dem Faden vor der Masche.

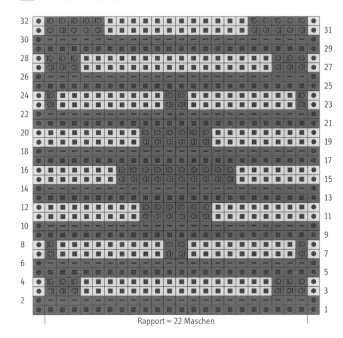

Rapport = 22 Maschen

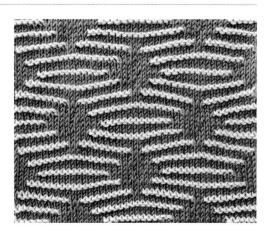

Es sind Hin- und Rückr gezeichnet. Mit der Rdm vor dem Rapport beginnen, den Rapport von 22 M fortlaufend wdh und mit der Rdm nach dem Rapport enden. Die 1.-32. R stets wdh und dabei in der 5., 13., 17., 21., 29. und ab Wiederholung auch in der 1. R die langen Spannfäden der beiden darunterliegenden R 1x mittig fixieren. Hierfür beim Rechtsstricken einer M oberhalb der Spannfäden mit der rechten Nd zunächst in die M und dann unter den beiden Spannfäden hindurch stechen, den Faden um die Nd wickeln und durch die M ziehen.

297 FLECHTMUSTER

[10 + 2 Rdm]

Es sind Hin- und Rückr gezeichnet. Mit der Rdm vor dem Rapport beginnen, den Rapport von 10 M fortlaufend wdh und mit der Rdm nach dem Rapport enden. Die 1.-16. R stets wdh.

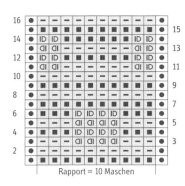

Rapport = 10 Maschen

Verwendete Zeichen

⊙ = 1 Randmasche

▣ = 1 Masche rechts

― = 1 Masche links

ᴝ = 1 Masche wie zum Linksstricken abheben mit dem Faden hinter der Masche.

ᴵᴰ = 1 Masche wie zum Linksstricken abheben mit dem Faden vor der Masche.

298 QUADRATMUSTER

[18 + 2 Rdm]

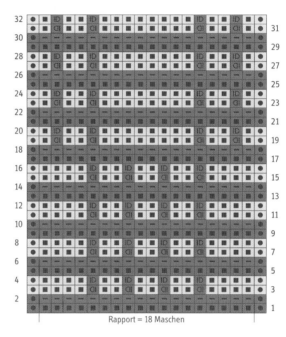

Es sind Hin- und Rückr gezeichnet. Mit der Rdm vor dem Rapport beginnen, den Rapport von 18 M fortlaufend wdh und mit der Rdm nach dem Rapport enden. Die 1.-32. R stets wdh.

Rapport = 18 Maschen

Verwendete Zeichen

⬤ = 1 Randmasche in Farbe A

◉ = 1 Randmasche in Farbe B

■ = 1 Masche rechts in Farbe A

▦ = 1 Masche rechts in Farbe B

▬ = 1 Masche links in Farbe B

CI = 1 Masche in Farbe B wie zum Linksstricken abheben mit dem Faden hinter der Masche.

ID = 1 Masche in Farbe B wie zum Linksstricken abheben mit dem Faden vor der Masche.

299 BUNTES KORBMUSTER

[2 + 1 M + 2 Rdm]

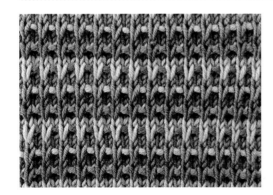

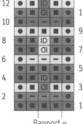

Rapport = 2 Maschen

Es sind Hin- und Rückr gezeichnet. Mit der Rdm vor dem Rapport beginnen, den Rapport von 2 M fortlaufend wdh und mit den M nach dem Rapport enden. Die 1.-12. R stets wdh.

Verwendete Zeichen

⬤ = 1 Randmasche in Farbe A

◉ = 1 Randmasche in Farbe B

◉ = 1 Randmasche in Farbe C

■ = 1 Masche rechts in Farbe A

▦ = 1 Masche rechts in Farbe B

▦ = 1 Masche rechts in Farbe C

— = 1 Masche links in Farbe A

▬ = 1 Masche links in Farbe B

▬ = 1 Masche links in Farbe C

CI = 1 Masche in Farbe A wie zum Linksstricken abheben mit dem Faden hinter der Masche.

CI = 1 Masche in Farbe B wie zum Linksstricken abheben mit dem Faden hinter der Masche.

CI = 1 Masche in Farbe C wie zum Linksstricken abheben mit dem Faden hinter der Masche.

ID = 1 Masche in Farbe A wie zum Linksstricken abheben mit dem Faden vor der Masche.

ID = 1 Masche in Farbe B wie zum Linksstricken abheben mit dem Faden vor der Masche.

ID = 1 Masche in Farbe C wie zum Linksstricken abheben mit dem Faden vor der Masche.

300 DREIFARBIGES TREPPENMUSTER [6 + 2 Rdm]

Verwendete Zeichen

● = 1 Randmasche in Farbe A

● = 1 Randmasche in Farbe B

● = 1 Randmasche in Farbe C

■ = 1 Masche rechts in Farbe A

■ = 1 Masche rechts in Farbe B

▦ = 1 Masche rechts in Farbe C

— = 1 Masche links in Farbe A

— = 1 Masche links in Farbe B

— = 1 Masche links in Farbe C

CI = 1 Masche in Farbe A wie zum Linksstricken abheben mit dem Faden hinter der Masche.

CI = 1 Masche in Farbe B wie zum Linksstricken abheben mit dem Faden hinter der Masche.

CI = 1 Masche in Farbe C wie zum Linksstricken abheben mit dem Faden hinter der Masche.

ID = 1 Masche in Farbe A wie zum Linksstricken abheben mit dem Faden vor der Masche.

ID = 1 Masche in Farbe B wie zum Linksstricken abheben mit dem Faden vor der Masche.

ID = 1 Masche in Farbe C wie zum Linksstricken abheben mit dem Faden vor der Masche.

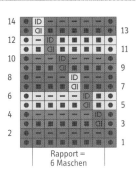

Rapport = 6 Maschen

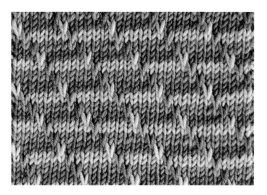

Es sind Hin- und Rückr gezeichnet. Mit der Rdm vor dem Rapport beginnen, den Rapport von 6 M fortlaufend wdh und mit der Rdm nach dem Rapport enden. Die 1.-14. R 1x arb, dann die 3.-14. R stets wdh.

301 LÄNGSSTREIFEN [10 + 1 M + 2 Rdm]

Es sind Hin- und Rückr gezeichnet. Mit den M vor dem Rapport beginnen, den Rapport von 10 M fortlaufend wdh und mit den M nach dem Rapport enden. Die 1.-8. R 1x arb, dann die 5.-8. R stets wdh.

Verwendete Zeichen

● = 1 Randmasche in Farbe A

● = 1 Randmasche in Farbe B

■ = 1 Masche rechts in Farbe A

▦ = 1 Masche rechts in Farbe B

— = 1 Masche links in Farbe A

— = 1 Masche links in Farbe B

CI = 1 Masche in Farbe A wie zum Linksstricken abheben mit dem Faden hinter der Masche.

CI = 1 Masche in Farbe B wie zum Linksstricken abheben mit dem Faden hinter der Masche.

ID = 1 Masche in Farbe A wie zum Linksstricken abheben mit dem Faden vor der Masche.

ID = 1 Masche in Farbe B wie zum Linksstricken abheben mit dem Faden vor der Masche.

= 2 Maschen auf einer Hilfsnadel vor die Arbeit legen, 1 Masche rechts in Farbe A stricken, dann die 2 Maschen der Hilfsnadel rechts in Farbe A stricken.

= 1 Masche auf einer Hilfsnadel hinter die Arbeit legen, 2 Maschen rechts in Farbe A stricken, dann die Masche der Hilfsnadel rechts in Farbe A stricken.

= 1 Masche auf einer Hilfsnadel vor die Arbeit legen, 2 Maschen rechts in Farbe B stricken, dann die Masche der Hilfsnadel rechts in Farbe B stricken.

= 2 Maschen auf einer Hilfsnadel hinter die Arbeit legen, 1 Masche rechts in Farbe B stricken, dann die 2 Maschen der Hilfsnadel rechts in Farbe B stricken.

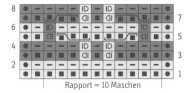

Rapport = 10 Maschen

302 RHOMBENGITTER

[6 + 2 Rdm]

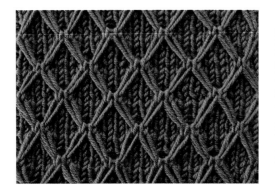

Verwendete Zeichen

● = 1 Randmasche

■ = 1 Masche rechts

– = 1 Masche links

O = 1 Umschlag

↓ = Den Umschlag der Vorreihe fallen lassen.

☐ = Keine Bedeutung, dient der besseren Übersicht.

CI = 1 Masche wie zum Linksstricken abheben mit dem Faden hinter der Masche.

ID = 1 Masche wie zum Linksstricken abheben mit dem Faden vor der Masche.

▣■■◣ = 1 Masche auf einer Hilfsnadel vor die Arbeit legen, 2 Maschen rechts stricken, dann

die Masche der Hilfsnadel rechts stricken.

◣■/■▣ = 2 Maschen auf einer Hilfsnadel hinter die Arbeit legen, 1 Masche rechts stricken, dann die 2 Maschen der Hilfsnadel rechts stricken.

Es sind Hin- und Rückr gezeichnet. Mit der Rdm vor dem Rapport beginnen, den Rapport von 6 M fortlaufend wdh und mit der Rdm nach dem Rapport enden. Die 1.-13. R 1x arb, dann die 2.-13. R stets wdh.

---

303 VERZAHNTES STREIFENMUSTER

[4 + 2 M + 2 Rdm]

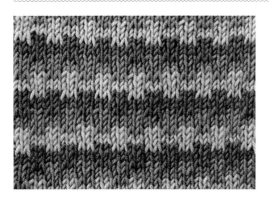

Verwendete Zeichen

● = 1 Randmasche in Farbe A

◉ = 1 Randmasche in Farbe B

◉ = 1 Randmasche in Farbe C

■ = 1 Masche rechts in Farbe A

■ = 1 Masche rechts in Farbe B

▦ = 1 Masche rechts in Farbe C

– = 1 Masche links in Farbe A

▬ = 1 Masche links in Farbe B

▬ = 1 Masche links in Farbe C

CI = 1 Masche in Farbe A wie zum Linksstricken abheben mit dem Faden hinter der Masche.

CI = 1 Masche in Farbe B wie zum Linksstricken abheben mit dem Faden hinter der Masche.

CI = 1 Masche in Farbe C wie zum Linksstricken abheben mit dem Faden hinter der Masche.

ID = 1 Masche in Farbe A wie zum Linksstricken abheben mit dem Faden vor der Masche.

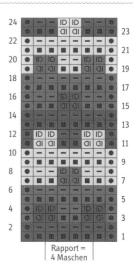

ID = 1 Masche in Farbe B wie zum Linksstricken abheben mit dem Faden vor der Masche.

ID = 1 Masche in Farbe C wie zum Linksstricken abheben mit dem Faden vor der Masche.

Es sind Hin- und Rückr gezeichnet. Mit den M vor dem Rapport beginnen, den Rapport von 4 M fortlaufend wdh und mit den M nach dem Rapport enden. Die 1.-24. R stets wdh.

304 QUERSTREIFEN

○ [4 + 2 Rdm]

Es sind Hin- und Rückr gezeichnet. Mit der Rdm vor dem Rapport beginnen, den Rapport von 4 M fortlaufend wdh und mit der Rdm nach dem Rapport enden. Nach der 3. R (= Hinr) in Farbe B die M an das rechte Nd-Ende zurückschieben und die 4. R (= Hinr) in Farbe A str. Nach der 7. R (= Rückr) in Farbe A die M wieder an das rechte Nd-Ende zurückschieben und die 8. R (= Rückr) in Farbe B str. Dabei in der 3. und 8. R die M etwas lockerer str. Die 1.-10. R stets wdh.

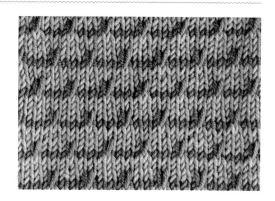

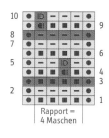

Rapport =
4 Maschen

Verwendete Zeichen

● = 1 Randmasche in Farbe A

▨ = 1 Randmasche in Farbe B

▣ = 1 Masche rechts in Farbe A

▦ = 1 Masche rechts in Farbe B

▬ = 1 Masche links in Farbe A

▬ = 1 Masche links in Farbe B

◀ = 1 Masche in Farbe B wie zum Rechtsstricken abheben mit dem Faden hinter der Masche.

ID = 1 Masche in Farbe B wie zum Linksstricken abheben mit dem Faden vor der Masche.

305 GROSSES FLECHTMUSTER

[16 + 1 M + 2 Rdm]

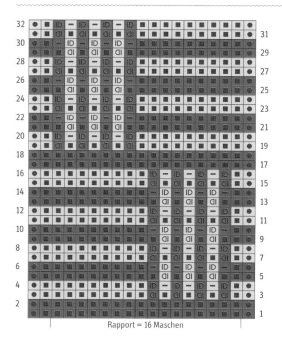

Rapport = 16 Maschen

Es sind Hin- und Rückr gezeichnet. Mit den M vor dem Rapport beginnen, den Rapport von 16 M fortlaufend wdh und mit den M nach dem Rapport enden. Die 1.-32. R stets wdh.

Verwendete Zeichen

● = 1 Randmasche in Farbe A

▨ = 1 Randmasche in Farbe B

▣ = 1 Masche rechts in Farbe A

▦ = 1 Masche rechts in Farbe B

▬ = 1 Masche links in Farbe A

▬ = 1 Masche links in Farbe B

◀ = 1 Masche in Farbe A wie zum Linksstricken abheben mit dem Faden hinter der Masche.

◀ = 1 Masche in Farbe B wie zum Linksstricken abheben mit dem Faden hinter der Masche.

ID = 1 Masche in Farbe A wie zum Linksstricken abheben mit dem Faden vor der Masche.

ID = 1 Masche in Farbe B wie zum Linksstricken abheben mit dem Faden vor der Masche.

NOPPEN-, BLÜTEN- UND BLATT- MUSTER

Noppenmuster

306 KLEINES NOPPENMUSTER [2 + 1 M + 2 Rdm]

Es sind nur die Rückr gezeichnet, in den Hinr alle M rechts str. Mit den M vor dem Rapport beginnen, den Rapport von 2 M fortlaufend wdh und mit den M nach dem Rapport enden. Die 1.-4. R stets wdh.

Verwendete Zeichen

⚫ = 1 Randmasche

■ = 1 Masche rechts

N = 1 Noppe stricken: Aus der folgenden Masche 4 Maschen herausstricken (1 Masche links, 1 Masche rechts im Wechsel), dann nacheinander die 3., 2. und 1. Masche über die 4. Masche ziehen.

Rapport =
2 Maschen

307 KLEINES NOPPENMUSTER ZWEIFARBIG [2 + 1 M + 2 Rdm]

Es sind nur die Rückr gezeichnet, in den Hinr alle M rechts str. Mit den M vor dem Rapport beginnen, den Rapport von 2 M fortlaufend wdh und mit den M nach dem Rapport enden. Zu Beginn jeder Hinr die Farbe wechseln. Die 1.-4. R stets wdh.

Verwendete Zeichen

■ = 1 Masche rechts in Farbe A

■ = 1 Masche rechts in Farbe B

⚫ = 1 Randmasche in Farbe A

⚫ = 1 Randmasche in Farbe B

N = 1 Noppe stricken in Farbe A: Aus der folgenden Masche 4 Maschen herausstricken (1 Masche links, 1 Masche rechts im Wechsel), dann nacheinander die 3., 2., und 1. Masche über die 4. Masche ziehen.

Rapport =
2 Maschen

N = 1 Noppe stricken in Farbe B: Aus der folgenden Masche 4 Maschen herausstricken (1 Masche links, 1 Masche rechts im Wechsel), dann nacheinander die 3., 2., und 1. Masche über die 4. Masche ziehen.

308 EINFACHES NOPPENMUSTER

[10 + 5 M + 2 Rdm]

Es sind nur die Hinr gezeichnet, in den Rückr alle M links str. Mit den M vor dem Rapport beginnen, den Rapport von 10 M fortlaufend wdh und mit den M nach dem Rapport enden. Die 1.-12. R stets wdh.

Verwendete Zeichen

● = 1 Randmasche

■ = 1 Masche rechts

N = 1 Noppe stricken: Aus der folgenden Masche 3 Maschen herausstricken (1 Masche rechts, 1 Masche rechts verschränkt, 1 Masche rechts), wenden, 3 Maschen rechts stricken, wenden, 3 Maschen links stricken, wenden, 3 Maschen rechts stricken, wenden, dann 3 Maschen rechts überzogen zusammenstricken.

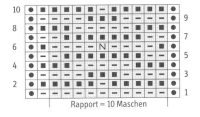

Rapport = 10 Maschen

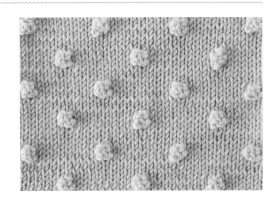

309 RAUTEN-STRUKTURMUSTER MIT NOPPEN

[10 + 1 M + 2 Rdm]

Es sind Hin- und Rückr gezeichnet. Mit den M vor dem Rapport beginnen, den Rapport von 10 M fortlaufend wdh und mit den M nach dem Rapport enden. Die 1.-10. R stets wdh.

Verwendete Zeichen

● = 1 Randmasche

■ = 1 Masche rechts

— = 1 Masche links

N = 1 Noppe stricken: Aus der folgenden Masche 3 Maschen her- ausstricken (1 Masche rechts, 1 Umschlag, 1 Masche rechts), wenden, 3 Maschen rechts stricken, wenden, 3 Maschen links stricken, wenden, 3 Maschen rechts zusam- menstricken, wenden und die Ma- sche links abheben.

Rapport = 10 Maschen

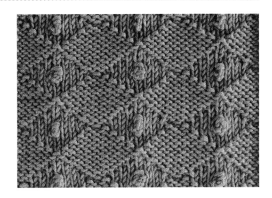

310 HASELNUSSMUSTER

[4 + 1 M + 2 Rdm]

Es sind Hin- und Rückr gezeichnet. Mit den M vor dem Rapport beginnen, den Rapport von 4 M fortlaufend wdh und mit den M nach dem Rapport enden. Die 1.-12. R stets wdh.

Verwendete Zeichen

● = 1 Randmasche

■ = 1 Masche rechts

— = 1 Masche links

△ = 3 Maschen links zusam- menstricken.

3̌ = 3 Maschen aus 1 Masche stricken (1 Masche rechts, 1 Masche links, 1 Masche rechts).

☐ = Keine Bedeutung, dient der besseren Übersicht.

Rapport = 4 Maschen

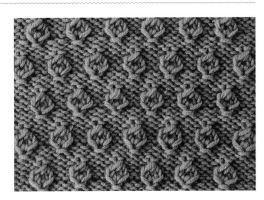

311 SENKRECHT VERLAUFENDE NOPPEN

[8 + 3 M + 2 Rdm]

Es sind Hin- und Rückr gezeichnet. Mit den M vor dem Rapport beginnen, den Rapport von 8 M für einen einzelnen Musterstreifen einmal str, für ein flächiges Muster fortlaufend wdh und mit den M nach dem Rapport enden. Die 1.-4. R stets wdh.

Verwendete Zeichen

⬤ = 1 Randmasche

◼ = 1 Masche rechts

– = 1 Masche links

N = 1 Noppe stricken: Aus der folgenden Masche 6 Maschen herausstricken (1 Masche rechts, 1 Masche rechts verschränkt im Wechsel), dann nacheinander die 5., 4., 3., 2. und 1. Masche über die 6. Masche ziehen.

Rapport = 8 Maschen

312 SCHRÄG VERLAUFENDE NOPPEN

[6 + 2 M + 2 Rdm]

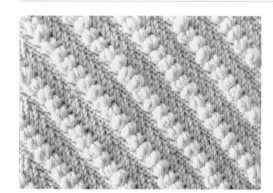

Es sind nur die Hinr gezeichnet, in den Rückr alle M str wie sie erscheinen. Mit den M vor dem Rapport beginnen, den Rapport von 6 M fortlaufend wdh und mit den M nach dem Rapport enden. Die 1.-12. R stets wdh.

Verwendete Zeichen

⬤ = 1 Randmasche

◼ = 1 Masche rechts

– = 1 Masche links

N = 1 Noppe stricken: Aus der folgenden Masche 6 Maschen herausstricken (1 Masche rechts, 1 Masche rechts verschränkt im Wechsel), dann nacheinander die 5., 4., 3., 2. und 1. Masche über die 6. Masche ziehen.

Rapport = 6 Maschen

313 ZOPF-NOPPENSTREIFEN

[9 + 8 M + 2 Rdm]

Es sind nur die Hinr gezeichnet, in den Rückr alle M str wie sie erscheinen, Noppen-M rechts str. Mit den M vor dem Rapport beginnen, den Rapport von 9 M für einen einzelnen Musterstreifen einmal str, für ein flächiges Muster fortlaufend wdh und mit den M nach dem Rapport enden. Die 1.-8. R stets wdh.

Verwendete Zeichen

⬤ = 1 Randmasche

◼ = 1 Masche rechts

– = 1 Masche links

◼◼◼◼ = 2 Maschen auf einer Hilfsnadel vor die Arbeit legen, 2 Maschen rechts stricken, dann die 2 Maschen der Hilfsnadel rechts stricken.

N = 1 Noppe stricken: Aus der folgenden Masche 5 Maschen herausstricken (1 Masche rechts, 1 Umschlag im Wechsel), wenden, 5 Maschen links stricken, wenden, 5 Maschen rechts stricken, wenden, 5 Maschen links stricken, wenden, 2x 2 Maschen rechts zusammenstricken, 1 Masche rechts stricken, dann nacheinander die 2. und 1. Masche über die 3. Masche ziehen.

Rapport = 9 Maschen

ZICKZACKMUSTER MIT NOPPEN

[13 + 3 M + 2 Rdm]

Es sind nur die Hinr gezeichnet, in den Rückr alle M str wie sie erscheinen, Noppen-M links str. Mit der Rdm vor dem Rapport beginnen, den Rapport von 13 M für einen einzelnen Musterstreifen einmal str, für ein flächiges Muster fortlaufend wdh und mit den M nach dem Rapport enden. Die 1.-24. R stets wdh.

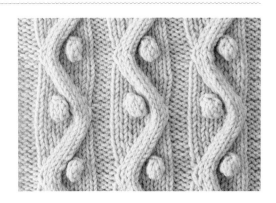

Verwendete Zeichen

● = 1 Randmasche

■ = 1 Masche rechts

– = 1 Masche links

🠖 = 4 Maschen auf einer Hilfsnadel vor die Arbeit legen, 1 Masche rechts stricken, dann die 4 Maschen der Hilfsnadel rechts stricken.

🠖 = 1 Masche auf einer Hilfsnadel hinter die Arbeit legen, 4 Maschen rechts stricken, dann die Masche der Hilfsnadel rechts stricken.

N = 1 Noppe stricken: Aus der folgenden Masche 5 Maschen herausstricken (1 Masche rechts, 1 Umschlag im Wechsel), wenden, 5 Maschen links stricken, wenden, 5 Maschen rechts stricken, wenden, 5 Maschen links stricken, wenden, 2x 2 Maschen rechts zusammenstricken, 1 Masche rechts stricken, dann nacheinander die 2. und 1. Masche über die 3. Masche ziehen.

Rapport = 13 Maschen

BÄUMCHEN AUS NOPPEN

[14 + 1 M + 2 Rdm]

Es sind nur die Hinr gezeichnet, in den Rückr alle M str wie sie erscheinen, linke M links verschränkt und Noppen-M rechts str. Mit der Rdm vor dem Rapport beginnen, den Rapport von 14 M fortlaufend wdh und mit den M nach dem Rapport enden. Die 1.-32. R stets wdh.

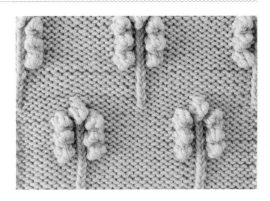

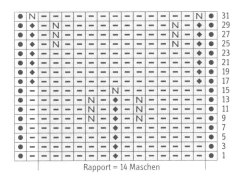

Rapport = 14 Maschen

Verwendete Zeichen

● = 1 Randmasche

◆ = 1 Masche rechts verschränkt

– = 1 Masche links

N = 1 Noppe stricken: Aus der folgenden Masche 5 Maschen herausstricken (1 Masche rechts, 1 Masche links im Wechsel), wenden, 5 Maschen links stricken, wenden und 5 Maschen rechts verschränkt zusammenstricken.

DOPPELTES ZICKZACKMUSTER MIT NOPPEN

[21 + 9 M + 2 Rdm]

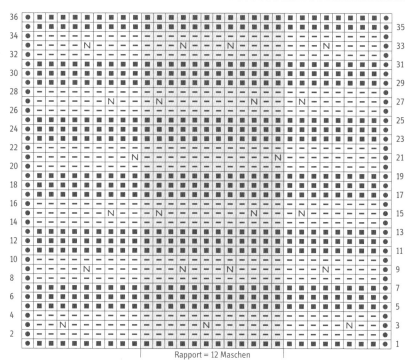

Rapport = 21 Maschen

Es sind nur die Hinr gezeichnet, in den Rückr alle M str wie sie erscheinen, Noppen-M links str. Mit den M vor dem Rapport beginnen, den Rapport von 21 M für einen einzelnen Musterstreifen einmal str, für ein flächiges Muster fortlaufend wdh und mit den M nach dem Rapport enden. Die 1.-24. R stets wdh.

Verwendete Zeichen

● = 1 Randmasche   ■ = 1 Masche rechts   – = 1 Masche links

= 3 Maschen auf einer Hilfsnadel vor die Arbeit legen, 1 Masche rechts stricken, dann die 3 Maschen der Hilfsnadel rechts stricken.

= 1 Masche auf einer Hilfsnadel hinter die Arbeit legen, 3 Maschen rechts stricken, dann die Masche der Hilfsnadel rechts stricken.

N = 1 Noppe stricken: Aus der folgenden Masche 5 Maschen herausstricken (1 Masche rechts, 1 Umschlag im Wechsel), wenden, 5 Maschen links stricken, wenden, 5 Maschen rechts stricken, wenden, 5 Maschen links stricken, wenden, 2x 2 Maschen rechts zusammenstricken, 1 Masche rechts stricken, dann nacheinander die 2. und 1. Masche über die 3. Masche ziehen.

RAUTENMUSTER AUS NOPPEN

[12 + 5 M + 2 Rdm]

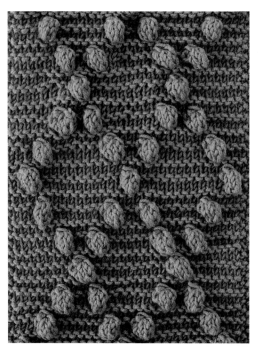

Rapport = 12 Maschen

Es sind Hin- und Rückr gezeichnet. Mit den M vor dem Rapport beginnen, den Rapport von 12 M fortlaufend wdh und mit den M nach dem Rapport enden. Die 1.-36. R stets wdh.

Verwendete Zeichen

● = 1 Randmasche   ■ = 1 Masche rechts   – = 1 Masche links

N = 1 Noppe stricken: Aus der folgenden Masche 5 Maschen herausstricken (1 Masche rechts, 1 Umschlag im Wechsel), wenden, 5 Maschen links stricken, wenden, 5 Maschen rechts stricken, wenden, 5 Maschen links stricken, wenden, 2x 2 Maschen rechts zusammenstricken, 1 Masche rechts stricken, dann nacheinander die 2. und 1. Masche über die 3. Masche ziehen.

PERSIANERMUSTER

[2 + 2 Rdm]

Es sind nur die Rückr gezeichnet, in den Hinr alle M links str.
Mit den M vor dem Rapport
beginnen, den Rapport von 2 M
fortlaufend wdh und mit den M
nach dem Rapport enden. Die
1.-4. R stets wdh.

Verwendete Zeichen

⬤ = 1 Randmasche

■ = 1 Masche rechts

△ = 3 Maschen links
zusammenstricken.

⋎ = 3 Maschen aus 1 Ma-
sche stricken (1 Masche
rechts, 1 Masche links,
1 Masche rechts).

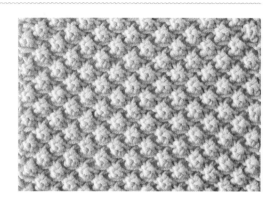

Rapport =
2 Maschen

PERSIANERMUSTER DREIFARBIG

[2 + 2 Rdm]

Es sind nur die Rückr gezeichnet, in den Hinr alle M links
str. Mit den M vor dem Rapport beginnen, den Rapport
von 2 M fortlaufend wdh und mit den M nach dem Rapport enden. Zu Beginn jeder Rückr die Farbe wechseln.
Die 1.-12. R stets wdh.

Verwendete Zeichen

⬤ = 1 Randmasche in Farbe A

⬤ = 1 Randmasche in Farbe B

⬤ = 1 Randmasche in Farbe C

■ = 1 Masche rechts in Farbe A

■ = 1 Masche rechts in Farbe B

■ = 1 Masche rechts in Farbe C

⋎ = 3 Maschen in Farbe A aus
1 Masche stricken (1 Masche
rechts, 1 Masche links, 1 Masche
rechts).

⋎ = 3 Maschen in Farbe B aus
1 Masche stricken (1 Masche

rechts, 1 Masche links, 1 Masche
rechts).

⋎ = 3 Maschen in Farbe C aus
1 Masche stricken (1 Masche
rechts, 1 Masche links, 1 Masche
rechts).

△ = 3 Maschen in Farbe A links
zusammenstricken.

△ = 3 Maschen in Farbe B links
zusammenstricken.

△ = 3 Maschen in Farbe C links
zusammenstricken.

Rapport =
2 Maschen

ASTRACHAN-NOPPEN

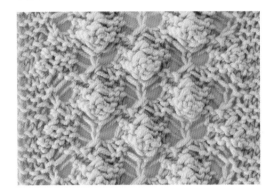

Es sind Hin- und Rückr gezeichnet. Mit den M vor dem Rapport beginnen, den Rapport von 12 M fortlaufend wdh und mit den M nach dem Rapport enden. Die 1.-12. R stets wdh.

Verwendete Zeichen

- ● = 1 Randmasche
- ■ = 1 Masche rechts
- O = 1 Umschlag
- △ = 3 Maschen links zusammenstricken.
- ⟋ = 2 Maschen links zusammenstricken.

Rapport = 12 Maschen

ZOPFRAUTEN MIT NOPPEN

Verwendete Zeichen

- ● = 1 Randmasche
- ■ = 1 Masche rechts
- — = 1 Masche links

▨▨▨▨▨ = 3 Maschen auf einer Hilfsnadel vor die Arbeit legen, 1 Masche rechts stricken, dann die 3 Maschen der Hilfsnadel rechts stricken.

▨▨▨▨▨ = 1 Masche auf einer Hilfsnadel hinter die Arbeit legen, 3 Maschen rechts stricken, dann die Masche der Hilfsnadel rechts stricken.

▨▨▨▨ = 3 Maschen auf einer Hilfsnadel vor die Arbeit legen, 1 Masche links stricken, dann die 3 Maschen der Hilfsnadel rechts stricken.

▨▨▨▨ = 1 Masche auf einer Hilfsnadel hinter die Arbeit legen, 3 Maschen rechts stricken, dann die Masche der Hilfsnadel links stricken.

▨▨▨▨▨▨ = 3 Maschen auf einer Hilfsnadel vor die Arbeit legen, 1 Masche auf einer 2. Hilfsnadel hinter die Arbeit legen, 3 Maschen rechts stricken, dann die Masche der 2. Hilfsnadel und danach die 3 Maschen der 1. Hilfsnadel rechts stricken.

N = 1 Noppe stricken: Aus der folgenden Masche 5 Maschen herausstricken (1 Masche rechts, 1 Umschlag im Wechsel), wenden, 5 Maschen links stricken, wenden, 5 Maschen rechts stricken, wenden, 5 Maschen links stricken, wenden, 2x 2 Maschen rechts zusammenstricken, 1 Masche rechts stricken, dann nacheinander die 2. und 1. Masche über die 3. Masche ziehen.

Es sind nur die Hinr gezeichnet, in den Rückr alle M str wie sie erscheinen, Noppen-M links str. Für einen einzelnen Musterstreifen mit den M vor dem Rapport beginnen, den Rapport von 19 M einmal str und mit den M nach dem Rapport enden. Für ein flächiges Muster mit der 1. Rdm beginnen, die 3 rechten M danach auslassen und nur die linke M vor dem Rapport str. Den Rapport von 19 M fortlaufend wdh und nach dem Rapport die linke M str, die 3 rechten M danach auslassen und mit der Rdm enden. Die 1.-26. R stets wdh.

Rapport = 19 Maschen

322 RAUTENGEFLECHT MIT NOPPEN [10 + 2 M + 2 Rdm]

Es sind nur die Hinr gezeichnet, in den Rückr alle M str wie sie erscheinen, Noppen-M rechts str. Mit den M vor dem Rapport beginnen, den Rapport von 10 M (die temporäre Noppe in der 1. und 9. R nicht mitzählen) für einen Musterstreifen einmal str und für ein flächiges Muster fortlaufend wdh und mit den M nach dem Rapport enden. Die 1.-16. R stets wdh.

Rapport = 10 Maschen

Verwendete Zeichen

● = 1 Randmasche

■ = 1 Masche rechts

– = 1 Masche links

◿ = 2 Maschen links zusammenstricken.

☐ = Keine Bedeutung, dient der besseren Übersicht.

= 2 Maschen auf einer Hilfsnadel vor die Arbeit legen, 1 Masche links stricken, dann die 2 Maschen der Hilfsnadel rechts stricken.

= 1 Masche auf einer Hilfsnadel hinter die Arbeit legen, 2 Maschen rechts stricken, dann die Masche der Hilfsnadel links stricken.

= 2 Maschen auf einer Hilfsnadel hinter die Arbeit legen, 2 Maschen rechts stricken, dann die 2 Maschen der Hilfsnadel rechts stricken.

= 2 Maschen auf einer Hilfsnadel vor die Arbeit legen, 2 Maschen rechts stricken, dann die 2 Maschen der Hilfsnadel rechts stricken.

N = 1 Noppe stricken: 5 Maschen rechts verschränkt aus dem Querfaden zunehmen (1 Masche rechts verschränkt, 1 Umschlag im Wechsel), wenden, 5 Maschen links stricken, wenden, 5 Maschen rechts stricken, wenden, 5 Maschen links stricken, wenden, 2x 2 Maschen rechts zusammenstricken, 1 Masche rechts stricken, dann nacheinander die 2. und 1. Masche über 3. Masche ziehen.

323 RAUTENMUSTER AUS KLEINEN NOPPEN [20 + 5 M + 2 Rdm]

Es sind nur die Rückr gezeichnet, in den Hinr alle M links str. Mit den M vor dem Rapport beginnen, den Rapport von 20 M für einen einzelnen Muster-streifen einmal str, für ein flächiges Muster fortlaufend wdh und mit den M nach dem Rapport enden. Die 1.-22. R 1x arb, dann die 3.-22. R stets wdh und mit der 23.-24. R enden.

Verwendete Zeichen

● = 1 Randmasche

■ = 1 Masche rechts

△ = 3 Maschen links zusammenstricken.

⋎ = 3 Maschen aus 1 Masche stricken (1 Masche rechts, 1 Masche links, 1 Masche rechts).

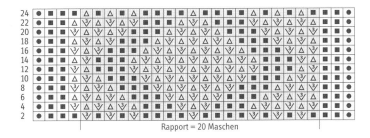

Rapport = 20 Maschen

324 BROMBEERMUSTER

[4 + 2 Rdm]

Es sind Hin- und Rückr gezeichnet. Mit der Rdm vor dem Rapport beginnen, den Rapport von 4 M fortlaufend wdh und mit der Rdm nach dem Rapport enden. Die 1.-4. R stets wdh.

Verwendete Zeichen

◉ = 1 Randmasche

▪ = 1 Masche rechts

– = 1 Masche links

△ = 3 Maschen links zusammenstricken.

⋁ = 3 Maschen aus 1 Masche stricken (1 Masche rechts, 1 Masche links, 1 Masche rechts).

☐ = Keine Bedeutung, dient der besseren Übersicht.

Rapport = 4 Maschen

325 NOPPENBÄUME

[18 + 15 M + 2 Rdm]

Es sind nur die Hinr gezeichnet, in den Rückr alle M str wie sie erscheinen, Noppen-M rechts str. Mit den M vor dem Rapport beginnen, den Rapport von 18 M fortlaufend wdh und mit den M nach dem Rapport enden. Die 1.-34. R stets wdh.

Verwendete Zeichen

◉ = 1 Randmasche

▪ = 1 Masche rechts

– = 1 Masche links

▪▪ = 2 Maschen auf einer Hilfsnadel vor die Arbeit legen, 1 Masche links stricken, dann die 2 Maschen der Hilfsnadel rechts stricken.

▪▪ = 1 Masche auf einer Hilfsnadel hinter die Arbeit legen, 2 Maschen rechts stricken, dann die Masche der Hilfsnadel links stricken.

▪▪▪▪ = 2 Maschen auf einer Hilfsnadel vor die Arbeit legen, 1 Masche auf einer 2. Hilfsnadel hinter die Arbeit legen, 2 Maschen rechts stricken, dann die Masche der 2. Hilfsnadel links und danach die 2 Maschen der 1. Hilfsnadel rechts stricken.

N = 1 Noppe stricken: Aus der folgenden Masche 5 Maschen herausstricken (1 Masche rechts, 1 Umschlag im Wechsel), wenden, 5 Maschen links stricken, wenden, 5 Maschen rechts stricken, wenden, 5 Maschen links stricken, wenden, 2x 2 Maschen rechts zusammenstricken, 1 Masche rechts stricken, dann nacheinander die 2. und 1. Masche über die 3. Masche ziehen.

Rapport = 18 Maschen

Blütenmuster

BLUMENMOTIV

[23 + 2 M + 2 Rdm]

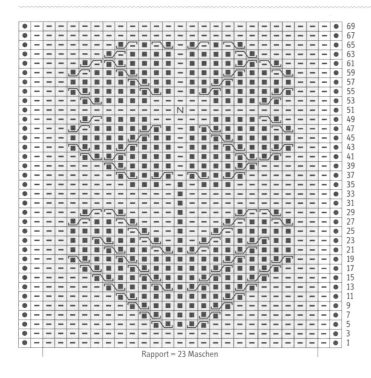

Rapport = 23 Maschen

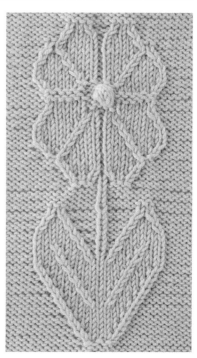

Verwendete Zeichen

● = 1 Randmasche

■ = 1 Masche rechts

— = 1 Masche links

= 1 Masche auf einer Hilfsnadel vor die Arbeit legen, 1 Masche rechts stricken, dann die Masche der Hilfsnadel rechts stricken.

= 1 Masche auf einer Hilfsnadel hinter die Arbeit legen, 1 Masche rechts stricken, dann die Masche der Hilfsnadel rechts stricken.

= 1 Masche auf einer Hilfsnadel vor die Arbeit legen, 1 Masche links stricken, dann die Masche der Hilfsnadel rechts stricken.

= 1 Masche auf einer Hilfsnadel hinter die Arbeit legen, 1 Masche rechts stricken, dann die Masche der Hilfsnadel links stricken.

N = 1 Noppe stricken: Aus der folgenden Masche 5 Maschen herausstricken (1 Masche rechts, 1 Masche links im Wechsel),*wenden, 5 Maschen links stricken, wenden, 5 Maschen rechts stricken*, von * bis * noch 1x wiederholen, dann nacheinander die 4., 3., 2., und 1. Masche über die 5. Masche ziehen.

Es sind nur die Hinr gezeichnet, in den Rückr alle M str wie sie erscheinen, die Noppen-M rechts str. Mit den M vor dem Rapport beginnen, den Rapport von 23 M fortlaufend wdh und mit den M nach dem Rapport enden. Die 1.-70. R stets wdh.

IRISMUSTER

[18 + 1 M + 2 Rdm]

Es sind nur die Hinr gezeichnet, in den Rückr alle M str wie sie erscheinen, U links str. Mit den M vor dem Rapport beginnen, den Rapport von 18 M fortlaufend wdh und mit den M nach dem Rapport enden. Die 1.-36. R stets wdh.

Verwendete Zeichen

● = 1 Randmasche

■ = 1 Masche rechts

– = 1 Masche links

○ = 1 Umschlag

◢ = 2 Maschen rechts zusammenstricken.

◣ = 2 Maschen rechts überzogen zusammenstricken: 1 Masche wie zum Rechtsstricken abheben, die nächste Masche rechts stricken und die abgehobene Masche überziehen.

△ = 3 Maschen rechts überzogen zusammenstricken: 1 Masche wie zum Rechtsstricken abheben, 2 Maschen rechts zusammenstricken und die abgehobene Masche überziehen.

Rapport = 18 Maschen

(Chart rows numbered 1, 3, 5, 7, 9, 11, 13, 15, 17, 19, 21, 23, 25, 27, 29, 31, 33, 35)

BLÜTEN-STREUMUSTER

[13 + 2 Rdm]

Rapport = 13 Maschen

(Chart rows numbered 1, 2, 3, 4, 5, 6, 7, 8, 9, 10)

Es sind Hin- und Rückr gezeichnet. Mit der Rdm vor dem Rapport beginnen, den Rapport von 13 M fortlaufend wdh und mit der Rdm nach dem Rapport enden. Die 1.-10. R stets wdh.

Verwendete Zeichen

● = 1 Randmasche

■ = 1 Masche rechts

– = 1 Masche links

○ = 1 Umschlag

◢ = 2 Maschen rechts zusammenstricken.

◣ = 2 Maschen links zusammenstricken.

☐ = Keine Bedeutung, dient der besseren Übersicht.

Ⓥ = 6 Maschen aus 1 Masche stricken: * 1 Masche rechts stricken, die Masche auf der linken Nadel belassen und links stricken. Ab * noch 2x wiederholen.

TULPE MIT NOPPEN

[25 + 2 M + 2 Rdm]

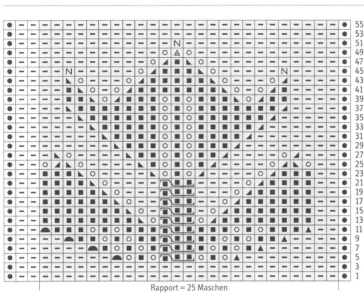

Rapport = 25 Maschen

Verwendete Zeichen

● = 1 Randmasche

■ = 1 Masche rechts

− = 1 Masche links

○ = 1 Umschlag

◢ = 2 Maschen rechts zusammenstricken.

◣ = 2 Maschen rechts überzogen zusammenstricken: 1 Masche wie zum Rechtsstricken abheben, die nächste Masche rechts stricken und die abgehobene Masche überziehen.

▲ = 3 Maschen rechts überzogen zusammenstricken: 1 Masche wie zum Rechtsstricken abheben, 2 Maschen rechts zusammenstricken und die abgehobene Masche überziehen.

◖ = 2 Maschen zusammen rechts verschränkt abheben, 1 Masche rechts stricken und die abgehobenen Maschen überziehen.

N = 1 Noppe stricken: Aus der folgenden Masche 5 Maschen herausstricken (1 Masche rechts, 1 Masche links im Wechsel), * wenden, 5 Maschen links stricken, wenden, 5 Maschen rechts stricken*, von * bis * noch 1x wiederholen, dann nacheinander die 4., 3., 2., und 1. Masche über die 5. Masche ziehen.

⌐▙◣■◣■⌐ = 2 Maschen auf einer Hilfsnadel vor die Arbeit legen, 1 Masche rechts stricken, dann die Maschen der Hilfsnadel rechts stricken.

Es sind nur die Hinr gezeichnet, in den Rückr alle M str wie sie erscheinen, U links str. Mit der Rdm vor dem Rapport beginnen, den Rapport von 25 M für ein einzelnes Motiv oder einen einzelnen Musterstreifen einmal str und für ein flächiges Muster fortlaufend wdh und mit den M nach dem Rapport enden. Die 1.-55. R für ein einzelnes Motiv einmal arb, für einen einzelnen Musterstreifen oder ein flächiges Muster stets wdh.

TULPENBEET

[16 + 3 M + 2 Rdm]

Verwendete Zeichen

- ● = 1 Randmasche
- ▪ = 1 Masche rechts
- − = 1 Masche links
- ○ = 1 Umschlag
- ◢ = 2 Maschen rechts zusammenstricken.
- ◣ = 2 Maschen rechts überzogen zusammenstricken: 1 Masche wie zum Rechtsstricken abheben, die nächste Masche rechts stricken und die abgehobene Masche überziehen.
- ∩ = 3 Maschen mit aufliegender Mittelmasche zusammenstricken: 2 Maschen gleichzeitig wie zum Rechtsstricken abheben, 1 Masche rechts stricken und die abgehobenen Maschen überziehen.

Es sind nur die Hinr gezeichnet, in den Rückr alle M str wie sie erscheinen, U links str. Mit den M vor dem Rapport beginnen, den Rapport von 16 M fortlaufend wdh und mit den M nach dem Rapport enden. Die 1.-48. R stets wdh.

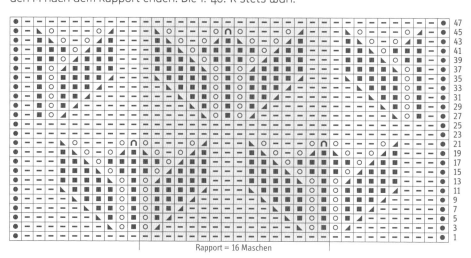

Rapport = 16 Maschen

BLÜTENBÜSCHEL MIT NOPPEN

[12 + 1 M + 2 Rdm]

Verwendete Zeichen

● = 1 Randmasche

◆ = 1 Masche rechts verschränkt

− = 1 Masche links

N = 1 Noppe stricken: Aus der folgenden Masche 3 Maschen herausstricken (1 Masche rechts, 1 Masche links, 1 Masche rechts), wenden, 3 Maschen links stricken, wenden, 3 Maschen rechts stricken, wenden, 3 Maschen links stricken, wenden, dann 3 Maschen rechts verschränkt zusammenstricken.

◆/− = 1 Masche auf einer Hilfsnadel hinter die Arbeit legen, 1 Masche

rechts verschränkt stricken, dann die Masche der Hilfsnadel links stricken.

−\◆ = 1 Masche auf einer Hilfsnadel vor die Arbeit legen, 1 Masche links stricken, dann die Masche der Hilfsnadel rechts verschränkt stricken.

◆/◆\◆ = 1 Masche auf einer Hilfsnadel vor die Arbeit legen, 1 Masche auf einer 2. Hilfsnadel hinter die Arbeit legen, 1 Masche rechts verschränkt stricken, dann zunächst die Masche der 2. Hilfsnadel und danach die Masche der 1. Hilfsnadel rechts verschränkt stricken.

Es sind nur die Hinr gezeichnet, in den Rückr alle M str wie sie erscheinen, linke M links verschränkt und Noppen-M rechts str. Mit den M vor dem Rapport beginnen, den Rapport von 12 M fortlaufend wdh und mit den M nach dem Rapport enden. Die 1.-28. R stets wdh.

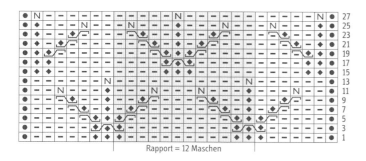

Rapport = 12 Maschen

BLÜTEN MIT NOPPEN

[11 + 2 M + 2 Rdm]

Es sind nur die Hinr gezeichnet, in den Rückr alle M str wie sie erscheinen, U links str. Mit den M vor dem Rapport beginnen, den Rapport von 11 M für einen einzelnen Musterstreifen einmal str, für ein flächiges Muster fortlaufend wdh und mit den M nach dem Rapport enden. Die 1.-16. R stets wdh.

Verwendete Zeichen

● = 1 Randmasche

■ = 1 Masche rechts

− = 1 Masche links

O = 1 Umschlag

◢ = 2 Maschen rechts zusammenstricken.

◣ = 2 Maschen rechts überzogen zusammenstricken: 1 Masche wie zum Rechtsstricken abheben, die nächste Masche rechts stricken und die abgehobene Masche überziehen.

∩ = 3 Maschen mit aufliegender Mittelmasche zusammenstricken:

2 Maschen gleichzeitig wie zum Rechtsstricken abheben, 1 Masche rechts stricken und die abgehobenen Maschen überziehen.

N = 1 Noppe stricken: Aus der folgenden Masche 5 Maschen herausstricken (1 Masche rechts, 1 Umschlag im Wechsel), wenden, 5 Maschen links stricken, wenden, 5 Maschen rechts stricken, wenden, 5 Maschen links stricken, wenden, 2x 2 Maschen rechts zusammenstricken, 1 Masche rechts stricken, dann nacheinander die 2. und 1. Masche über die 3. Masche ziehen.

Rapport = 11 Maschen

BLÜTENMEER

[22 + 3 M + 2 Rdm]

Es sind nur die Hinr gezeichnet, in den Rückr alle M str wie sie erscheinen. Mit den M vor dem Rapport beginnen, den Rapport von 22 M fortlaufend wdh und mit den M nach dem Rapport enden. Die 1.-76. R stets wdh.

Verwendete Zeichen

● = 1 Randmasche

■ = 1 Masche rechts

– = 1 Masche links

⅋ = 3 Maschen aus 1 Masche stricken (1 Masche rechts, 1 Masche links, 1 Masche rechts).

▲ = 3 Maschen rechts verschränkt zusammenstricken.

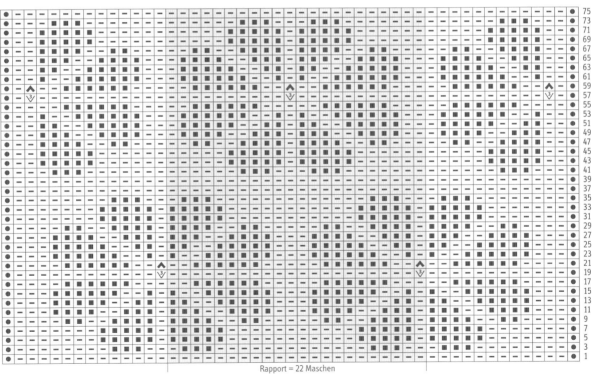

Rapport = 22 Maschen

FILIGRANE BLÜTENRANKE

[14 + 2 M + 2 Rdm]

Rapport = 14 Maschen

Verwendete Zeichen

⬤ = 1 Randmasche

▣ = 1 Masche rechts

▬ = 1 Masche links

◯ = 1 Umschlag

◢ = 2 Maschen rechts zusammenstricken.

◣ = 2 Maschen rechts überzogen zusammenstricken: 1 Masche wie zum Rechtsstricken abheben, die nächste Masche rechts stricken und die abgehobene Masche überziehen.

☐ = Keine Bedeutung, dient der besseren Übersicht.

✳ = 6 Maschen nacheinander wie zum Rechtsstricken abheben, dann rechts zusammenstricken.

⊙ = 6 Maschen nacheinander wie zum Linksstricken abheben, dann rechts zusammenstricken.

Es sind nur die Hinr gezeichnet, in den Rückr alle M str wie sie erscheinen, U links str. Mit den M vor dem Rapport beginnen, den Rapport von 14 M für einen einzelnen Musterstreifen einmal str, für ein flächiges Muster fortlaufend wdh und mit den M nach dem Rapport enden. Die 1.-16. R stets wdh.

KLEINE BLÜTEN MIT NOPPEN

[12 + 9 M + 2 Rdm]

Es sind nur die Hinr gezeichnet, in den Rückr alle M und U links str. Mit den M vor dem Rapport beginnen, den Rapport von 12 M fortlaufend wdh und mit den M nach dem Rapport enden. Die 1.-12. R stets wdh.

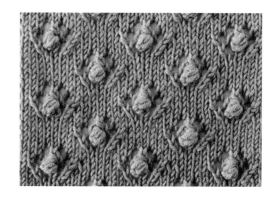

Rapport = 12 Maschen

Verwendete Zeichen

⬤ = 1 Randmasche

▣ = 1 Masche rechts

◯ = 1 Umschlag

◢ = 2 Maschen rechts zusammenstricken.

◣ = 2 Maschen rechts überzogen zusammenstricken: 1 Masche wie zum Rechtsstricken abheben, die nächste Masche rechts stricken und die abgehobene Masche überziehen.

△ = 3 Maschen rechts überzogen zusammenstricken: 1 Masche wie zum Rechtsstricken abheben, 2 Maschen rechts zusammenstricken und die abgehobene Masche überziehen.

N = 1 Noppe stricken: Aus der folgenden Masche 6 Maschen herausstricken (1 Masche rechts, 1 Masche rechts verschränkt im Wechsel), wenden, alle 6 Maschen links zusammenstricken, wenden und 1 Masche rechts stricken.

BLÜTE AUS ZUGMASCHEN

[13 + 5 M + 2 Rdm]

Es sind Hin- und Rückr gezeichnet. Mit den M vor dem Rapport beginnen, den Rapport von 13 M für einen einzelnen Musterstreifen einmal str, für ein flächiges Muster fortlaufend wdh und mit den M nach dem Rapport enden. Die 1.-18. R stets wdh.

Verwendete Zeichen

● = 1 Randmasche

■ = 1 Masche rechts

◆ = 1 Masche rechts verschränkt

◇ = 1 Masche links verschränkt

− = 1 Masche links

◆◆ = 1 Masche auf einer Hilfsnadel vor die Arbeit legen, 1 Masche rechts verschränkt stricken, dann die Masche der Hilfsnadel rechts verschränkt stricken.

◇◇ = 1 Masche auf einer Hilfsnadel vor die Arbeit legen, 1 Masche links verschränkt stricken, dann die Masche der Hilfsnadel links verschränkt stricken.

◆− = 1 Masche auf einer Hilfsnadel hinter die Arbeit legen, 1 Masche rechts verschränkt stricken, dann die Masche der Hilfsnadel links stricken.

−◆ = 1 Masche auf einer Hilfsnadel vor die Arbeit legen, 1 Masche links stricken, dann die Masche der Hilfsnadel rechts verschränkt stricken.

◇■ = 1 Masche auf einer Hilfsnadel vor die Arbeit legen, 1 Masche links verschränkt stricken, dann die Masche der Hilfsnadel rechts stricken.

■◇ = 1 Masche auf einer Hilfsnadel hinter die Arbeit legen, 1 Masche rechts stricken, dann die Masche der Hilfsnadel links verschränkt stricken.

Rapport = 13 Maschen

RANKE MIT NOPPENBLÜTEN

[13 + 8 M + 2 Rdm]

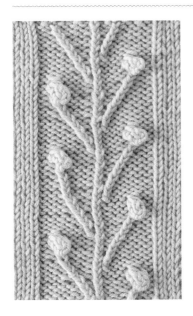

Es sind nur die Hinr gezeichnet, in den Rückr alle M str wie sie erscheinen, in den Hinr rechts verschränkt gestr M links verschränkt und Noppen-M rechts str. Für eine einzelne Ranke mit den M vor dem Rapport beginnen, den Rapport von 13 M 1x str und mit den M nach dem Rapport enden. Für ein flächiges Muster mit der 1. Rdm beginnen, die 3 rechten M danach auslassen und den Rapport von 13 M fortlaufend wdh. Nach dem Rapport die beiden linken M str, die 3 rechten M danach auslassen und mit der Rdm enden Die 1.-12. R stets wdh.

Rapport = 13 Maschen

Verwendete Zeichen

● = 1 Randmasche

■ = 1 Masche rechts

◆ = 1 Masche rechts verschränkt

− = 1 Masche links

◆− = 1 Masche auf einer Hilfsnadel hinter die Arbeit legen, 1 Masche rechts verschränkt stricken, dann die Masche der Hilfsnadel links stricken.

−◆ = 1 Masche auf einer Hilfsnadel vor die Arbeit legen, 1 Masche links stricken, dann die Masche der Hilfsnadel rechts verschränkt stricken.

N = 1 Noppe stricken: Aus der folgenden Masche 3 Maschen herausstricken (1 Masche rechts, 1 Masche links, 1 Masche rechts), wenden, 3 Maschen links stricken, wenden, 3 Maschen rechts stricken, wenden, 3 Maschen links stricken, wenden, dann 3 Maschen rechts verschränkt zusammenstricken.

ROSENKNOSPEN

[14 + 5 M + 2 Rdm]

Verwendete Zeichen

⬤ = 1 Randmasche

◼ = 1 Masche rechts

◆ = 1 Masche rechts verschränkt

◇ = 1 Masche links verschränkt

− = 1 Masche links

☐ = Keine Bedeutung, dient der besseren Übersicht.

◆⁄− = 1 Masche auf einer Hilfsnadel hinter die Arbeit legen, 1 Masche rechts verschränkt stricken, dann die Masche der Hilfsnadel links stricken.

−⁄◆ = 1 Masche auf einer Hilfsnadel vor die Arbeit legen, 1 Masche links stricken, dann die Masche der Hilfsnadel rechts verschränkt stricken.

⑤ = Aus der folgenden Masche 5 Maschen herausstricken (1 Masche rechts, 1 Umschlag, 1 Masche rechts, 1 Umschlag, 1 Masche rechts).

⑤ = 5 Maschen zusammenstricken: Die 1. und 2. Maschen rechts verschränkt zusammenstricken, die 3.-5. Masche rechts zusammenstricken, dann die verbliebene Masche aus den beiden rechts verschränkt zusammengestrickten Maschen über die verbliebene Masche aus den 3 rechts zusammengestrickten Maschen ziehen.

Es sind Hin- und Rückr gezeichnet. Mit den M vor dem Rapport beginnen, den Rapport von 14 M fortlaufend wdh und mit den M nach dem Rapport enden. Die 1.-40. R stets wdh. Die Strickschrift für die eingefügten Knospen ist der besseren Übersichtlichkeit wegen separat gezeichnet.

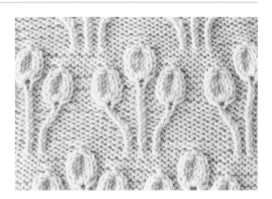

Rapport = 14 Maschen

Blattmuster

339 BLATTRANKE MIT VERSETZTEN BLÄTTERN [26 + 7 M + 2 Rdm]

Es sind nur die Hinr gezeichnet, in den Rückr alle M str wie sie erscheinen, U links str. Mit den M vor dem Rapport beginnen, den Rapport von 26 M für einen einzelnen Musterstreifen einmal str, für ein flächiges Muster fortlaufend wdh und mit den M nach dem Rapport enden. Die 1.-12. R stets wdh.

Verwendete Zeichen

■ = 1 Randmasche

■ = 1 Masche rechts

– = 1 Masche links

O = 1 Umschlag

◢ = 2 Maschen rechts zusammenstricken.

◣ = 2 Maschen rechts überzogen zusammenstricken:
1 Masche wie zum Rechtsstricken abheben, die nächste Masche rechts stricken und die abgehobene Masche überziehen.

∩ = 3 Maschen mit aufliegender Mittelmasche zusammenstricken: 2 Maschen gleichzeitig wie zum Rechtsstricken abheben, 1 Masche rechts stricken und die abgehobenen Maschen überziehen.

Rapport = 26 Maschen

340 BLATTMUSTERSTREIFEN [23 + 8 M + 2 Rdm]

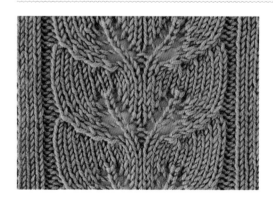

Es sind nur die Hinr gezeichnet, in den Rückr alle M str wie sie erscheinen, U links str. Mit den M vor dem Rapport beginnen, den Rapport von 23 M für einen einzelnen Musterstreifen einmal str, für ein flächiges Muster fortlaufend wdh und mit den M nach dem Rapport enden. Die 1.-12. R stets wdh.

Verwendete Zeichen

■ = 1 Randmasche

■ = 1 Masche rechts

– = 1 Masche links

O = 1 Umschlag

△ = 3 Maschen rechts überzogen zusammenstricken:
1 Masche wie zum Rechtsstricken abheben, 2 Maschen rechts zusammenstricken und die abgehobene Masche überziehen.

▲ = 3 Maschen rechts zusammenstricken.

Rapport = 23 Maschen

VERSETZTE FARNWEDEL

[17 + 1 M + 2 Rdm]

Es sind nur die Hinr gezeichnet, in den Rückr alle M str wie sie erscheinen, U links str. Mit der Rdm vor dem Rapport beginnen, den Rapport von 17 M für einen einzelnen Musterstreifen einmal str, für ein flächiges Muster fortlaufend wdh und mit den M nach dem Rapport enden. Die 1.–12. R stets wdh.

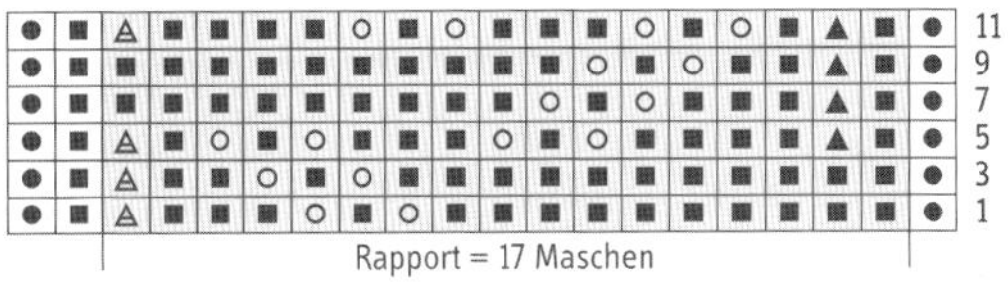

Verwendete Zeichen

● = 1 Randmasche

■ = 1 Masche rechts

○ = 1 Umschlag

△ = 3 Maschen rechts überzogen zusammenstricken: 1 Masche wie zum Rechtsstricken abheben, 2 Maschen rechts zusammenstricken und die abgehobene Masche überziehen.

▲ = 3 Maschen rechts zusammenstricken.

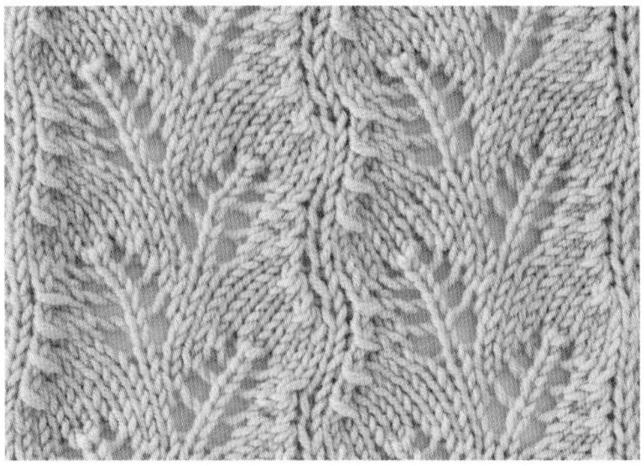

BLATTSTRÄUSSCHEN

[20 + 13 M + 2 Rdm]

Verwendete Zeichen

● = 1 Randmasche

■ = 1 Masche rechts

− = 1 Masche links

+ = 1 Masche rechts verschränkt aus dem Querfaden zunehmen.

× = 1 Masche links verschränkt aus dem Querfaden zunehmen.

◢ = 2 Maschen rechts zusammenstricken.

◣ = 2 Maschen rechts überzogen zusammenstricken: 1 Masche wie zum Rechtsstricken abheben, die nächste Masche rechts stricken und die abgehobene Masche überziehen.

◿ = 2 Maschen links zusammenstricken.

5/ = 5 Maschen aus 1 Masche stricken: 1 Masche rechts str, die Masche auf der linken Nadel belassen und links stricken, auf diese Weise noch 1 Masche rechts, 1 Masche links, 1 Masche rechts aus der Masche stricken.

△ = 3 Maschen rechts überzogen zusammenstricken: 1 Masche wie zum Rechtsstricken abheben, 2 Maschen rechts zusammenstricken und die abgehobene Masche überziehen.

□ = Keine Bedeutung, dient der besseren Übersicht.

■/− = 1 Masche auf einer Hilfsnadel hinter die Arbeit legen, 1 Masche rechts stricken, dann die Masche der Hilfsnadel links stricken.

−\■ = 1 Masche auf einer Hilfsnadel vor die Arbeit legen, 1 Masche links stricken, dann die Masche der Hilfsnadel rechts stricken.

■\■■ = 2 Maschen auf einer Hilfsnadel vor die Arbeit legen, 1 Masche rechts stricken, dann die Maschen der Hilfsnadel rechts stricken.

Es sind nur die Hinr gezeichnet, in den Rückr alle M str wie sie erscheinen. Mit den M vor dem Rapport beginnen, den Rapport von 20 M für einen einzelnen Musterstreifen einmal str, für ein flächiges Muster fortlaufend wdh und mit den M nach dem Rapport enden. Die 1.–28. R stets wdh. Die Strickschrift für die eingefügten Blätter ist der besseren Übersichtlichkeit wegen separat gezeichnet.

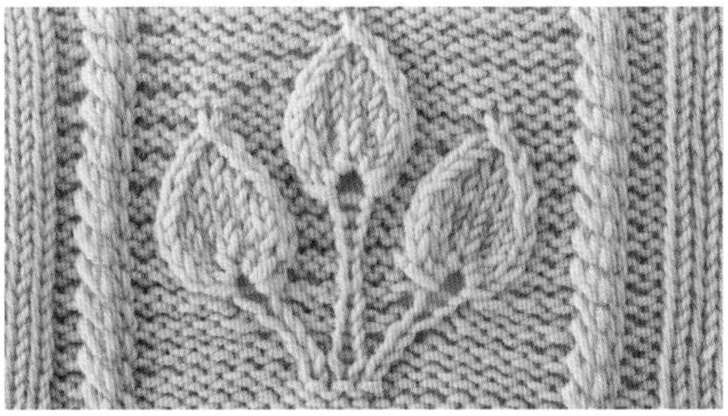

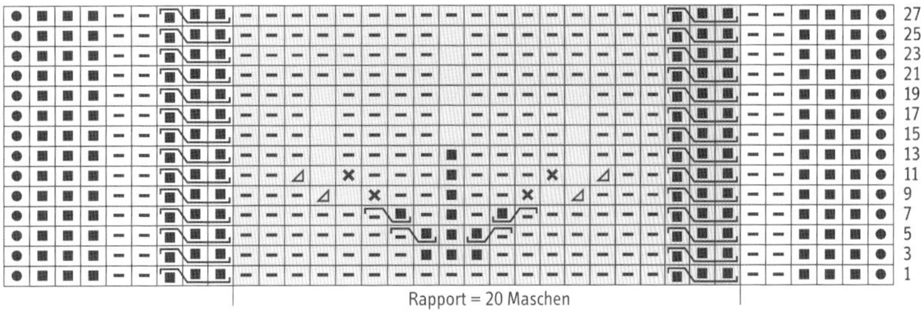

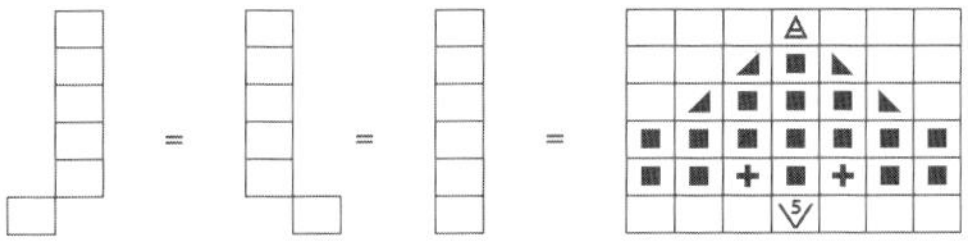

343 FLÄCHIGES BLATTMUSTER [10 + 1 M + 2 Rdm]

Verwendete Zeichen

● = 1 Randmasche

■ = 1 Masche rechts

○ = 1 Umschlag

◢ = 2 Maschen rechts zusammenstricken.

◣ = 2 Maschen rechts überzogen zusammenstricken: 1 Masche wie zum Rechtsstricken abheben, die nächste Masche rechts stricken und die abgehobene Masche überziehen.

∩ = 3 Maschen mit aufliegender Mittelmasche zusammenstricken: 2 Maschen gleichzeitig wie zum Rechtsstricken abheben, 1 Masche rechts stricken und die abgehobenen Maschen überziehen.

Es sind nur die Hinr gezeichnet, in den Rückr alle M und U links str. Mit den M vor dem Rapport beginnen, den Rapport von 10 M fortlaufend wdh und mit den M nach dem Rapport enden. Die 1.-16. R stets wdh.

●	■	■	■	○	∩	○	■	■	■	■	■	■	○	∩	○	■	■	■	●					15
●	■	■	○	■	∩	■	○	■	■	■	■	○	■	∩	■	○	■	■	●					13
●	■	○	■	■	∩	■	■	○	■	■	○	■	■	∩	■	■	○	■	●					11
●	○	■	■	■	∩	■	■	■	○	○	■	■	■	∩	■	■	■	○	●					9
●	◣	■	■	○	■	○	■	■	∩	■	■	○	■	○	■	■	◢	●						7
●	◣	■	○	■	■	■	○	■	∩	■	○	■	■	■	○	■	◢	●						5
●	◣	○	■	■	■	■	■	○	∩	○	■	■	■	■	■	○	◢	●						3
●	◣	■	■	■	○	■	○	■	∩	■	○	■	○	■	■	■	◢	●						1

Rapport = 10 Maschen

344 VERSETZTE BLATTMOTIVE [6 + 1 M + 2 Rdm]

Verwendete Zeichen

● = 1 Randmasche

■ = 1 Masche rechts

— = 1 Masche links

○ = 1 Umschlag

☐ = Keine Bedeutung, dient der besseren Übersicht.

◢ = 2 Maschen rechts zusammenstricken.

◣ = 2 Maschen rechts überzogen zusammenstricken: 1 Masche wie zum Rechtsstricken abheben, die nächste Masche rechts stricken und die abgehobene Masche überziehen.

△ = 3 Maschen rechts überzogen zusammenstricken: 1 Masche wie zum Rechtsstricken abheben, 2 Maschen rechts zusammenstricken und die abgehobene Masche überziehen.

Es sind nur die Hinr gezeichnet, in den Rückr alle M str wie sie erscheinen, U links str. Mit den M vor dem Rapport beginnen, den Rapport von 6 M fortlaufend wdh und mit den M nach dem Rapport enden. Die 1.-28. R stets wdh.

●	◣			—		—		—		△		—		—		—		◢	●								27
●	◣	■		—		—		■	△	■		—		—		■		◢	●								25
●	◣	■	○	—		—		○	■	△	■	○		—		○		■	◢	●							23
●	◣	■	○	—		—		○	■	△	■	○		—		○		■	◢	●							21
●	◣	■	○	—		—		○	■	△	■	○		—		○		■	◢	●							19
●	■	■	○	—		—		○	■	■	■	○		—		○		■	■	●							17
●	■	○		—		—		○	■	○		—		—		○	■	○		●							15
●		—		—		△		—		—		—		—		△		—		—	●						13
●		—		—	■	△	■	—		—		—		—	■	△	■	—		—	●						11
●		—		○	■	△	■	○	—		—		—		○	■	△	■	○		—	●					9
●		—		○	■	△	■	○	—		—		—		○	■	△	■	○		—	●					7
●		—		○	■	△	■	○	—		—		—		○	■	△	■	○		—	●					5
●		—		—	■	■	■	—		—		—		—	■	■	■	—		—	●						3
●		—		○	■	○		—		—		—		—		○	■	○		—	●						1

Rapport = 6 Maschen

BLATT-LOCHMUSTER

[12 + 11 M + 2 Rdm]

Es sind nur die Hinr gezeichnet, in den Rückr alle M str wie sie erscheinen, U links str. Mit den M vor dem Rapport beginnen, den Rapport von 12 M fortlaufend wdh und mit den M nach dem Rapport enden. Die 1.-16. R stets wdh.

Rapport = 12 Maschen

Verwendete Zeichen

● = 1 Randmasche

■ = 1 Masche rechts

– = 1 Masche links

O = 1 Umschlag

◢ = 2 Maschen rechts zusammenstricken.

◣ = 2 Maschen rechts überzogen zusammenstricken: 1 Masche wie zum Rechtsstricken abheben, die nächste Masche rechts stricken und die abgehobene Masche überziehen.

FILIGRANES BLATTMUSTER

[22 + 1 M + 2 Rdm]

Es sind nur die Hinr gezeichnet, in den Rückr alle M str wie sie erscheinen, U links str. Mit den M vor dem Rapport beginnen, den Rapport von 22 M fortlaufend wdh und mit den M nach dem Rapport enden. Die 1.-32. R stets wdh.

Verwendete Zeichen

● = 1 Randmasche   ■ = 1 Masche rechts   – = 1 Masche links

O = 1 Umschlag

◢ = 2 Maschen rechts zusammenstricken.

◣ = 2 Maschen rechts überzogen zusammenstricken: 1 Masche wie zum Rechtsstricken abheben, die nächste Masche rechts stricken und die abgehobene Masche überziehen.

▲ = 3 Maschen rechts überzogen zusammenstricken: 1 Masche wie zum Rechtsstricken abheben, 2 Maschen rechts zusammenstricken und die abgehobene Masche überziehen.

Rapport = 22 Maschen

347 KLEINE BLATTSTREIFEN [8 + 2 Rdm]

Es sind nur die Hinr gezeichnet, in den Rückr alle M str wie sie erscheinen, doppelte U 1 M rechts und 1 M links str. Mit der Rdm vor dem Rapport beginnen, den Rapport von 8 M fortlaufend wdh und mit der Rdm nach dem Rapport enden. Die 1.-24. R stets wdh.

Rapport = 8 Maschen

Verwendete Zeichen

● = 1 Randmasche

■ = 1 Masche rechts

◆ = 1 Masche rechts verschränkt

▬ = 1 Masche links

○ = 1 Umschlag

◢ = 2 Maschen rechts zusammenstricken.

◣ = 2 Maschen rechts überzogen zusammenstricken: 1 Masche wie zum Rechtsstricken abheben, die nächste Masche rechts stricken und die abgehobene Masche überziehen.

+ = 1 Masche rechts verschränkt aus dem Querfaden zunehmen.

☐ = Keine Bedeutung, dient der besseren Übersicht.

348 BLATTRELIEFMUSTER [10 + 1 M + 2 Rdm]

Es sind nur die Hinr gezeichnet, in den Rückr alle M str wie sie erscheinen, U links str. Mit den M vor dem Rapport beginnen, den Rapport von 10 M fortlaufend wdh und mit den M nach dem Rapport enden. Die 1.-42. R 1x str, dann die 3.-42. R fortlaufend wdh und mit der 1.+2. R enden.

Rapport = 10 Maschen

Verwendete Zeichen

● = 1 Randmasche

■ = 1 Masche rechts

▬ = 1 Masche links

○ = 1 Umschlag

◢ = 2 Maschen rechts zusammenstricken.

◣ = 2 Maschen rechts überzogen zusammenstricken: 1 Masche wie zum Rechtsstricken abheben, die nächste Masche rechts stricken und die abgehobene Masche überziehen.

△ = 3 Maschen rechts überzogen zusammenstricken: 1 Masche wie zum Rechtsstricken abheben, 2 Maschen rechts zusammenstricken und die abgehobene Masche überziehen.

☐ = Keine Bedeutung, dient der besseren Übersicht.

KLEINES BLATTMUSTER

[12 + 1 M + 2 Rdm]

Verwendete Zeichen

● = 1 Randmasche   ■ = 1 Masche rechts   – = 1 Masche links

○ = 1 Umschlag

◢ = 2 Maschen rechts zusammenstricken.

◤ = 2 Maschen rechts überzogen zusammenstricken: 1 Masche wie zum Rechts-stricken abheben, die nächste Masche rechts stricken und die abgehobene Ma-sche überziehen.

△ = 3 Maschen rechts überzogen zusammenstricken: 1 Masche wie zum Rechts-stricken abheben, 2 Maschen rechts zusammenstricken und die abgehobene Masche überziehen.

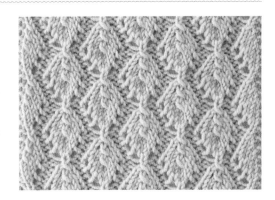

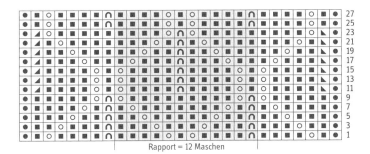

Rapport = 12 Maschen

Es sind nur die Hinr gezeichnet, in den Rückr alle M str wie sie erscheinen, U links str. Mit den M vor dem Rapport beginnen, den Rap-port von 12 M fortlaufend wdh und mit den M nach dem Rapport enden. Die 1.-12. R stets wdh.

BLATT-AJOURMUSTER

[12 + 1 M + 2 Rdm]

Verwendete Zeichen

● = 1 Randmasche   ■ = 1 Masche rechts   ○ = 1 Umschlag

◢ = 2 Maschen rechts zusammenstricken.

◤ = 2 Maschen rechts überzogen zusammenstricken: 1 Masche wie zum Rechts-stricken abheben, die nächste Masche rechts stricken und die abgehobene Ma-sche überziehen.

∩ = 3 Maschen mit aufliegender Mittelmasche zusammenstricken: 2 Maschen gleichzeitig wie zum Rechtsstricken abheben, 1 Masche rechts stricken und die abgehobenen Maschen überziehen.

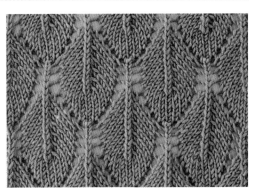

Rapport = 12 Maschen

Es sind nur die Hinr gezeichnet, in den Rückr alle M und U links str. Mit den M vor dem Rap-port beginnen, den Rapport von 12 M fortlau-fend wdh und mit den M nach dem Rapport enden. Die 1.-28. R stets wdh.

351 LOCHBLATTRANKE

[25 + 8 M + 2 Rdm]

Es sind nur die Hinr gezeichnet, in den Rückr alle M str wie sie erscheinen, verschränkte M links verschränkt str. Mit den M vor dem Rapport beginnen, den Rapport von 25 M für einen einzelnen Musterstreifen einmal str, für ein flächiges Muster fortlaufend wdh und mit den M nach dem Rapport enden. Die 1.-36. R 1x arb und dann die 13.-36. R stets wdh. Die Strickschrift für die eingefügten Blätter ist der besseren Übersichtlichkeit wegen separat gezeichnet.

Verwendete Zeichen

● = 1 Randmasche

■ = 1 Masche rechts

◆ = 1 Masche rechts verschränkt

– = 1 Masche links

▬ = 7 Maschen aus 1 Masche stricken: 1 Masche rechts, 1 Masche links, 1 Masche rechts, 1 Masche links, 1 Masche rechts, 1 Masche links, 1 Masche rechts.

☐ = Keine Bedeutung, dient der besseren Übersicht.

◆/– = 1 Masche auf einer Hilfsnadel hinter die Arbeit legen, 1 Masche rechts verschränkt stricken, dann die Masche der Hilfsnadel links stricken.

–◆ = 1 Masche auf einer Hilfsnadel vor die Arbeit legen, 1 Masche links stricken, dann die Masche der Hilfsnadel rechts verschränkt stricken.

■■■■ = 1 Masche auf einer Hilfsnadel vor die Arbeit legen, 3 Maschen rechts stricken, dann die Masche der Hilfsnadel rechts stricken.

■■■■ = 3 Maschen auf einer Hilfsnadel hinter die Arbeit legen, 1 Masche rechts stricken, dann die 3 Maschen der Hilfsnadel rechts stricken.

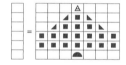

Rapport = 25 Maschen

352 BLÄTTERRANKE

[15 + 7 M + 2 Rdm]

Verwendete Zeichen

● = 1 Randmasche

■ = 1 Masche rechts

– = 1 Masche links

O = 1 Umschlag

☐ = Keine Bedeutung, dient der besseren Übersicht.

◢ = 2 Maschen rechts zusammenstricken.

◣ = 2 Maschen rechts überzogen zusammenstricken: 1 Masche wie zum Rechtsstricken abheben, die nächste Masche rechts stricken und die abgehobene Masche überziehen.

△ = 3 Maschen rechts überzogen zusammenstricken: 1 Masche wie zum Rechtsstricken abheben, 2 Maschen rechts zusammenstricken und die abgehobene Masche überziehen.

Es sind nur die Hinr gezeichnet, in den Rückr alle M str wie sie erscheinen, U links str. Mit den M vor dem Rapport beginnen, den Rapport von 15 M für einen einzelnen Musterstreifen einmal str, für ein flächiges Muster fortlaufend wdh und mit den M nach dem Rapport enden. Die 1.-10. R stets wdh.

Rapport = 15 Maschen

LOCHBLATT-MUSTERSTREIFEN

[18 + 17 M + 2 Rdm]

Es sind nur die Hinr gezeichnet, in den Rückr alle M str wie sie erscheinen, in der Hinr rechts verschränkte M links verschränkt str. Mit den M vor dem Rapport beginnen, den Rapport von 18 M fortlaufend wdh und mit den M nach dem Rapport enden. Die 1.-16. R stets wdh.

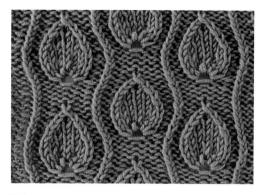

Verwendete Zeichen

⦁ = 1 Randmasche

▣ = 1 Masche rechts

◆ = 1 Masche rechts verschränkt

▬ = 1 Masche links

✚ = 1 Masche rechts verschränkt aus dem Querfaden zunehmen.

◢ = 2 Maschen rechts zusammenstricken.

◣ = 2 Maschen rechts überzogen zusammenstricken: 1 Masche wie zum Rechtsstricken abheben, die nächste Masche rechts stricken und die abgehobene Masche überziehen.

△ = 3 Maschen rechts überzogen zusammenstricken: 1 Masche wie zum Rechtsstricken abheben, 2 Maschen rechts zusammenstricken und die abgehobene Masche überziehen.

⑤ = 5 Maschen aus 1 Masche stricken: 1 Masche rechts stricken, die Masche auf der linken Nadel belassen und links stricken, auf diese Weise noch 1 Masche rechts, 1 Masche links, 1 Masche rechts aus der Masche stricken.

☐ = Keine Bedeutung, dient der besseren Übersicht.

Rapport = 18 Maschen

BLATTGIRLANDE

[16 + 5 M + 2 Rdm]

Verwendete Zeichen

⦁ = 1 Randmasche

▣ = 1 Masche rechts

▬ = 1 Masche links

◯ = 1 Umschlag

◢ = 2 Maschen rechts zusammenstricken.

◣ = 2 Maschen rechts überzogen zusammenstricken: 1 Masche wie zum Rechtsstricken abheben, die nächste Masche rechts stricken und die abgehobene Masche überziehen.

△ = 3 Maschen rechts überzogen zusammenstricken: 1 Masche wie zum Rechtsstricken abheben, 2 Maschen rechts zusammenstricken und die abgehobene Masche überziehen.

☐ = Keine Bedeutung, dient der besseren Übersicht.

Es sind nur die Hinr gezeichnet, in den Rückr alle M str wie sie erscheinen, U links str. Mit der Rdm vor dem Rapport beginnen, den Rapport von 16 M für einen einzelnen Musterstreifen einmal str, für ein flächiges Muster fortlaufend wdh und mit den M nach dem Rapport enden. Die 1.-24. R stets wdh.

Rapport = 16 Maschen

BLATTSTRUKTURMUSTER

[18 + 1 M + 2 Rdm]

Verwendete Zeichen

● = 1 Randmasche

■ = 1 Masche rechts

− = 1 Masche links

○ = 1 Umschlag

◢ = 2 Maschen rechts zusammenstricken.

◣ = 2 Maschen rechts überzogen zusammenstricken: 1 Masche wie zum Rechtsstricken abheben, die nächste Masche rechts stricken und die abgehobene Masche überziehen.

◿ = 2 Maschen links zusammenstricken.

◹ = 2 Maschen nacheinander wie zum Rechtsstricken abheben und zurück auf die linke Nadel nehmen, dann links verschränkt zusammenstricken.

△ = 3 Maschen rechts überzogen zusammenstricken: 1 Masche wie zum Rechtsstricken abheben, 2 Maschen rechts zusammenstricken und die abgehobene Masche überziehen.

◺ = 3 Maschen links zusammenstricken.

Es sind nur die Hinr gezeichnet, in den Rückr alle M str wie sie erscheinen, U links str. Mit den M vor dem Rapport beginnen, den Rapport von 18 M fortlaufend wdh und mit den M nach dem Rapport enden. Die 1.-24. R stets wdh.

(Strickschrift, Rapport = 18 Maschen, Reihen 1–23)

BLATTSTREUMUSTER

[14 + 1 M + 2 Rdm]

Verwendete Zeichen

● = 1 Randmasche

■ = 1 Masche rechts

− = 1 Masche links

○ = 1 Umschlag

◢ = 2 Maschen rechts zusammenstricken.

◣ = 2 Maschen rechts überzogen zusammenstricken: 1 Masche wie zum Rechtsstricken abheben, die nächste Masche rechts stricken und die abgehobene Masche überziehen.

◿ = 2 Maschen links zusammenstricken.

◹ = 2 Maschen nacheinander wie zum Rechtsstricken abheben und zurück auf die linke Nadel nehmen, dann links verschränkt zusammenstricken.

△ = 3 Maschen rechts überzogen zusammenstricken: 1 Masche wie zum Rechtsstricken abheben, 2 Maschen rechts zusammenstricken und die abgehobene Masche überziehen.

Es sind nur die Hinr gezeichnet, in den Rückr alle M str wie sie erscheinen, U links str. Mit den M vor dem Rapport beginnen, den Rapport von 14 M fortlaufend wdh und mit den M nach dem Rapport enden. Die 1.-40. R stets wdh.

(Strickschrift, Rapport = 14 Maschen, Reihen 1–39)

FARNKRAUTMUSTER

[25 + 1 M + 2 Rdm]

Es sind nur die Hinr gezeichnet, in den Rückr alle M str wie sie erscheinen, U links str. Mit der Rdm vor dem Rapport beginnen, den Rapport von 25 M für einen einzelnen Musterstreifen einmal str, für ein flächiges Muster fortlaufend wdh und mit den M nach dem Rapport enden. Die 1.-10. R stets wdh.

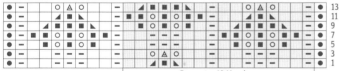

Rapport = 25 Maschen

Verwendete Zeichen

⬤ = 1 Randmasche

◼ = 1 Masche rechts

— = 1 Masche links

○ = 1 Umschlag

▲ = 3 Maschen rechts zusammenstricken.

⧊ = 3 Maschen rechts überzogen zusammenstricken: 1 Masche wie zum Rechtsstricken abheben, 2 Maschen rechts zusammenstricken und die abgehobene Masche überziehen.

MINI-BLATTMUSTER

[10 + 5 M + 2 Rdm]

Verwendete Zeichen

⬤ = 1 Randmasche

◼ = 1 Masche rechts

— = 1 Masche links

○ = 1 Umschlag

☐ = Keine Bedeutung, dient der besseren Übersicht.

◤ = 2 Maschen rechts zusammenstricken.

◣ = 2 Maschen rechts überzogen zusammenstricken: 1 Masche wie zum Rechtsstricken abheben, die nächste Masche rechts stricken und die abgehobene Masche überziehen.

⧊ = 3 Maschen rechts überzogen zusammenstricken: 1 Masche wie zum Rechtsstricken abheben, 2 Maschen rechts zusammenstricken und die abgehobene Masche überziehen.

Rapport = 10 Maschen

Es sind nur die Hinr gezeichnet, in den Rückr alle M str wie sie erscheinen, U links str. Mit der Rdm vor dem Rapport beginnen, den Rapport von 10 M fortlaufend wdh und mit den M nach dem Rapport enden. Die 1.-14. R stets wdh.

ASYMMETRISCHE BLATTMOTIVE

[16 + 7 M + 2 Rdm]

Es sind nur die Hinr gezeichnet, in den Rückr alle M str wie sie erscheinen, U links str. Mit der Rdm vor dem Rapport beginnen, den Rapport von 16 M fortlaufend wdh und mit den M nach dem Rapport enden. Die 1.-32. R stets wdh.

Verwendete Zeichen

⬤ = 1 Randmasche

◼ = 1 Masche rechts

▬ = 1 Masche links

◯ = 1 Umschlag

◢ = 2 Maschen rechts zusammenstricken.

◣ = 2 Maschen rechts überzogen zusammenstricken: 1 Masche wie zum Rechtsstricken abheben, die nächste Masche rechts stricken und die abgehobene Masche überziehen.

☐ = Keine Bedeutung, dient der besseren Übersicht.

Rapport = 16 Maschen

RAUTE MIT BLATTMOTIV

[31 + 4 M + 2 Rdm]

❱ **Strickschrift Vorlagenbogen 2B**

Es sind nur die Hinr gezeichnet, in den Rückr alle M str wie sie erscheinen, U links und verschränkte M links verschränkt str. Mit den M vor dem Rapport beginnen, den Rapport von 31 M für ein einzelnes Motiv oder einen einzelnen Musterstreifen einmal str und für ein flächiges Muster fortlaufend wdh und mit den M nach dem Rapport enden. Die 1.-58. R für ein einzelnes Motiv einmal arb und für einen einzelnen Musterstreifen oder ein flächiges Muster stets wdh. Die Strickschrift für die eingefügten Blätter ist der besseren Übersichtlichkeit wegen separat gezeichnet.

ZOPFRAUTE MIT BLATTMOTIV

[23 + 3 M + 2 Rdm]

Verwendete Zeichen

● = 1 Randmasche

■ = 1 Masche rechts

− = 1 Masche links

+ = 1 Masche rechts verschränkt aus dem Querfaden zunehmen.

◤ = 2 Maschen rechts zusammenstricken.

◣ = 2 Maschen rechts überzogen zusammenstricken: 1 Masche wie zum Rechtsstricken abheben, die nächste Masche rechts stricken und die abgehobene Masche überziehen.

◿ = 2 Maschen links zusammenstricken.

△ = 3 Maschen rechts überzogen zusammenstricken: 1 Masche wie zum Rechtsstricken abheben, 2 Maschen rechts zusammenstricken und die abgehobene Masche überziehen.

☐ = Keine Bedeutung, dient der besseren Übersicht.

▬▬▬▬ = 3 Maschen auf einer Hilfsnadel vor die Arbeit legen, 1 Masche links stricken, dann die 3 Maschen der Hilfsnadel rechts stricken.

▬▬▬▬ = 1 Masche auf einer Hilfsnadel hinter die Arbeit legen, 3 Maschen rechts stricken, dann die Masche der Hilfsnadel links stricken.

▬▬▬▬ = 3 Maschen auf einer Hilfsnadel vor die Arbeit legen, 3 Maschen rechts stricken, dann die 3 Maschen der Hilfsnadel rechts stricken.

▬▬▬▬ = 3 Maschen auf einer Hilfsnadel hinter die Arbeit legen, 3 Maschen rechts stricken, dann die 3 Maschen der Hilfsnadel rechts stricken.

Es sind nur die Hinr gezeichnet, in den Rückr alle M str wie sie erscheinen, U links str. Mit der Rdm vor dem Rapport beginnen, den Rapport von 23 M für einen einzelnen Musterstreifen einmal str, für ein flächiges Muster fortlaufend wdh und mit den M nach dem Rapport enden. Die 1.-28. R stets wdh. Die Strickschrift für das eingefügte Blatt ist der besseren Übersichtlichkeit wegen separat gezeichnet.

Rapport = 23 Maschen

PATENT-
MUSTER

TIEFER
GESTOCHENE
MASCHEN

Patentmuster

362 VOLLPATENT

[2 + 1 M + 2 Rdm]

Es sind Hin- und Rückr gezeichnet. Mit den M vor dem Rapport beginnen, den Rapport von 2 M fortlaufend wdh und mit den M nach dem Rapport enden. Die 1.-3. R 1x arb, dann die 2.+3. R stets wdh.

Rapport =
2 Maschen

Verwendete Zeichen

● = 1 Randmasche

■ = 1 Masche rechts

⋒ = 1 Masche mit dem folgenden Umschlag rechts zusammenstricken

⊖ = 1 Masche mit 1 Umschlag wie zum Linksstricken abheben.

363 HALBPATENT

[2 + 1 M + 2 Rdm]

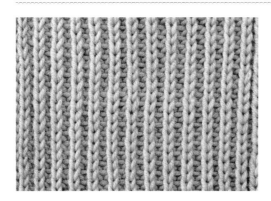

Es sind Hin- und Rückr gezeichnet. Mit den M vor dem Rapport beginnen, den Rapport von 2 M fortlaufend wdh und mit den M nach dem Rapport enden. Die 1.+2. R stets wdh.

Rapport =
2 Maschen

Verwendete Zeichen

● = 1 Randmasche

■ = 1 Masche rechts

− = 1 Masche links

⋒ = 1 Masche mit dem folgenden Umschlag rechts zusammenstricken.

⊖ = 1 Masche mit 1 Umschlag wie zum Linksstricken abheben.

364 FALSCHES PATENT

[4 + 3 M + 2 Rdm]

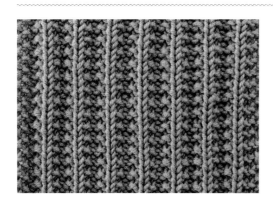

Es sind Hin- und Rückr gezeichnet. Mit den M vor dem Rapport beginnen, den Rapport von 4 M fortlaufend wdh und mit den M nach dem Rapport enden. Die 1.+2. R stets wdh.

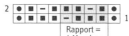

Rapport =
4 Maschen

Verwendete Zeichen

● = 1 Randmasche

■ = 1 Masche rechts

− = 1 Masche links

365 ZWEIFARBIGES VOLLPATENT

➡ ◯ [2 + 1 M + 2 Rdm]

Die M mit einer Rundstricknd in Farbe B anschl, den Anschlag nicht wenden, sondern die M an das rechte Nd-Ende zurückschieben. Mit der 1. R (= Hinr) in Farbe A beginnen. Es sind Hin- und Rückr gezeichnet. Mit den M vor dem Rapport beginnen, den Rapport von 2 M fortlaufend wdh und mit den M nach dem Rapport enden. Nach der 2. R (= 1. Rückr) in Farbe B die M an das rechte Nd-Ende zurückschieben und die 3. R (= 2. Rückr) in Farbe A str. Nach der 4. R (= 1. Hinr) in Farbe B die M wieder an das rechte Nd-Ende zurückschieben und die 5. R (= 2. Hinr) in Farbe A str. Die 1.-5. R 1x arb. Dann die 2.-5. R stets wdh und immer im Wechsel 2 Rückr und 2 Hinr str.

Verwendete Zeichen

⬤ = 1 Randmasche in Farbe A

⬤ = 1 Randmasche in Farbe B

▨ = 1 Masche rechts in Farbe A

▨ = 1 Masche rechts in Farbe B

⊖ = 1 Masche in Farbe A mit 1 Umschlag wie zum Linksstricken abheben.

⊖ = 1 Masche in Farbe B mit 1 Umschlag wie zum Linksstricken abheben.

⌂ = 1 Masche in Farbe A mit dem folgenden Umschlag rechts zusammenstricken.

⌂ = 1 Masche in Farbe B mit dem folgenden Umschlag rechts zusammenstricken.

⌂ = 1 Masche in Farbe A mit dem folgenden Umschlag links zusammenstricken.

⌂ = 1 Masche in Farbe B mit dem folgenden Umschlag links zusammenstricken.

Vorderseite

Rückseite

Rapport = 2 Maschen

366 ZWEIFARBIGES VOLLPATENT GESTREIFT

➡ ◯ [2 + 1 M + 2 Rdm]

Die M mit einer Rundstricknd in Farbe A anschl und mit der 1. R (= Hinr) in Farbe A beginnen. Es sind Hin- und Rückr gezeichnet. Mit den M vor dem Rapport beginnen, den Rapport von 2 M fortlaufend wdh und mit den M nach dem Rapport enden. Nach der 1. R (= 1. Hinr) in Farbe A die M an das rechte Nd-Ende zurückschieben und die 2. R (= 2. Hinr) in Farbe B str. Nach der 3. R (= 1. Rückr) in Farbe A die M wieder an das rechte Nd-Ende zurückschieben und die 4. R (= 2. Rückr) in Farbe B str. In gleicher Weise fortfahren und immer im Wechsel 2 Hinr und 2 Rückr str. Die 1.-24. R 1x arb und dabei den Wechsel der Farbfolge in der 9. und 17. R beachten. Dann die 9.-24. R stets wdh.

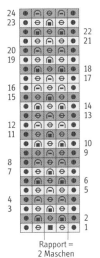

Rapport = 2 Maschen

Verwendete Zeichen

⬤ = 1 Randmasche in Farbe A

⬤ = 1 Randmasche in Farbe B

▨ = 1 Masche rechts in Farbe A

▨ = 1 Masche rechts in Farbe B

⊖ = 1 Masche in Farbe A mit 1 Umschlag wie zum Linksstricken abheben.

⊖ = 1 Masche in Farbe B mit 1 Umschlag wie zum Linksstricken abheben.

⌂ = 1 Masche in Farbe A mit dem folgenden Umschlag rechts zusammenstricken.

⌂ = 1 Masche in Farbe B mit dem folgenden Umschlag rechts zusammenstricken.

⌂ = 1 Masche in Farbe A mit dem folgenden Umschlag links zusammenstricken.

⌂ = 1 Masche in Farbe B mit dem folgenden Umschlag links zusammenstricken.

367 ZWEIFARBIGES VOLLPATENT VERSETZT

➡ ◯ [2 + 1 M + 2 Rdm]

Vorderseite

Rückseite

Die M mit einer Rundstricknd in Farbe B anschl und mit der 1. R (= Hinr) in Farbe B beginnen. Es sind Hin- und Rückr gezeichnet. Mit den M vor dem Rapport beginnen, den Rapport von 2 M fortlaufend wdh und mit den M nach dem Rapport enden. Nach der 1. R (= 1. Hinr) in Farbe B die M an das rechte Nd-Ende zurückschieben und die 2. R (= 2. Hinr) in Farbe A str. Nach der 3. R (= 1. Rückr) in Farbe B die M wieder an das rechte Nd-Ende zurückschieben und die 4. R (= 2. Rückr) in Farbe A str. In gleicher Weise fortfahren und immer im Wechsel 2 Hinr und 2 Rückr str. Die 1.-24. R 1x arb und dabei den Wechsel der Farbfolge in der 9. und 17. R beachten. Dann die 9.-24. R stets wdh.

Rapport = 2 Maschen

Verwendete Zeichen

⬤ = 1 Randmasche in Farbe A

⬤ = 1 Randmasche in Farbe B

◼ = 1 Masche rechts in Farbe A

◼ = 1 Masche rechts in Farbe B

⊖ = 1 Masche in Farbe A mit 1 Umschlag wie zum Linksstricken abheben.

⊖ = 1 Masche in Farbe B mit 1 Umschlag wie zum Linksstricken abheben.

🔒 = 1 Masche in Farbe A mit dem folgenden Umschlag rechts zusammenstricken.

🔒 = 1 Masche in Farbe B mit dem folgenden Umschlag rechts zusammenstricken.

🔒 = 1 Masche in Farbe A mit dem folgenden Umschlag links zusammenstricken.

🔒 = 1 Masche in Farbe B mit dem folgenden Umschlag links zusammenstricken.

368 GESTREIFTES PATENT

➡ [9 + 2 Rdm]

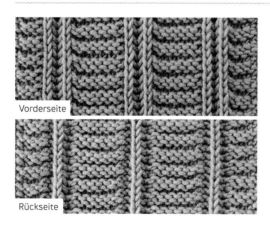

Vorderseite

Rückseite

Es sind Hin- und Rückr gezeichnet. Mit der Rdm vor dem Rapport beginnen, den Rapport von 9 M fortlaufend wdh und mit der Rdm nach dem Rapport enden. Die 1.-6. R 1x arb, dann die 3.-6. R stets wdh.

Rapport = 9 Maschen

Verwendete Zeichen

⬤ = 1 Randmasche

◼ = 1 Masche rechts

— = 1 Masche links

🔒 = 1 Masche mit dem folgenden Umschlag rechts zusammenstricken.

⊖ = 1 Masche mit 1 Umschlag wie zum Linksstricken abheben.

369 ZWEIFARBIGES VOLLPATENT VERZOPFT

➡ ◯ [16 + 1 M + 2 Rdm]

Die M mit einer Rundstricknd in Farbe B anschl und mit der 1. R
(= Hinr) in Farbe B beginnen. Es sind Hin- und Rückr gezeichnet. Mit
den M vor dem Rapport beginnen, den Rapport von 16 M fortlaufend
wdh und mit den M nach dem Rapport enden. Nach der 1. R (= 1. Hinr)
in Farbe B die M an das rechte Nd-Ende zurück schieben und die
2. R (= 2. Hinr) in Farbe A str. Nach der 3. R (= 1. Rückr) in Farbe B die
M wieder an das rechte Nd-Ende zurück schieben und die 4. R
(= 2. Rückr) in Farbe A str. In gleicher Weise fortfahren und immer im
Wechsel 2 Hinr und 2 Rückr str. Die 1.-26. R 1x arb, dann die 3.-26. R
stets wdh.

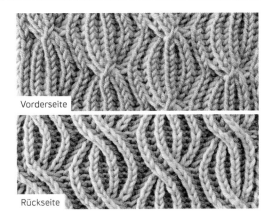

Vorderseite

Rückseite

Verwendete Zeichen

⬤ = 1 Randmasche in Farbe A

⬤ = 1 Randmasche in Farbe B

▪ = 1 Masche rechts in Farbe A

▪ = 1 Masche rechts in Farbe B

⊖ = 1 Masche in Farbe A mit 1 Umschlag wie zum Linksstricken abheben.

⊖ = 1 Masche in Farbe B mit 1 Umschlag wie zum Linksstricken abheben.

⌂ = 1 Masche in Farbe A mit dem folgenden Umschlag rechts zusammenstricken.

⌂ = 1 Masche in Farbe B mit dem folgenden Umschlag rechts zusammenstricken.

⌂ = 1 Masche in Farbe A mit dem folgenden Umschlag links zusammenstricken.

⌂ = 1 Masche in Farbe B mit dem folgenden Umschlag links zusammenstricken.

⌢⌢⌢⌢⌢ = 3 Maschen
(1 Masche mit dem folgenden Umschlag,
1 Masche und 1 Masche mit dem folgenden Umschlag) auf einer Hilfsnadel
vor die Arbeit legen, 1 Masche auf einer
2. Hilfsnadel hinter die Arbeit legen,
3 Maschen im Patentmuster in Farbe A
stricken (1 Masche mit dem folgenden
Umschlag rechts zusammenstricken,
1 Masche mit 1 Umschlag wie zum
Linksstricken abheben, im Wechsel),
dann die Masche der 2. Hilfsnadel mit
1 Umschlag in Farbe A wie zum Linksstricken abheben und danach die 3 Maschen im Patentmuster
in Farbe A stricken (1 Masche mit dem
folgenden Umschlag rechts zusammenstricken, 1 Masche mit 1 Umschlag wie
zum Linksstricken abheben, im Wechsel).

Rapport = 16 Maschen

370 NETZPATENT

[2 + 2 Rdm]

Es sind Hin- und Rückr gezeichnet. Mit der Rdm vor dem Rapport
beginnen, den Rapport von 2 M
fortlaufend wdh und mit der Rdm
nach dem Rapport enden. Die
1.-5. R 1x arb, dann die 2.-5. R stets
wdh.

Verwendete Zeichen

⬤ = 1 Randmasche

▪ = 1 Masche rechts

⌂ = 1 Masche mit dem folgenden
Umschlag rechts zusammenstricken.

⊖ = 1 Masche mit 1 Umschlag wie
zum Linksstricken abheben.

▷ = Masche und Umschlag getrennt
stricken: Zunächst die Masche rechts
stricken, dann den Umschlag wie zum
Linksstricken abheben mit dem Faden
hinter dem Umschlag.

Rapport =
2 Maschen

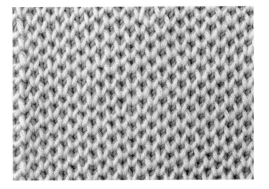

371 ZWEIFARBIGES NETZPATENT

[2 + 2 Rdm]

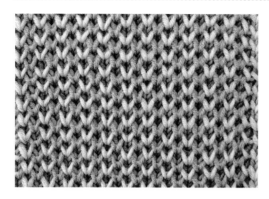

Verwendete Zeichen

⬤ = 1 Randmasche in Farbe A

⬤ = 1 Randmasche in Farbe B

■ = 1 Masche rechts in Farbe A

▦ = 1 Masche rechts in Farbe B

⊖ = 1 Masche in Farbe A mit
1 Umschlag wie zum Linksstricken
abheben.

⊖ = 1 Masche in Farbe B mit
1 Umschlag wie zum Linksstricken
abheben.

⌂ = 1 Masche in Farbe A mit dem
folgenden Umschlag rechts zusammenstricken.

⌂ = 1 Masche in Farbe B mit dem
folgenden Umschlag rechts zusammenstricken.

➤ = Masche und Umschlag in
Farbe A getrennt stricken: Zunächst
die Masche rechts stricken, dann den
Umschlag wie zum Linksstricken abheben mit dem Faden hinter dem Umschlag.

➤ = Masche und Umschlag in
Farbe B getrennt stricken: Zunächst
die Masche rechts stricken, dann den
Umschlag wie zum Linksstricken abheben mit dem Faden hinter dem Umschlag.

Es sind Hin- und Rückr gezeichnet. Mit der Rdm vor dem Rapport beginnen, den Rapport von 2 M fortlaufend wdh und mit der Rdm nach dem Rapport enden. Die 1.-5. R 1x arb, dann die 2.-5. R stets wdh.

Rapport =
2 Maschen

372 DREIFARBIGES NETZPATENT

[2 + 2 Rdm]

Verwendete Zeichen

⬤ = 1 Randmasche in Farbe A

⬤ = 1 Randmasche in Farbe B

⬤ = 1 Randmasche in Farbe C

■ = 1 Masche rechts in Farbe A

▦ = 1 Masche rechts in Farbe B

▦ = 1 Masche rechts in Farbe C

⊖ = 1 Masche in Farbe A mit 1 Umschlag wie zum Linksstricken abheben.

⊖ = 1 Masche in Farbe B mit 1 Umschlag wie zum Linksstricken abheben.

⊖ = 1 Masche in Farbe C mit 1 Umschlag wie zum Linksstricken abheben.

⌂ = 1 Masche in Farbe A mit dem
folgenden Umschlag rechts zusammenstricken.

⌂ = 1 Masche in Farbe B mit dem
folgenden Umschlag rechts zusammenstricken.

⌂ = 1 Masche in Farbe C mit dem
folgenden Umschlag rechts zusammenstricken.

➤ = Masche und Umschlag in
Farbe A getrennt stricken: Zunächst
die Masche rechts stricken, dann den
Umschlag wie zum Linksstricken abheben mit dem Faden hinter dem Umschlag.

➤ = Masche und Umschlag in
Farbe B getrennt stricken: Zunächst
die Masche rechts stricken, dann den
Umschlag wie zum Linksstricken abheben mit dem Faden hinter dem Umschlag.

➤ = Masche und Umschlag in
Farbe C getrennt stricken: Zunächst
die Masche rechts stricken, dann den
Umschlag wie zum Linksstricken abheben mit dem Faden hinter dem Umschlag.

Es sind Hin- und Rückr gezeichnet. Mit der Rdm vor dem Rapport beginnen, den Rapport von 2 M fortlaufend wdh und mit der Rdm nach dem Rapport enden. Die 1.-13. R 1x arb, dann die 2.-13. R stets wdh.

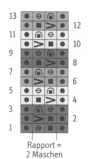

Rapport =
2 Maschen

373 PATENT-LEITERMUSTER

[12 + 1 M + 2 Rdm]

Verwendete Zeichen

● = 1 Randmasche

■ = 1 Masche rechts

⌂ = 1 Masche mit dem folgenden Umschlag rechts zusammenstricken.

⊖ = 1 Masche mit 1 Umschlag wie zum Linksstricken abheben.

Es sind Hin- und Rückr gezeichnet. Mit den M vor dem Rapport beginnen, den Rapport von 12 M fortlaufend wdh und mit den M nach dem Rapport enden. Die 1.-25. R 1x arb, dann die 2.-25. R stets wdh.

Rapport = 12 Maschen

374 PATENT-FLECHTMUSTER

[10 + 2 Rdm]

Verwendete Zeichen

● = 1 Randmasche

■ = 1 Masche rechts

– = 1 Masche links

⌂ = 1 Masche mit dem folgenden Umschlag rechts zusammenstricken.

⊖ = 1 Masche mit 1 Umschlag wie zum Linksstricken abheben.

Es sind Hin- und Rückr gezeichnet. Mit der Rdm vor dem Rapport beginnen, den Rapport von 10 M fortlaufend wdh und mit der Rdm nach dem Rapport enden. Die 1.-22. R 1x arb, dann die 3.-22. R stets wdh.

Rapport = 10 Maschen

375 ZWEIFARBIGES PATENT-KAROMUSTER ○ [24 + 2 Rdm]

Die M mit einer Rundstricknd in Farbe B anschl und mit der 1. R (= Hinr) in Farbe B beginnen. Es sind Hin- und Rückr gezeichnet. Mit der Rdm vor dem Rapport beginnen, den Rapport von 24 M fortlaufend wdh und mit der Rdm nach dem Rapport enden. Nach der 1. R (= 1. Hinr) in Farbe B die M an das rechte Nd-Ende zurückschieben und die 2. R (= 2. Hinr) in Farbe A str. Nach der 3. R (= 1. Rückr) in Farbe B die M wieder an das rechte Nd-Ende zurückschieben und die 4. R (= 2. Rückr) in Farbe A str. In gleicher Weise fortfahren und immer im Wechsel 2 Hinr und 2 Rückr str. Die 1.-57. R 1x arb, dann die 2.-57. R stets wdh.

Verwendete Zeichen

⊙ = 1 Randmasche in Farbe A

⊕ = 1 Randmasche in Farbe B

▣ = 1 Masche rechts in Farbe A

▦ = 1 Masche rechts in Farbe B

⊖ = 1 Masche in Farbe A mit 1 Umschlag wie zum Linksstricken abheben.

⊕ = 1 Masche in Farbe B mit 1 Umschlag wie zum Linksstricken abheben.

⌂ = 1 Masche in Farbe A mit dem folgenden Umschlag rechts zusammenstricken.

⌂ = 1 Masche in Farbe B mit dem folgenden Umschlag rechts zusammenstricken.

⌂ = 1 Masche in Farbe A mit dem folgenden Umschlag links zusammenstricken.

⌂ = 1 Masche in Farbe B mit dem folgenden Umschlag links zusammenstricken.

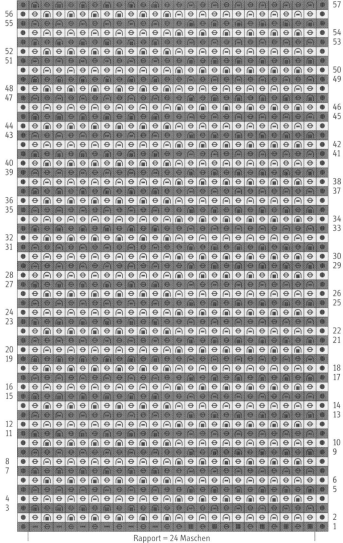

Rapport = 24 Maschen

376 SCHACHBRETTMUSTER

[12 + 2 Rdm]

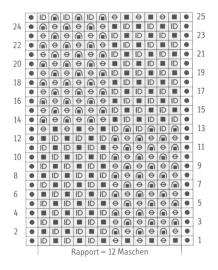

Verwendete Zeichen

● = 1 Randmasche

■ = 1 Masche rechts

ID = 1 Masche wie zum Linksstricken abheben mit dem Faden vor der Masche.

⌂ = 1 Masche mit dem folgenden Umschlag rechts zusammenstricken.

⊖ = 1 Masche mit 1 Umschlag wie zum Linksstricken abheben.

Es sind Hin- und Rückr gezeichnet. Mit der Rdm vor dem Rapport beginnen, den Rapport von 12 M fortlaufend wdh und mit der Rdm nach dem Rapport enden. Die 1.-25. R 1x arb, dann die 2.-25. R stets wdh.

Rapport = 12 Maschen

377 PATENT-PERLENSTRANGMUSTER

[16 + 1 M + 2 Rdm]

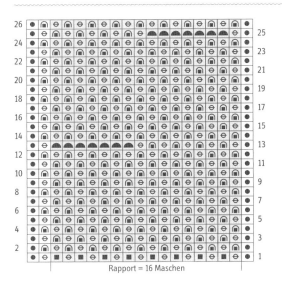

Es sind Hin- und Rückr gezeichnet. Mit den M vor dem Rapport beginnen, den Rapport von 16 M fortlaufend wdh und mit den M nach dem Rapport enden. Die 1.-26. R 1x arb, dann die 3.-26. R stets wdh.

Rapport = 16 Maschen

Verwendete Zeichen

● = 1 Randmasche

■ = 1 Masche rechts

⊖ = 1 Masche mit 1 Umschlag wie zum Linksstricken abheben.

⌂ = 1 Masche mit dem folgenden Umschlag rechts zusammenstricken.

⌂⌂⌂⌂⌂⌂⌂ = 1 Masche mit dem folgenden Umschlag auf einer Hilfsnadel vor die Arbeit legen, 5 Maschen mit den passenden Umschläge (2M, 1 Umschlag, 2 M, 1 Umschlag, 1 M) auf einer 2. Hilfsnadel hinter die Arbeit legen, 1 Masche mit dem folgenden Umschlag rechts zusammenstricken, dann die 5 Maschen der 2. Hilfsnadel im Patentmuster stricken (1 Masche mit 1 Umschlag wie zum Linksstricken abheben, 1 Masche mit dem folgenden Umschlag rechts zusammenstricken im Wechsel) und danach die Masche der 1. Hilfsnadel mit dem folgenden Umschlag rechts zusammenstricken.

378 VERSETZTES PATENT

[2 + 1 M + 2 Rdm]

Es sind Hin- und Rückr gezeichnet. Mit den M vor dem Rapport beginnen, den Rapport von 2 M fortlaufend wdh und mit den M nach dem Rapport enden. Die 1.-18. R 1x arb, dann die 3.-18. R stets wdh.

Verwendete Zeichen

● = 1 Randmasche

■ = 1 Masche rechts

− = 1 Masche links

⋒ = 1 Masche mit dem folgenden Umschlag rechts zusammenstricken.

⊖ = 1 Masche mit 1 Umschlag wie zum Linksstricken abheben.

Rapport = 2 Maschen

379 QUERGESTREIFTES PATENT

[2 + 1 M + 2 Rdm]

Es sind Hin- und Rückr gezeichnet. Mit den M vor dem Rapport beginnen, den Rapport von 2 M fortlaufend wdh und mit den M nach dem Rapport enden. Die 1.-12. R stets wdh.

Verwendete Zeichen

● = 1 Randmasche

■ = 1 Masche rechts

⋒ = 1 Masche mit dem folgenden Umschlag rechts zusammenstricken.

⊖ = 1 Masche mit 1 Umschlag wie zum Linksstricken abheben.

Rapport = 2 Maschen

380 PATENT-ZOPFRIPPEN

[6 + 3 M + 2 Rdm]

Es sind Hin- und Rückr gezeichnet. Mit den M vor dem Rapport beginnen, den Rapport von 6 M fortlaufend wdh und mit den M nach dem Rapport enden. Die 1.-11. R 1x arb, dann die 2.-11. R stets wdh.

Verwendete Zeichen

● = 1 Randmasche

■ = 1 Masche rechts

⋒ = 1 Masche mit dem folgenden Umschlag rechts zusammenstricken.

⊖ = 1 Masche mit 1 Umschlag wie zum Linksstricken abheben.

⋒⋒⋒ = 1 Masche mit dem folgenden Umschlag auf einer Hilfsnadel vor die Arbeit legen, 1 Masche auf einer 2. Hilfsnadel hinter die Arbeit legen, 1 Masche mit dem folgenden Umschlag rechts zusammenstricken, dann die Masche der 2. Hilfsnadel mit 1 Umschlag wie zum Linksstricken abheben und danach die Masche der 1. Hilfsnadel mit dem folgenden Umschlag rechts zusammenstricken.

Rapport = 6 Maschen

381 ZOPF-PATENTMUSTER

[18 + 2 M + 2 Rdm]

Es sind Hin- und Rückr gezeichnet. Mit den M vor dem Rapport beginnen, den Rapport von 18 M fortlaufend wdh und mit den M nach dem Rapport enden. Die 1.-38. R 1x arb, dann die 3.-38. R stets wdh.

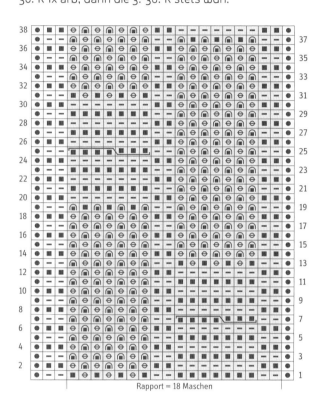

Rapport = 18 Maschen

Verwendete Zeichen

● = 1 Randmasche

■ = 1 Masche rechts

─ = 1 Masche links

⋒ = 1 Masche mit dem folgenden Umschlag rechts zusammenstricken.

⊖ = 1 Masche mit 1 Umschlag wie zum Linksstricken abheben.

▛■■■⟍■■■▟ = 3 Maschen auf einer Hilfsnadel vor die Arbeit legen, 4 Maschen rechts stricken, dann die 3 Maschen der Hilfsnadel rechts stricken.

Tiefer gestochene Maschen

382 BRIOCHEMUSTER

[2 + 1 M + 2 Rdm]

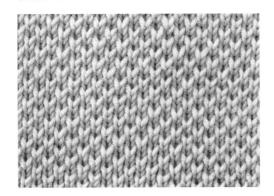

Es sind Hin- und Rückr gezeichnet. Mit den M vor dem Rapport beginnen, den Rapport von 2 M fortlaufend wdh und mit den M nach dem Rapport enden. Die 1.-4. R stets wdh.

Rapport =
2 Maschen

Verwendete Zeichen

● = 1 Randmasche

■ = 1 Masche rechts

− = 1 Masche links

⊙ = In die Masche 1 Reihe tiefer wie zum Rechtsstricken einstechen und die Masche rechts stricken, die Masche darüber dabei auflösen.

383 STREUMUSTER

[8 + 2 Rdm]

Es sind Hin- und Rückr gezeichnet. Mit den M vor dem Rapport beginnen, den Rapport von 8 M fortlaufend wdh und mit den M nach dem Rapport enden. Die 1.-10. R stets wdh.

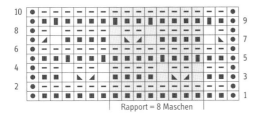

Rapport = 8 Maschen

Verwendete Zeichen

● = 1 Randmasche

■ = 1 Masche rechts

− = 1 Masche links

◢ = 2 Maschen rechts zusammenstricken.

◣ = 2 Maschen rechts überzogen zusammenstricken: 1 Masche wie zum Rechtsstricken abheben, die nächste Masche rechts stricken und die abgehobene Masche überziehen.

▮ = Mit der rechten Nadel in der darunterliegenden 3. bzw. 7. Reihe zwischen die beiden benachbarten Abnahmen wie zum Rechtsstricken einstechen, den Faden um die Nadel legen und eine lange Schlinge herausziehen. Alternativ kann hierzu auch eine Häkelnadel verwendet werden.

☐ = Keine Bedeutung, dient der besseren Übersicht.

384 DIAGONALES SCHLINGENMUSTER

[6 + 1 M + 2 Rdm]

Es sind Hin- und Rückr gezeichnet. Mit den M vor dem Rapport beginnen, den Rapport von 6 M fortlaufend wdh und mit den M nach dem Rapport enden. Die 1.-8. R stets wdh.

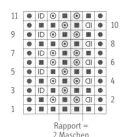

Rapport = 6 Maschen

Verwendete Zeichen

- ● = 1 Randmasche
- ■ = 1 Masche rechts
- − = 1 Masche links
- ~ = Mit der rechten Nadel zwischen die folgende 3. und 4. Masche 2 Reihen tiefer wie zum Rechtsstricken einstechen, den Faden um die Nadel legen und eine lange Schlinge aus der Masche herausziehen.
- ◿ = Die Schlinge aus der vorhergehenden Reihe und die folgende Masche links zusammenstricken.
- ☐ = Keine Bedeutung, dient der besseren Übersicht.

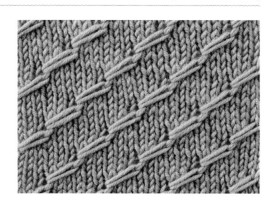

385 VERSETZTES PATENT

[2 + 1 M + 2 Rdm]

Es sind Hin- und Rückr gezeichnet. Mit den M vor dem Rapport beginnen, den Rapport von 2 M fortlaufend wdh und mit den M nach dem Rapport enden. Die 1.-11. R 1x arb, dann die 2.-11. R stets wdh.

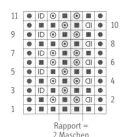

Rapport = 2 Maschen

Verwendete Zeichen

- ● = 1 Randmasche
- ■ = 1 Masche rechts
- ⊙ = In die Masche 1 Reihe tiefer wie zum Rechtsstricken einstechen und die Masche rechts stricken, die Masche darüber dabei auflösen.
- ID = 1 Masche wie zum Linksstricken abheben mit dem Faden vor der Masche.
- ⊂I = 1 Masche wie zum Linksstricken abheben mit dem Faden hinter der Masche.

386 KLEINES FANGMUSTER

[4 + 3 M + 2 Rdm]

Es sind Hin- und Rückr gezeichnet. Mit den M vor dem Rapport beginnen, den Rapport von 4 M fortlaufend wdh und mit den M nach dem Rapport enden. Die 1.-13. R 1x arb, dann die 2.-13. R stets wdh.

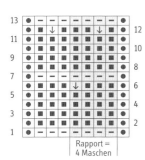

Rapport = 4 Maschen

Verwendete Zeichen

- ● = 1 Randmasche
- ■ = 1 Masche rechts
- − = 1 Masche links
- ↓ = In die Masche 4 Reihen tiefer wie zum Rechtsstricken einstechen und die Maschen darüber auflösen. Alternativ die Masche zuvor 4 Reihen tief fallen lassen und dann mit der rechten Nadel aufnehmen. Anschließend mit der rechten Nadel unter den 4 entstandenen Querfäden hindurch stechen, den Faden um die Nadel legen und 1 Masche rechts stricken, die 4 Querfäden dabei umfassen.

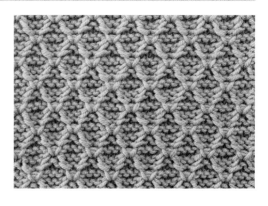

387 BOGENMUSTER

[12 + 3 M + 2 Rdm]

Es sind nur die Hinr gezeichnet. Zuerst die M vor dem Rapport str, den Rapport von 12 M fortlaufend wdh und mit den M nach dem Rapport enden. In den Rückr alle M rechts str. Mit der 1. R (= Rückr) beginnen, die 1.-22. R stets wdh und mit einer Hinr enden.

Rapport = 12 Maschen

Verwendete Zeichen

● = 1 Randmasche

– = 1 Masche links

◿ = 2 Maschen links zusammenstricken.

+ = 1 Masche rechts verschränkt aus dem Querfaden zunehmen.

⊙ = In die Masche 1 Reihe tiefer wie zum Rechtsstricken einstechen und die Masche rechts stricken, die Masche darüber dabei auflösen.

388 TWEEDMUSTER

[2 + 1 M + 2 Rdm]

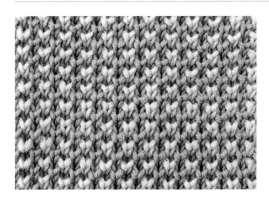

Es sind Hin- und Rückr gezeichnet. Mit den M vor dem Rapport beginnen, den Rapport von 2 M fortlaufend wdh und mit den M nach dem Rapport enden. Die 1.-6. R 1x arb, dann die 3.-6. R stets wdh.

Rapport = 2 Maschen

Verwendete Zeichen

● = 1 Randmasche in Farbe A

● = 1 Randmasche in Farbe B

■ = 1 Masche rechts in Farbe A

■ = 1 Masche rechts in Farbe B

⊙ = In die Masche 1 Reihe tiefer wie zum Rechtsstricken einstechen und die Masche in Farbe A rechts stricken, die Masche darüber dabei auflösen.

⊙ = In die Masche 1 Reihe tiefer wie zum Rechtsstricken einstechen und die Masche in Farbe B rechts stricken, die Masche darüber dabei auflösen.

389 RHOMBEN-FANGMUSTER

[6 + 5 M + 2 Rdm]

Es sind Hin- und Rückr gezeichnet. Mit den M vor dem Rapport beginnen, den Rapport von 6 M fortlaufend wdh und mit den M nach dem Rapport enden. Die 1.-12. R stets wdh.

Rapport = 6 Maschen

Verwendete Zeichen

● = 1 Randmasche

■ = 1 Masche rechts

– = 1 Masche links

↓ = In die Masche 4 Reihen tiefer wie zum Rechtsstricken einstechen und die Maschen darüber auflösen. Alternativ die Masche zuvor 4 Reihen tief fallen lassen und dann mit der rechten Nadel aufnehmen. Anschließend mit der rechten Nadel unter den 4 entstandenen Querfäden hindurch stechen, den Faden um die Nadel legen und 1 Masche rechts stricken, die 4 Querfäden dabei umfassen.

390 BÜSCHELMUSTER

[8 + 3 M + 2 Rdm]

Es sind Hin- und Rückr gezeichnet. Mit den M vor dem Rapport beginnen, den Rapport von 8 M fortlaufend wdh und mit den M nach dem Rapport enden. Die 1.-8. R stets wdh.

Verwendete Zeichen

● = 1 Randmasche   — = 1 Masche links

■ = 1 Masche rechts

ID = 1 Masche wie zum Linksstricken abheben mit dem Faden vor der Masche.

∼ = 1 Masche links stricken und dann mit der rechten Nadel in die darunterliegende, rechte Masche der 3. Reihe wie zum Rechtsstricken einstechen, den Faden um die Nadel legen und eine lange Schlinge aus der Masche herausziehen.

◢ = Die Schlinge aus der vorhergehenden Reihe und die folgende Masche rechts zusammenstricken.

391 ZWEIFARBIGES BÜSCHELMUSTER

[6 + 5 M + 2 Rdm]

Verwendete Zeichen

● = 1 Randmasche in Farbe A

● = 1 Randmasche in Farbe B

■ = 1 Masche rechts in Farbe A

■ = 1 Masche rechts in Farbe B

— = 1 Masche links in Farbe A

— = 1 Masche links in Farbe B

◢ = Die Schlinge aus der vorhergehenden Reihe und die folgende Masche links zusammenstricken in Farbe A.

∼ = Mit der rechten Nadel in die darunterliegende, mit einem ✳ gekennzeichnete Masche wie zum Rechtsstricken einstechen, den Faden in Farbe A um die Nadel legen und eine lange Schlinge aus der Masche herausziehen.

✳ = Die Masche in jeder 4. und 8. Reihe in Farbe A links stricken.

✳ = Die Masche in der 1. Reihe in Farbe B rechts stricken.

☐ = Keine Bedeutung, dient der besseren Übersicht.

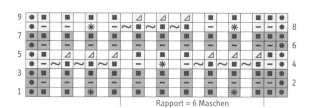

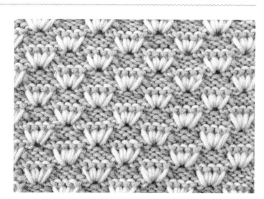

Es sind Hin- und Rückr gezeichnet. Mit den M vor dem Rapport beginnen, den Rapport von 6 M fortlaufend wdh und mit den M nach dem Rapport enden. Die 1.-9. R 1x arb, dann die 2.-9. R stets wdh. Das Muster kann alternativ auch einfarbig gearbeitet werden.

206

392 BALLONMUSTER [4 + 3 M + 2 Rdm]

Verwendete Zeichen

● = 1 Randmasche

■ = 1 Masche rechts

– = 1 Masche links

↓ = In die Masche 4 Reihen tiefer wie zum Rechtsstricken einstechen und die Maschen darüber auflösen. Alternativ die Masche zuvor 4 Reihen tief fallen lassen und dann mit der rechten Nadel aufnehmen. Anschließend mit der rechten Nadel unter den 4 entstandenen Querfäden hindurch stechen, den Faden um die Nadel legen und 1 Masche rechts stricken, die 4 Querfäden dabei umfassen.

Rapport = 4 Maschen

Es sind Hin- und Rückr gezeichnet. Mit den M vor dem Rapport beginnen, den Rapport von 4 M fortlaufend wdh und mit den M nach dem Rapport enden. Die 1.-13. R 1x arb, dann die 2.-13. R stets wdh.

393 DREIFARBIGES BALLONMUSTER [4 + 3 M + 2 Rdm]

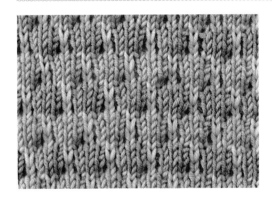

Verwendete Zeichen

● = 1 Randmasche in Farbe A

● = 1 Randmasche in Farbe B

● = 1 Randmasche in Farbe C

■ = 1 Masche rechts in Farbe A

■ = 1 Masche rechts in Farbe B

■ = 1 Masche rechts in Farbe C

– = 1 Masche links in Farbe A

– = 1 Masche links in Farbe B

– = 1 Masche links in Farbe C

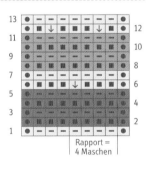

Rapport = 4 Maschen

↓ = In die Masche 4 Reihen tiefer wie zum Rechtsstricken einstechen und die Maschen darüber auflösen. Alternativ die Masche zuvor 4 Reihen tief fallen lassen und dann mit der rechten Nadel aufnehmen. Anschließend mit der rechten Nadel unter den 4 entstandenen Querfäden hindurch stechen, den Faden um die Nadel legen und 1 Masche rechts stricken, die 4 Querfäden dabei umfassen.

Es sind Hin- und Rückr gezeichnet. Mit den M vor dem Rapport beginnen, den Rapport von 4 M fortlaufend wdh und mit den M nach dem Rapport enden. Die 1.-13. R 1x arb, dann die 2.-13. R stets wdh.

394 DREIFARBIGES PRALINENMUSTER [4 + 3 M + 2 Rdm]

Verwendete Zeichen

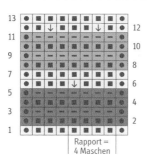

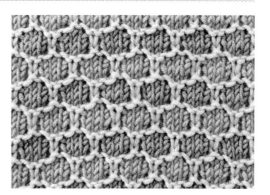

● = 1 Randmasche in Farbe A

● = 1 Randmasche in Farbe B

● = 1 Randmasche in Farbe C

■ = 1 Masche rechts in Farbe A

▦ = 1 Masche rechts in Farbe B

▩ = 1 Masche rechts in Farbe C

− = 1 Masche links in Farbe B

▬ = 1 Masche links in Farbe C

↓ = In die Masche 4 Reihen tiefer wie zum Rechtsstricken einstechen und die Maschen darüber auflösen. Alternativ die Masche zuvor 4 Reihen tief fallen lassen und dann mit der rechten Nadel aufnehmen. Anschließend mit der rechten Nadel unter den 4 entstandenen Querfäden hindurch stechen, den Faden um die Nadel legen und 1 Masche rechts stricken, die 4 Querfäden dabei umfassen.

Es sind Hin- und Rückr gezeichnet. Mit den M vor dem Rapport beginnen, den Rapport von 4 M fortlaufend wdh und mit den M nach dem Rapport enden. Die 1.-13. R 1x arb, dann die 2.-13. R stets wdh.

395 VIERFARBIGES WOLKENMUSTER [6 + 1 M + 2 Rdm]

Verwendete Zeichen

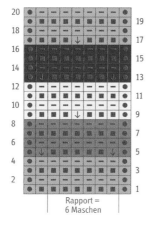

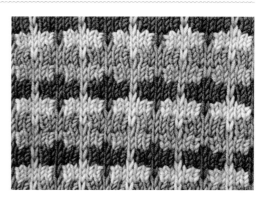

● = 1 Randmasche in Farbe A

● = 1 Randmasche in Farbe B

● = 1 Randmasche in Farbe C

◐ = 1 Randmasche in Farbe D

■ = 1 Masche rechts in Farbe A

▦ = 1 Masche rechts in Farbe B

▩ = 1 Masche rechts in Farbe C

▨ = 1 Masche rechts in Farbe D

− = 1 Masche links in Farbe A

▬ = 1 Masche links in Farbe B

▭ = 1 Masche links in Farbe C

▬ = 1 Masche links in Farbe D

↓ ↓ ↓ ↓ = In die Masche 4 Reihen tiefer wie zum Rechtsstricken einstechen und die Maschen darüber auflösen. Alternativ die Masche zuvor 4 Reihen tief fallen lassen und dann mit der rechten Nadel aufnehmen. Anschließend mit der rechten Nadel unter den 4 entstandenen Querfäden hindurch stechen, den Faden um die Nadel legen und 1 Masche rechts stricken, die 4 Querfäden dabei umfassen.

Es sind Hin- und Rückr gezeichnet. Mit den M vor dem Rapport beginnen, den Rapport von 6 M fortlaufend wdh und mit den M nach dem Rapport enden. Die 1.-20. R 1x arb, dann die 5.-20. R stets wdh.

396 BLÜTENBÜSCHELMUSTER

[10 + 1 M + 2 Rdm]

Es sind Hin- und Rückr gezeichnet. Mit den M vor dem Rapport beginnen, den Rapport von 10 M fortlaufend wdh und mit den M nach dem Rapport enden. Die 1.-20. R stets wdh.

Verwendete Zeichen

⬤ = 1 Randmasche

◼ = 1 Masche rechts

− = 1 Masche links

⮞ = Die 6 Schlingen aus der vorhergehenden Reihe und die dazwischen liegende Masche links zusammenstricken.

⮟ = Mit der rechten Nadel in jedes der drei darunter liegenden, durch die Umschläge in den Vorreihen gebildeten Löcher wie zum Rechtsstricken einstechen, den Faden um die Nadel legen und je eine lange Schlinge aus dem Loch herausziehen (= 3 Schlingen). Alternativ kann

hierzu auch eine Häkelnadel verwendet werden.

⬛ = Die Masche mit den 3 Schlingen aus der vorhergehenden Reihe links zusammenstricken.

☐ = Keine Bedeutung, dient der besseren Übersicht.

Rapport = 10 Maschen

397 ZWEIFARBIGES BLÜTENBÜSCHELMUSTER

[10 + 1 M + 2 Rdm]

Es sind Hin- und Rückr gezeichnet. Mit den M vor dem Rapport beginnen, den Rapport von 10 M fortlaufend wdh und mit den M nach dem Rapport enden. Die 1.-10. R stets wdh.

Verwendete Zeichen

⬤ = 1 Randmasche in Farbe A

⬤ = 1 Randmasche in Farbe B

◼ = 1 Masche rechts in Farbe A

◼ = 1 Masche rechts in Farbe B

− = 1 Masche links in Farbe A

− = 1 Masche links in Farbe B

○ = 1 Umschlag in Farbe B

◢ = 2 Maschen rechts zusammenstricken in Farbe B

◣ = 2 Maschen rechts überzogen zusammenstricken in Farbe B: 1 Masche wie zum Rechtsstricken abheben, die nächste Masche rechts stricken und die abgehobene Masche überziehen.

⮞ = Die 6 Schlingen aus der vorhergehenden Reihe und die dazwischen liegende Masche links zusammenstricken in Farbe A.

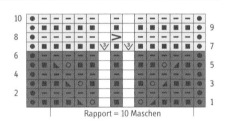

Rapport = 10 Maschen

⮟ = Mit der rechten Nadel in jedes der drei darunter liegenden, durch die Umschläge in den Vorreihen gebildeten Löcher wie zum Rechtsstricken einstechen, den Faden in Farbe A um die Nadel legen und je eine lange Schlinge aus dem Loch herausziehen (= 3 Schlingen). Alternativ kann hierzu auch eine Häkelnadel verwendet werden.

☐ = Keine Bedeutung, dient der besseren Übersicht.

398 SCHRÄGSTREIFENMUSTER [32 + 1 M + 2 Rdm]

Es sind nur die Hinr ge-
zeichnet. Zuerst die Rdm
vor dem Rapport str, den
Rapport von 32 M fortlau-
fend wdh und mit den M
nach dem Rapport enden.
In den Rückr alle M rechts
str. Mit der 1. R (= Rückr)
beginnen, die 1.-4. R stets
wdh und mit einer Hinr
enden.

Verwendete Zeichen

⊙ = 1 Randmasche

— = 1 Masche links

+ = 1 Masche rechts ver-
schränkt aus dem Querfaden
zunehmen.

◿ = 2 Maschen links zusammenstricken.

⊙ = In die Masche 1 Reihe
tiefer wie zum Rechtsstricken
einstechen und die Masche
rechts stricken, die Masche
darüber dabei auflösen.

Rapport = 32 Maschen

399 VERSETZTES FALTENMUSTER [16 + 2 M + 2 Rdm]

Verwendete Zeichen

⊙ = 1 Randmasche   — = 1 Masche links

⬍ = Mit der rechten Nadel den Querfaden der 10 Reihen tiefer
liegenden Masche aufnehmen und auf die linke Nadel heben. Den
aufgenommen Faden dann mit der folgenden Masche der linken
Nadel links zusammenstricken.

Rapport = 16 Maschen

Es sind nur die Rückr gezeichnet, in den Hinr
alle M rechts str. Mit der Rdm vor dem Rapport
beginnen, den Rapport von 16 M fortlaufend
wdh und mit den M nach dem Rapport enden.
Die 1.-24. R 1x arb, dann die 5.-24. R stets wdh.

400 SMOK-FALTENMUSTER

[14 + 2 Rdm]

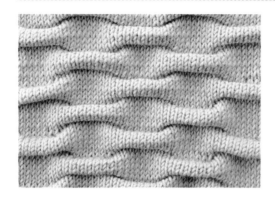

Es sind nur die Hinr gezeichnet, in den Rückr alle M links str. Mit der Rdm vor dem Rapport beginnen, den Rapport von 14 M fortlaufend wdh und mit der Rdm nach dem Rapport enden. Die 1.-26. R stets wdh.

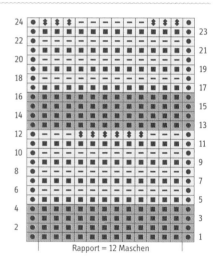

Rapport = 14 Maschen

Verwendete Zeichen

● = 1 Randmasche

■ = 1 Masche rechts

⊗ = Mit der rechten Nadel auf der Rückseite den Querfaden der 12 Reihen tiefer liegenden, linken Masche aufnehmen und auf die linke Nadel heben. Den aufgenommen Faden dann mit der folgenden Masche der linken Nadel rechts zusammenstricken.

401 ZWEIFARBIGES FALTENMUSTER

[12 + 2 Rdm]

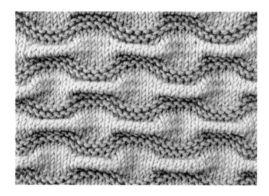

Es sind Hin- und Rückr gezeichnet. Mit der Rdm vor dem Rapport beginnen, den Rapport von 12 M fortlaufend wdh und mit der Rdm nach dem Rapport enden. Die 1.-24. R stets wdh.

Verwendete Zeichen

● = 1 Randmasche in Farbe A

● = 1 Randmasche in Farbe B

■ = 1 Masche rechts in Farbe A

■ = 1 Masche rechts in Farbe B

— = 1 Masche links in Farbe A

— = 1 Masche links in Farbe B

↕ = Mit der rechten Nadel den Querfaden der 7 Reihen tiefer liegenden Masche aufnehmen und auf die linke Nadel heben. Den aufgenommen Faden dann mit der folgenden Masche der linken Nadel links in Farbe A zusammenstricken.

Rapport = 12 Maschen

402 DREIFARBIGES FALTENMUSTER

[12 + 2 Rdm]

Es sind Hin- und Rückr gezeichnet. Mit der Rdm vor dem Rapport beginnen, den Rapport von 12 M fortlaufend wdh und mit der Rdm nach dem Rapport enden. Die 1.-48. R stets wdh.

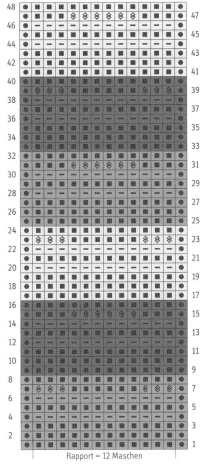

Rapport = 12 Maschen

Verwendete Zeichen

- ⬤ = 1 Randmasche in Farbe A
- ⬤ = 1 Randmasche in Farbe B
- ⬤ = 1 Randmasche in Farbe C
- ▪ = 1 Masche rechts in Farbe A
- ▪ = 1 Masche rechts in Farbe B
- ▪ = 1 Masche rechts in Farbe C
- – = 1 Masche links in Farbe A
- – = 1 Masche links in Farbe B
- – = 1 Masche links in Farbe C
- ◈ = Mit der rechten Nadel den Querfaden der 6 Reihen tiefer liegenden Masche aufnehmen und auf die linke Nadel heben. Den aufgenommen Faden dann mit der folgenden Masche der linken Nadel links in Farbe A zusammenstricken.
- ◈ = Mit der rechten Nadel den Querfaden der 6 Reihen tiefer liegenden Masche aufnehmen und auf die linke Nadel heben. Den aufgenommen Faden dann mit der folgenden Masche der linken Nadel links in Farbe B zusammenstricken.
- ◈ = Mit der rechten Nadel den Querfaden der 6 Reihen tiefer liegenden Masche aufnehmen und auf die linke Nadel heben. Den aufgenommen Faden dann mit der folgenden Masche der linken Nadel links in Farbe C zusammenstricken.

MUSTER-BORDÜREN

214

Bordüren als Anfang

403 GEZACKTE LOCHMUSTER-KANTE

[20 + 1 M + 2 Rdm]

Die M mit dem Kordelanschlag anschl und 2 R rechte M str. Dann nach der Strickschrift weiterarb. Es sind nur die Hinr gezeichnet, in den Rückr alle M str wie sie erscheinen, U links str. Mit der Rdm vor dem Rapport beginnen, den Rapport von 20 M fortlaufend wdh und mit den M nach dem Rapport enden. Die 1.-30. R 1x arb. Kombination: Als Anfangskante arb und im Anschluss in einem anderen Strickmuster weiterarb. Dabei für den Übergang eventuell noch 2-4 R in glatt rechts str.

Verwendete Zeichen

● = 1 Randmasche

■ = 1 Masche rechts

– = 1 Masche links

O = 1 Umschlag

◢ = 2 Maschen rechts zusammenstricken.

◣ = 2 Maschen rechts überzogen zusammenstricken: 1 Masche wie zum Rechtsstricken abheben, die nächste Masche rechts stricken und die abgehobene Masche überziehen.

∩ = 3 Maschen mit aufliegender Mittelmasche zusammenstricken: 2 Maschen gleichzeitig wie zum Rechtsstricken abheben, 1 Masche rechts stricken und die abgehobenen Maschen überziehen.

Rapport = 20 Maschen

404 PFAUENMUSTER-BORDÜRE

[17 + 2 Rdm]

Die M mit dem Kordelanschlag anschl. Es sind Hin- und Rückr gezeichnet. Mit der Rdm vor dem Rapport beginnen, den Rapport von 17 M fortlaufend wdh und mit der Rdm nach dem Rapport enden. Die 1.-6. R 1x str, dann die 3.-6. R noch 2x wdh und danach die 15.-24. R arb. Kombination: Als Anfangskante arb und im Anschluss in einem anderen Strickmuster weiterarb. Dabei für den Übergang eventuell noch 2-4 R in glatt rechts str.

Verwendete Zeichen

● = 1 Randmasche

■ = 1 Masche rechts

– = 1 Masche links

O = 1 Umschlag

◢ = 2 Maschen rechts zusammenstricken.

◣ = 2 Maschen rechts überzogen zusammenstricken: 1 Masche wie zum Rechtsstricken abheben, die nächste Masche rechts stricken und die abgehobene Masche überziehen.

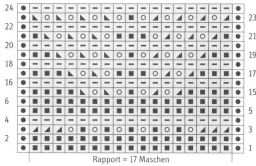

Rapport = 17 Maschen

TROPFEN-BÖGEN

[10 + 1 M + 2 Rdm]

Die M mit dem Kordelanschlag anschl. Es sind nur die Hinr gezeichnet, in den Rückr alle M und U links str. Mit den M vor dem Rapport beginnen, den Rapport von 10 M fortlaufend wdh und mit den M nach dem Rapport enden. Die 1.-20. R 1x arb.
Kombination: Als Anfangskante arb und im Anschluss in einem anderen Strickmuster weiterarb. Dabei für den Übergang eventuell noch 2-4 R in glatt rechts str.

Verwendete Zeichen

● = 1 Randmasche

■ = 1 Masche rechts

O = 1 Umschlag

◢ = 2 Maschen rechts zusammenstricken.

◥ = 2 Maschen rechts überzogen zusammenstricken: 1 Masche wie zum Rechtsstricken abheben, die nächste Masche rechts stricken und die abgehobene Masche überziehen.

△ = 3 Maschen rechts überzogen zusammenstricken: 1 Masche wie zum Rechtsstricken abheben, 2 Maschen rechts zusammenstricken und die abgehobene Masche überziehen.

Rapport = 10 Maschen

RAUTEN-LOCHMUSTERBORDÜRE

[12 + 7 M + 2 Rdm]

Die M mit dem Kordelanschlag anschl und 2 R rechte M str. Dann nach der Strickschrift weiterarb. Es sind nur die Hinr gezeichnet, in den Rückr alle M und U links str. Mit den M vor dem Rapport beginnen, den Rapport von 12 M fortlaufend wdh und mit den M nach dem Rapport enden. Die 1.-18. R 1x arb.
Kombination: Als Anfangskante arb und im Anschluss in einem anderen Strickmuster weiterarb. Dabei für den Übergang eventuell noch 2-4 R in glatt rechts str.

Rapport = 12 Maschen

Verwendete Zeichen

● = 1 Randmasche

■ = 1 Masche rechts

O = 1 Umschlag

◢ = 2 Maschen rechts zusammenstricken.

◥ = 2 Maschen rechts überzogen zusammenstricken: 1 Masche wie zum Rechtsstricken abheben, die nächste Masche rechts stricken und die abgehobene Masche überziehen.

∩ = 3 Maschen mit aufliegender Mittelmasche zusammenstricken: 2 Maschen gleichzeitig wie zum Rechtsstricken abheben, 1 Masche rechts stricken und die abgehobenen Maschen überziehen.

RANKEN-BORTE

[10 + 1 M + 2 Rdm]

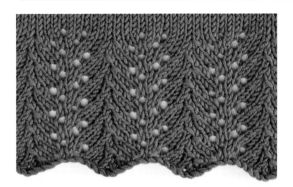

Die M mit dem Kordelanschlag anschl. Es sind nur die Hinr gezeichnet, in den Rückr alle M und U links
str. Mit der Rdm vor dem Rapport
beginnen, den Rapport von 10 M
fortlaufend wdh und mit den M
nach dem Rapport enden. Die 1.-4. R
bis zur gewünschten Länge mehrfach wdh (im Bild 6x).
Kombination: Als Anfangskante arb
und im Anschluss in einem anderen
Strickmuster weiterarb. Dabei für
den Übergang eventuell noch 2-4 R
in glatt rechts str.

Verwendete Zeichen

⬤ = 1 Randmasche

■ = 1 Masche rechts

○ = 1 Umschlag

◢ = 2 Maschen rechts zusammenstricken.

◣ = 2 Maschen rechts überzogen zusammenstricken: 1 Masche wie zum
Rechtsstricken abheben, die nächste
Masche rechts stricken und die abgehobene Masche überziehen.

Rapport = 10 Maschen

GEZACKTE BLUMEN-BORDÜRE

[20 + 1 M + 2 Rdm]

Verwendete Zeichen

⬤ = 1 Randmasche

■ = 1 Masche rechts

○ = 1 Umschlag

◢ = 2 Maschen rechts zusammenstricken.

◣ = 2 Maschen rechts überzogen
zusammenstricken: 1 Masche wie
zum Rechtsstricken abheben, die
nächste Masche rechts stricken und
die abgehobene Masche überziehen.

▲ = 3 Maschen rechts überzogen
zusammenstricken: 1 Masche wie
zum Rechtsstricken abheben, 2 Maschen rechts zusammenstricken und
die abgehobene Masche überziehen.

∩ = 3 Maschen mit aufliegender
Mittelmasche zusammenstricken:
2 Maschen gleichzeitig wie zum
Rechtsstricken abheben, 1 Masche
rechts stricken und die abgehobenen
Maschen überziehen.

Die M mit dem Kordelanschlag anschl und 2 R rechte M str. Dann
nach der Strickschrift weiterarb. Es sind nur die Hinr gezeichnet, in
den Rückr alle M und U links str. Mit den M vor dem Rapport beginnen, den Rapport von 20 M fortlaufend wdh und mit den M nach
dem Rapport enden. Die 1.-28. R 1x arb.
Kombination: Als Anfangskante arb und im Anschluss in einem
anderen Strickmuster weiterarb.

Rapport = 20 Maschen

ZOPFBORTE ALS BÜNDCHEN [24 M]

Die Borte wird quer ohne Rdm gearb. Es sind nur die
Hinr gezeichnet, in den Rückr alle M links str. Die
1.-8. R bis zur gewünschten Länge stets wdh.
Kombination: Die M in einer Hinr abk und die letzte M
auf der rechten Nd belassen. Im Anschluss entlang
der Längsseite aus den äußeren M die für die weitere
Strickarbeit benötigte Anzahl an M aufnehmen und
weiterarb. Alternativ die Zopfborte separat arb und
später annähen.

Verwendete Zeichen

■ = 1 Masche rechts

= 3 Maschen auf einer Hilfsnadel vor die Arbeit
legen, 3 Maschen rechts stricken, dann die 3 Maschen der Hilfsnadel rechts stricken.

= 3 Maschen auf einer Hilfsnadel hinter die
Arbeit legen, 3 Maschen rechts stricken, dann die 3 Maschen der
Hilfsnadel rechts stricken.

BÄRENTATZEN-BORDÜRE [22 + 1 M + 2 Rdm]

Die M mit dem Kordelanschlag anschl und 2 R
rechte M str. Dann nach der Strickschrift weiterarb. Es sind nur die Hinr gezeichnet, in den Rückr
alle M str wie sie erscheinen, U links str. Mit der
Rdm vor dem Rapport beginnen, den Rapport von
22 M fortlaufend wdh und mit den M nach dem
Rapport enden. Die 1.-12. R bis zur gewünschten
Länge mehrfach wdh (im Bild 3x).
Kombination: Als Anfangskante arb und im Anschluss in einem anderen Strickmuster weiterarb.
Dabei für den Übergang eventuell noch 2-4 R in
glatt rechts str.

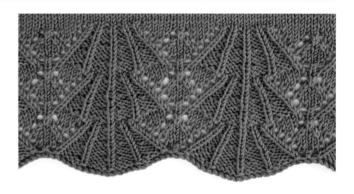

Rapport = 22 Maschen

Verwendete Zeichen

● = 1 Randmasche

■ = 1 Masche rechts

− = 1 Masche links

○ = 1 Umschlag

◢ = 2 Maschen rechts
zusammenstricken.

◣ = 2 Maschen links
zusammenstricken.

◣ = 2 Maschen rechts überzogen zusammenstricken: 1 Masche wie zum Rechtsstricken abheben, die nächste Masche
rechts stricken und die abgehobene Masche überziehen.

∩ = 3 Maschen mit aufliegender Mittelmasche zusammenstricken: 2 Maschen gleichzeitig wie zum Rechtsstricken abheben,
1 Masche rechts stricken und die abgehobenen Maschen überziehen.

Bordüren als seitlicher Abschluss

411 BLÄTTERRANKE

[17 M + 2 Rdm]

LINKE SEITE

Es sind nur die Hinr gezeichnet, in den Rückr alle M str wie sie erscheinen, U links str. In den Hinr die 1. Rdm wie zum Rechtsstr abh und die letzte Rdm rechts str. In den Rückr die 1. Rdm wie zum Linksstr abh und die letzte Rdm rechts str. Die 1.-12. R stets wdh.
Kombination: Die Ranke separat arb und später annähen oder die Rdm der rechten Seite weglassen und die Ranke seitlich mit einem anderen Muster kombinieren. Alternativ nach Erreichen der gewünschten Länge die M in einer Rückr abk und die letzte M auf der rechten Nd belassen. An der rechten Längsseite aus den Rdm die für die weitere Strickarbeit benötigte Anzahl an M aufnehmen und weiterarb.

Verwendete Zeichen

- ● = 1 Randmasche
- ■ = 1 Masche rechts
- − = 1 Masche links
- ○ = 1 Umschlag
- ◢ = 2 Maschen rechts zusammenstricken.
- ◣ = 2 Maschen rechts überzogen zusammenstricken: 1 Masche wie zum Rechtsstricken abheben, die nächste Masche rechts stricken und die abgehobene Masche überziehen.
- △ = 3 Maschen rechts überzogen zusammenstricken: 1 Masche wie zum Rechtsstricken abheben, 2 Maschen rechts zusammenstricken und die abgehobene Masche überziehen.

RECHTE SEITE

Es sind nur die Hinr gezeichnet, in den Rückr alle M str wie sie erscheinen, U links str. In den Hinr die 1. Rdm wie zum Linksstr abh und die letzte Rdm rechts str. In den Rückr die 1. Rdm wie zum Rechtsstr abh und die letzte Rdm rechts str. Die 1.-12. R stets wdh.
Kombination: Die Ranke separat arb und später annähen oder die Rdm der linken Seite weglassen und die Ranke seitlich mit einem anderen Muster kombinieren. Alternativ nach Erreichen der gewünschten Länge die M in einer Hinr abk und die letzte M auf der rechten Nd belassen. An der linken Längsseite aus den Rdm die für die weitere Strickarbeit benötigte Anzahl an M aufnehmen und weiterarb.

Verwendete Zeichen

- ● = 1 Randmasche
- ■ = 1 Masche rechts
- − = 1 Masche links
- ○ = 1 Umschlag
- ◢ = 2 Maschen rechts zusammenstricken.
- ◣ = 2 Maschen rechts überzogen zusammenstricken: 1 Masche wie zum Rechtsstricken abheben, die nächste Masche rechts stricken und die abgehobene Masche überziehen.
- △ = 3 Maschen rechts überzogen zusammenstricken: 1 Masche wie zum Rechtsstricken abheben, 2 Maschen rechts zusammenstricken und die abgehobene Masche überziehen.

122 BLATT-BORTE

[6 M + 1 Rdm (vor Beginn der 1. R)]

LINKE SEITE

Es sind Hin- und Rückr gezeichnet. In den Hinr die Rdm wie zum Rechtsstr abh und in den Rückr rechts str. Die 1.-18. R stets wdh.
Kombination: Die Borte separat arb und später annähen oder die Rdm weglassen und die Borte seitlich mit einem anderen Muster kombinieren. Alternativ nach Erreichen der gewünschten Länge die M in einer Rückr abk und die letzte M auf der rechten Nd belassen. An der rechten Längsseite aus den Rdm die für die weitere Strickarbeit benötigte Anzahl an M aufnehmen und weiterarb.

Verwendete Zeichen

⬤ = 1 Randmasche
◼ = 1 Masche rechts
– = 1 Masche links
○ = 1 Umschlag
◢ = 2 Maschen rechts zusammenstricken.
◣ = 2 Maschen rechts überzogen zusammenstricken: 1 Masche wie zum Rechtsstricken abheben, die nächste Masche rechts stricken und die abgehobene Masche überziehen.
▮ = 1 Masche rechts abketten.
⩔ = 2 Maschen aus 1 Masche stricken: 1 Masche erst rechts stricken und auf der linken Nadel belassen, dann noch einmal rechts verschränkt abstricken.
△ = 3 Maschen rechts überzogen zusammenstricken: 1 Masche wie zum Rechtsstricken abheben, 2 Maschen rechts zusammenstricken und die abgehobene Masche überziehen.

RECHTE SEITE

Es sind Hin- und Rückr gezeichnet. In den Hinr die Rdm rechts str und in den Rückr wie zum Rechtsstr abh. Die 1.-18. R stets wdh.
Kombination: Die Borte separat arb und später annähen oder die Rdm weglassen und die Borte seitlich mit einem anderen Muster kombinieren. Alternativ nach Erreichen der gewünschten Länge die M in einer Hinr abk und die letzte M auf der rechten Nd belassen. An der linken Längsseite aus den Rdm die für die weitere Strickarbeit benötigte Anzahl an M aufnehmen und weiterarb.

Verwendete Zeichen

⬤ = 1 Randmasche
◼ = 1 Masche rechts
– = 1 Masche links
○ = 1 Umschlag
◢ = 2 Maschen rechts zusammenstricken.
◣ = 2 Maschen rechts überzogen zusammenstricken: 1 Masche wie zum Rechtsstricken abheben, die nächste Masche rechts stricken und die abgehobene Masche überziehen.
◉ = 1 Masche links abketten.
◮ = 2 Maschen nacheinander wie zum Rechtsstricken abheben, 2 Maschen rechts stricken und die beiden abgehobenen Maschen überziehen.
② = 2 Maschen aus 1 Masche stricken: 1 Masche erst rechts verschränkt stricken und auf der linken Nadel belassen, dann noch einmal rechts abstricken.

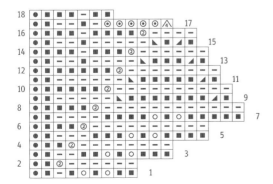

AJOURMUSTER-BORDÜRE

[12 M + 1 Rdm (vor Beginn der 1. R)]

LINKE SEITE

Es sind Hin- und Rückr gezeichnet. In den Hinr die Rdm wie zum Rechtsstr abh und in den Rückr rechts str. Die 1.-14. R stets wdh.

Kombination: Die Bordüre separat arb und später annähen oder die Rdm weglassen und die Bordüre seitlich mit einem anderen Muster kombinieren. Alternativ nach Erreichen der gewünschten Länge die M in einer Rückr abk und die letzte M auf der rechten Nd belassen. An der rechten Längsseite aus den Rdm die für die weitere Strickarbeit benötigte Anzahl an M aufnehmen und weiterarb.

Verwendete Zeichen

● = 1 Randmasche

■ = 1 Masche rechts

– = 1 Masche links

○ = 1 Umschlag

◢ = 2 Maschen rechts zusammenstricken.

◤ = 2 Maschen rechts überzogen zusammenstricken:
1 Masche wie zum Rechtsstricken abheben, die nächste Masche rechts stricken und die abgehobene Masche überziehen.

▲ = 3 Maschen rechts überzogen zusammenstricken:
1 Masche wie zum Rechtsstricken abheben, 2 Maschen rechts zusammenstricken und die abgehobene Masche überziehen.

RECHTE SEITE

Es sind Hin- und Rückr gezeichnet. In den Hinr die Rdm rechts str und in den Rückr wie zum Rechtsstr abh. Die 1.-14. R stets wdh.

Kombination: Die Bordüre separat arb und später annähen oder die Rdm weglassen und die Bordüre seitlich mit einem anderen Muster kombinieren. Alternativ nach Erreichen der gewünschten Länge die M in einer Hinr abk und die letzte M auf der rechten Nd belassen. An der linken Längsseite aus den Rdm die für die weitere Strickarbeit benötigte Anzahl an M aufnehmen und weiterarb.

Verwendete Zeichen

● = 1 Randmasche

■ = 1 Masche rechts

– = 1 Masche links

○ = 1 Umschlag

◢ = 2 Maschen rechts zusammenstricken.

◤ = 2 Maschen rechts überzogen zusammenstricken:
1 Masche wie zum Rechtsstricken abheben, die nächste Masche rechts stricken und die abgehobene Masche überziehen.

▲ = 3 Maschen rechts zusammenstricken.

PFEILBLATT-BORDÜRE

[8 M + 2 Rdm (vor Beginn der 1. R)]

LINKE SEITE

Es sind nur die Hinr gezeichnet, in den Rückr alle M str wie sie erscheinen, U links str. In den Hinr die 1. Rdm wie zum Rechtsstr abh und die letzte Rdm rechts str. In den Rückr die 1. Rdm wie zum Linksstr abh und die letzte Rdm rechts str. Die 1.-60. R stets wdh.

Kombination: Die Ranke separat arb und später annähen oder die Rdm der rechten Seite weglassen und die Bordüre seitlich mit einem anderen Muster kombinieren. Alternativ nach Erreichen der gewünschten Länge die M in einer Rückr abk und die letzte M auf der rechten Nd belassen. An der rechten Längsseite aus den Rdm die für die weitere Strickarbeit benötigte Anzahl an M aufnehmen und weiterarb.

Verwendete Zeichen

⬤ = 1 Randmasche

◼ = 1 Masche rechts

— = 1 Masche links

○ = 1 Umschlag

◢ = 2 Maschen rechts zusammenstricken.

◣ = 2 Maschen rechts überzogen zusammenstricken: 1 Masche wie zum Rechtsstricken abheben, die nächste Masche rechts stricken und die abgehobene Masche überziehen.

RECHTE SEITE

Es sind nur die Hinr gezeichnet, in den Rückr alle M str wie sie erscheinen, U links str. In den Hinr die 1. Rdm wie zum Linksstr abh und die letzte Rdm rechts str. In den Rückr die 1. Rdm wie zum Rechtsstr abh und die letzte Rdm rechts str. Die 1.-60. R stets wdh.

Kombination: Die Ranke separat arb und später annähen oder die Rdm der linken Seite weglassen und die Bordüre seitlich mit einem anderen Muster kombinieren. Alternativ nach Erreichen der gewünschten Länge die M in einer Hinr abk und die letzte M auf der rechten Nd belassen. An der linken Längsseite aus den Rdm die für die weitere Strickarbeit benötigte Anzahl an M aufnehmen und weiterarb.

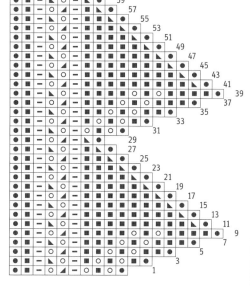

Verwendete Zeichen

⬤ = 1 Randmasche

◼ = 1 Masche rechts

— = 1 Masche links

○ = 1 Umschlag

◢ = 2 Maschen rechts zusammenstricken.

◣ = 2 Maschen rechts überzogen zusammenstricken: 1 Masche wie zum Rechtsstricken abheben, die nächste Masche rechts stricken und die abgehobene Masche überziehen.

415 ZARTE SPITZENBORTE [7 M + 1 Rdm (vor Beginn der 1. R)]

LINKE SEITE

Es sind Hin- und Rückr gezeichnet. In den Hinr die Rdm wie zum Rechtsstr abh und in den Rückr rechts str. Die 1.-4. R stets wdh.

Kombination: Die Borte separat arb und später annähen oder die Rdm weglassen und die Bordüre seitlich mit einem anderen Muster kombinieren. Alternativ nach Erreichen der gewünschten Länge die M in einer Rückr abk und die letzte M auf der rechten Nd belassen. An der rechten Längsseite aus den Rdm die für die weitere Strickarbeit benötigte Anzahl an M aufnehmen und weiterarb.

Verwendete Zeichen

● = 1 Randmasche

■ = 1 Masche rechts

○ = 1 Umschlag

⟋ = 2 Maschen links zusammenstricken.

V̄ = 3 Maschen aus 1 Masche stricken: 1 Masche rechts stricken und auf der linken Nadel belassen. Die Masche dann rechts verschränkt stricken, erneut fassen und danach noch einmal rechts abstricken.

⋀ = 3 Maschen rechts stricken, dann nacheinander die 2., und 1. Masche über die 3. Masche ziehen.

☐ = Keine Bedeutung, dient der besseren Übersicht.

RECHTE SEITE

Es sind Hin- und Rückr gezeichnet. In den Hinr die Rdm rechts str und in den Rückr wie zum Rechtsstr abh. Die 1.-4. R stets wdh.

Kombination: Die Borte separat arb und später annähen oder die Rdm weglassen und die Bordüre seitlich mit einem anderen Muster kombinieren. Alternativ nach Erreichen der gewünschten Länge die M in einer Hinr abk und die letzte M auf der rechten Nd belassen. An der linken Längsseite aus den Rdm die für die weitere Strickarbeit benötigte Anzahl an M aufnehmen und weiterarb.

Verwendete Zeichen

● = 1 Randmasche

■ = 1 Masche rechts

○ = 1 Umschlag

⟋ = 2 Maschen links zusammenstricken.

V̄ = 3 Maschen aus 1 Masche stricken: 1 Masche rechts stricken und auf der linken Nadel belassen. Die Masche dann rechts verschränkt stricken, erneut fassen und danach noch einmal rechts abstricken.

⋀ = 3 Maschen rechts stricken, dann nacheinander die 2., und 1. Masche über die 3. Masche ziehen.

☐ = Keine Bedeutung, dient der besseren Übersicht.

ZOPFMUSTERKANTE

[15 M + 1 Rdm]

LINKE SEITE

Es sind nur die Hinr gezeichnet, in den Rückr alle M str wie sie erscheinen. In den Hinr die Rdm wie zum Rechtsstricken abh und in den Rückr die Rdm rechts str. Die 1.-16. R stets wdh.

Kombination: Die Bordüre separat arb und später annähen oder die Rdm der rechten Seite weglassen und die Bordüre seitlich mit einem anderen Muster kombinieren (im Bild Gerstenkornmuster). Alternativ nach Erreichen der gewünschten Länge die M in einer Rückr abk und die letzte M auf der rechten Nd belassen. An der rechten Längsseite aus den Rdm die für die weitere Strickarbeit benötigte Anzahl an M aufnehmen und weiterarb.

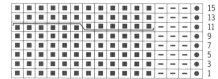

Verwendete Zeichen

● = 1 Randmasche

■ = 1 Masche rechts

– = 1 Masche links

= 6 Maschen auf einer Hilfsnadel vor die Arbeit legen, 6 Maschen rechts stricken, dann die 6 Maschen der Hilfsnadel rechts stricken.

RECHTE SEITE

Es sind nur die Hinr gezeichnet, in den Rückr alle M str wie sie erscheinen. In den Hinr die Rdm rechts str und in den Rückr die Rdm wie zum Rechtsstricken abh. Die 1.-16. R stets wdh.

Kombination: Die Bordüre separat arb und später annähen oder die Rdm der linken Seite weglassen und die Bordüre seitlich mit einem anderen Muster kombinieren (im Bild Gerstenkornmuster). Alternativ nach Erreichen der gewünschten Länge die M in einer Hinr abk und die letzte M auf der rechten Nd belassen. An der linken Längsseite aus den Rdm die für die weitere Strickarbeit benötigte Anzahl an M aufnehmen und weiterarb.

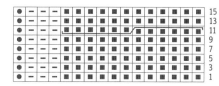

Verwendete Zeichen

● = 1 Randmasche

■ = 1 Masche rechts

– = 1 Masche links

= 6 Maschen auf einer Hilfsnadel hinter die Arbeit legen, 6 Maschen rechts stricken, dann die 6 Maschen der Hilfsnadel rechts stricken.

ZICKZACK-KANTE

[19 M + 2 Rdm (vor Beginn der 1. R)]

LINKE SEITE

Es sind nur die Hinr gezeichnet, in den Rückr alle M und U links str. In den Hinr die 1. Rdm wie zum Rechtsstr abh und die letzte Rdm rechts str. In den Rückr die 1. Rdm wie zum Linksstr abh und die letzte Rdm rechts str. Die 1.-32. R stets wdh.

Kombination: Die Bordüre separat arb und später annähen oder die Rdm der rechten Seite weglassen und die Bordüre seitlich mit einem anderen Muster kombinieren. Alternativ nach Erreichen der gewünschten Länge die M in einer Rückr abk und die letzte M auf der rechten Nd belassen. An der rechten Längsseite aus den Rdm die für die weitere Strickarbeit benötigte Anzahl an M aufnehmen und weiterarb.

Verwendete Zeichen

- ● = 1 Randmasche
- ■ = 1 Masche rechts
- ○ = 1 Umschlag
- ◢ = 2 Maschen rechts zusammenstricken.
- ◣ = 2 Maschen rechts überzogen zusammenstricken: 1 Masche wie zum Rechtsstricken abheben, die nächste Masche rechts stricken und die abgehobene Masche überziehen.

RECHTE SEITE

Es sind nur die Hinr gezeichnet, in den Rückr alle M und U links str. In den Hinr die 1. Rdm wie zum Linksstr abh und die letzte Rdm rechts str. In den Rückr die 1. Rdm wie zum Rechtsstr abh und die letzte Rdm rechts str. Die 1.-32. R stets wdh.

Kombination: Die Bordüre separat arb und später annähen oder die Rdm der linken Seite weglassen und die Bordüre seitlich mit einem anderen Muster kombinieren. Alternativ nach Erreichen der gewünschten Länge die M in einer Hinr abk und die letzte M auf der rechten Nd belassen. An der linken Längsseite aus den Rdm die für die weitere Strickarbeit benötigte Anzahl an M aufnehmen und weiterarb.

Verwendete Zeichen

- ● = 1 Randmasche
- ■ = 1 Masche rechts
- ○ = 1 Umschlag
- ◢ = 2 Maschen rechts zusammenstricken.
- ◣ = 2 Maschen rechts überzogen zusammenstricken: 1 Masche wie zum Rechtsstricken abheben, die nächste Masche rechts stricken und die abgehobene Masche überziehen.

Bordüren als Abschluss am Ende

FILIGRANE ABSCHLUSSKANTE

[10 + 1 M + 2 Rdm]

Es sind nur die Hinr gezeichnet, in den Rückr alle M und U links str. Mit der Rdm vor dem Rapport beginnen, den Rapport von 10 M fortlaufend wdh und mit den M nach dem Rapport enden. Die 1.-16. R 1x arb, dann die M gemäß den Angaben in der Strickschrift elastisch abk. Kombination: Im Anschluss an ein anderes Strickmuster als Abschlusskante arb und dabei für den Übergang eventuell zuvor 2-4 R in glatt rechts str. Alternativ die Bordüre separat arb und später annähen.

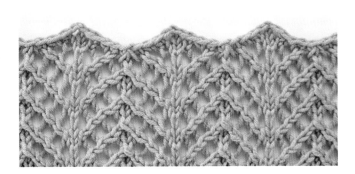

Rapport = 10 Maschen

Verwendete Zeichen

⬤ = 1 Randmasche

■ = 1 Masche rechts

○ = 1 Umschlag

☐ = Keine Bedeutung, dient der besseren Übersicht.

◢ = 2 Maschen rechts zusammenstricken.

◣ = 2 Maschen rechts überzogen zusammenstricken: 1 Masche wie zum Rechtsstricken abheben, die nächste Masche rechts stricken und die abgehobene Masche überziehen.

△ = 3 Maschen rechts überzogen zusammenstricken: 1 Masche wie zum Rechtsstricken abheben, 2 Maschen rechts zusammenstricken und die abgehobene Masche überziehen.

~ = 1 Masche elastisch abketten.

＞ = 1 Masche zuerst elastisch abketten, dann den Faden erneut durch die Masche ziehen und so 1 Luftmasche bilden. Dadurch entsteht am Rand eine Spitze.

◗ = 3 Maschen rechts zusammenstricken und dann elastisch abketten.

BLUMEN-ABSCHLUSSBORDÜRE

[16 + 1 M + 2 Rdm]

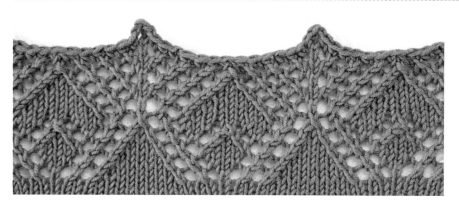

Rapport = 16 Maschen

Es sind nur die Hinr gezeichnet, in den Rückr alle M und U links str. Mit den M vor dem Rapport beginnen, den Rapport von 16 M fortlaufend wdh und mit den M nach dem Rapport enden. Die 1.-20. R 1x arb, dann die M gemäß den Angaben in der Strickschrift elastisch abk.

Kombination: Im Anschluss an ein anderes Strickmuster als Abschlusskante arb und dabei für den Übergang eventuell zuvor 2-4 R in glatt rechts str. Alternativ die Bordüre separat str und später annähen. Die Blumen werden dabei von oben nach unten gearb und eignen sich daher gut als Abschluss für einen Schal, ein Tuch oder einen Kragen.

Verwendete Zeichen

● = 1 Randmasche

■ = 1 Masche rechts

○ = 1 Umschlag

◢ = 2 Maschen rechts zusammenstricken.

◥ = 2 Maschen rechts überzogen zusammenstricken: 1 Masche wie zum Rechtsstricken abheben, die nächste Masche rechts stricken und die abgehobene Masche überziehen.

▲ = 3 Maschen rechts überzogen zusammenstricken: 1 Masche wie zum Rechtsstricken abheben, 2 Maschen rechts zusammenstricken und die abgehobene Masche überziehen.

∼ = 1 Masche elastisch abketten.

＞ = 1 Masche zuerst elastisch abketten, dann den Faden erneut durch die Masche ziehen und so 1 Luftmasche bilden. Dadurch entsteht am Rand eine Spitze.

◓ = 3 Maschen rechts zusammenstricken und dann elastisch abketten.

☐ = Keine Bedeutung, dient der besseren Übersicht.

GEZACKTER AJOUR-ABSCHLUSS [12 + 1 M + 2 Rdm]

Es sind nur die Hinr gezeichnet, in den Rückr alle M und U links str. Mit den M vor dem Rapport beginnen, den Rapport von 12 M fortlaufend wdh und mit den M nach dem Rapport enden. Die 1.-10. R 1x arb, dann die M gemäß den Angaben in der Strickschrift elastisch abk.

Kombination: Im Anschluss an ein anderes Strickmuster als Abschlusskante arb und dabei für den Übergang eventuell zuvor 2-4 R in glatt rechts str. Alternativ die Bordüre separat arb und später annähen.

Verwendete Zeichen

⬤ = 1 Randmasche

■ = 1 Masche rechts

○ = 1 Umschlag

◢ = 2 Maschen rechts zusammenstricken.

◣ = 2 Maschen rechts überzogen zusammenstricken: 1 Masche wie zum Rechtsstricken abheben, die nächste Masche rechts stricken und die abgehobene Masche überziehen.

△ = 3 Maschen rechts überzogen zusammenstricken: 1 Masche wie zum Rechtsstricken abheben, 2 Maschen rechts zusammenstricken und die abgehobene Masche überziehen.

〰 = 1 Masche elastisch abketten.

▷ = 1 Masche zuerst elastisch abketten, dann den Faden erneut durch die Masche ziehen und so 1 Luftmasche bilden. Dadurch entsteht am Rand eine Spitze.

◗ = 3 Maschen rechts zusammenstricken und dann elastisch abketten.

☐ = Keine Bedeutung, dient der besseren Übersicht.

Rapport = 12 Maschen

JACQUARD- UND INTARSIEN-MUSTER

421 KLEINES FLIESENMUSTER

[3 + 1 M (+ 2 Rdm beim Str in R)]

In Jacquardtechnik arb. Die ungeraden R sind nummeriert. Die geraden R beim Str in Rd von rechts nach links und beim Str in R von links nach rechts lesen. In der 1. R mit dem Rapport beginnen, den Rapport von 3 M fortlaufend wdh und mit der M nach dem Rapport enden. Die 1.-7. R 1x str, dann die 2.-7. R fortlaufend wdh.

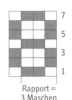

Verwendete Zeichen

☐ = 1 Masche in Naturweiß

■ = 1 Masche in Flanellgrau

Rapport = 3 Maschen

422 PUNKT-STREIFENMUSTER

[3 + 2 M (+ 2 Rdm beim Str in R)]

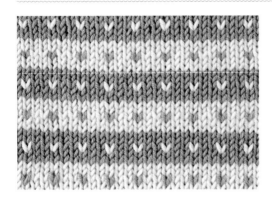

In Jacquardtechnik arb. Die ungeraden R sind nummeriert. Die geraden R beim Str in Rd von rechts nach links und beim Str in R von links nach rechts lesen. In der 1. R mit dem Rapport beginnen, den Rapport von 3 M fortlaufend wdh und mit den M nach dem Rapport enden. Die 1.-10. R stets wdh.

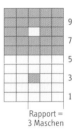

Verwendete Zeichen

☐ = 1 Masche in Leinen   ■ = 1 Masche in Altrosa

Rapport = 3 Maschen

423 DREIFARBIGES ZICKZACKMUSTER

[6 + 1 M (+ 2 Rdm beim Str in R)]

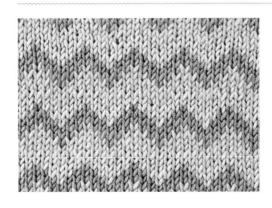

In Jacquardtechnik arb. Die ungeraden R sind nummeriert. Die geraden R beim Str in Rd von rechts nach links und beim Str in R von links nach rechts lesen. In der 1. R mit dem Rapport beginnen, den Rapport von 6 M fortlaufend wdh und mit der M nach dem Rapport enden. Die 1.-18. R stets wdh.

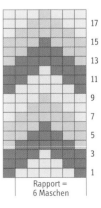

Verwendete Zeichen

☐ = 1 Masche in Flieder   ■ = 1 Masche in Pflaumenblau

■ = 1 Masche in Rosa

Rapport = 6 Maschen

424 TUPFENMUSTER

[6 + 1 M (+ 2 Rdm beim Str in R)]

In Jacquardtechnik arb. Die ungeraden R sind nummeriert. Die geraden R beim Str in Rd von rechts nach links und beim Str in R von links nach rechts lesen. In der 1. R mit dem Rapport beginnen, den Rapport von 6 M fortlaufend wdh und mit der M nach dem Rapport enden. Die 1.-8. R stets wdh.

Verwendete Zeichen

☐ = 1 Masche in Limone
■ = 1 Masche in Petrol

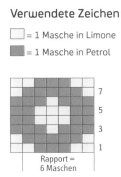

Rapport = 6 Maschen

425 KLEINES KACHELMUSTER

[8 + 1 M (+ 2 Rdm beim Str in R)]

In Jacquardtechnik arb. Die ungeraden R sind nummeriert. Die geraden R beim Str in Rd von rechts nach links und beim Str in R von links nach rechts lesen. In der 1. R mit dem Rapport beginnen, den Rapport von 8 M fortlaufend wdh und mit der M nach dem Rapport enden. Die 1.-9. R 1x str, dann die 2.-9. R fortlaufend wdh.

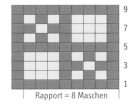

Rapport = 8 Maschen

Verwendete Zeichen

☐ = 1 Masche in Puderrosa
■ = 1 Masche in Purpurrot

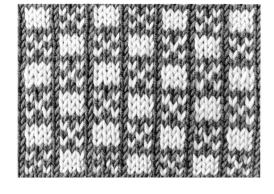

426 KLEINES QUADRATMUSTER

[6 (+ 2 Rdm beim Str in R)]

In Jacquardtechnik arb. Die ungeraden R sind nummeriert. Die geraden R beim Str in Rd von rechts nach links und beim Str in R von links nach rechts lesen. Den Rapport von 6 M und die 1.-6. R fortlaufend wdh.

Verwendete Zeichen

☐ = 1 Masche in Camel
■ = 1 Masche in Marone

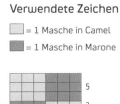

Rapport = 6 Maschen

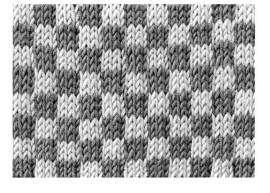

427 KLEINES GRAFIKMUSTER

[8 (+ 2 Rdm beim Str in R)]

In Jacquardtechnik arb. Die ungeraden R sind nummeriert. Die geraden R beim Str in Rd von rechts nach links und beim Str in R von links nach rechts lesen. Den Rapport von 8 M und die 1.-8. R fortlaufend wdh.

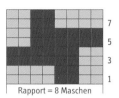

Rapport = 8 Maschen

Verwendete Zeichen

☐ = 1 Masche in Apricot

■ = 1 Masche in Schokobraun

428 KLASSISCHES RAUTENMUSTER

[12 + 1 M (+ 2 Rdm beim Str in R)]

In Jacquardtechnik arb. Die ungeraden R sind nummeriert. Die geraden R beim Str in Rd von rechts nach links und beim Str in R von links nach rechts lesen. In der 1. R mit dem Rapport beginnen, den Rapport von 12 M fortlaufend wdh und mit der M nach dem Rapport enden. Die 1.-11. R 1x str, dann die 2.-11. R fortlaufend wdh.

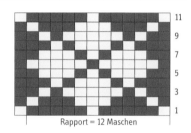

Rapport = 12 Maschen

Verwendete Zeichen

☐ = 1 Masche in Gelb

■ = 1 Masche in Tannengrün

429 ZWEIFARBIG GEFÜLLTE RAUTEN

[12 + 1 M (+ 2 Rdm beim Str in R)]

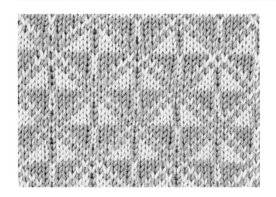

In Jacquardtechnik arb. Die ungeraden R sind nummeriert. Die geraden R beim Str in Rd von rechts nach links und beim Str in R von links nach rechts lesen. In der 1. R mit dem Rapport beginnen, den Rapport von 12 M fortlaufend wdh und mit der M nach dem Rapport enden. Die 1.-12. R fortlaufend wdh.

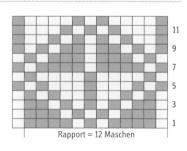

Rapport = 12 Maschen

Verwendete Zeichen

☐ = 1 Masche in Gelb

☐ = 1 Masche in Apfelgrün

430 NORDISCHES RAUTENMUSTER [22 + 1 M (+ 2 Rdm beim Str in R)]

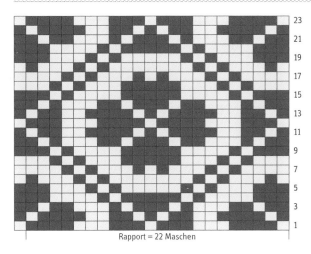

Rapport = 22 Maschen

In Jacquardtechnik arb. Die ungeraden R sind nummeriert. Die geraden R beim Str in Rd von rechts nach links und beim Str in R von links nach rechts lesen. In der 1. R mit dem Rapport beginnen, den Rapport von 22 M fortlaufend wdh und mit der M nach dem Rapport enden. Die 1.-23. R 1x str, dann die 2.-23. R fortlaufend wdh.

Verwendete Zeichen

☐ = 1 Masche in Limone

■ = 1 Masche in Tannengrün

431 VERSETZTES QUADRATMUSTER [16 + 1 M (+ 2 Rdm beim Str in R)]

In Jacquardtechnik arb. Die ungeraden R sind nummeriert. Die geraden R beim Str in Rd von rechts nach links und beim Str in R von links nach rechts lesen. In der 1. R mit dem Rapport beginnen, den Rapport von 16 M fortlaufend wdh und mit der M nach dem Rapport enden. Die 1.-17. R 1x str, dann die 2.-17. R fortlaufend wdh.

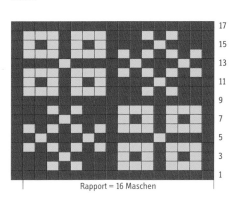

Rapport = 16 Maschen

Verwendete Zeichen

☐ = 1 Masche in Goldgelb

■ = 1 Masche in Schokoladenbraun

432 RAUTEN-QUADRAT-MUSTER

[10 + 1 M (+ 2 Rdm beim Str in R)]

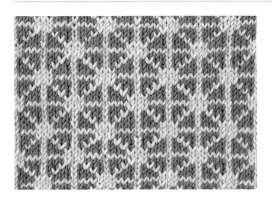

In Jacquardtechnik arb. Die ungeraden R sind nummeriert. Die geraden R beim Str in Rd von rechts nach links und beim Str in R von links nach rechts lesen. In der 1. R mit dem Rapport beginnen, den Rapport von 10 M fortlaufend wdh und mit der M nach dem Rapport enden. Die 1.-11. R 1x str, dann die 2.-11. R fortlaufend wdh.

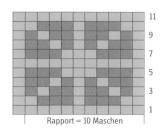

Rapport = 10 Maschen

Verwendete Zeichen

☐ = 1 Masche in Mint   ■ = 1 Masche in Petrol

433 RHOMBENMUSTER

[10 (+ 2 Rdm beim Str in R)]

In Jacquardtechnik arb. Die ungeraden R sind nummeriert. Die geraden R beim Str in Rd von rechts nach links und beim Str in R von links nach rechts lesen. Den Rapport von 10 M und die 1.-10. R fortlaufend wdh.

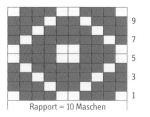

Rapport = 10 Maschen

Verwendete Zeichen

☐ = 1 Masche in Leinen

■ = 1 Masche in Jeansblau

434 DURCHBROCHENES RHOMBENMUSTER

[8 + 1 M (+ 2 Rdm beim Str in R)]

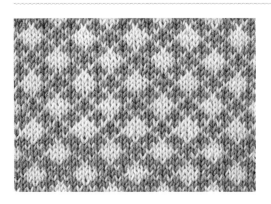

In Jacquardtechnik arb. Die ungeraden R sind nummeriert. Die geraden R beim Str in Rd von rechts nach links und beim Str in R von links nach rechts lesen. In der 1. R mit dem Rapport beginnen, den Rapport von 8 M fortlaufend wdh und mit der M nach dem Rapport enden. Die 1.-9. R 1x str, dann die 2.-9. R fortlaufend wdh.

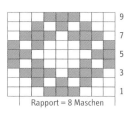

Rapport = 8 Maschen

Verwendete Zeichen

☐ = 1 Masche in Naturweiß

■ = 1 Masche in Rosa

DURCHBROCHENES ZICKZACKMUSTER

[12 + 1 M (+ 2 Rdm beim Str in R)]

In Jacquardtechnik arb. Die ungeraden R sind nummeriert. Die geraden R beim Str in Rd von rechts nach links und beim Str in R von links nach rechts lesen. In der 1. R mit dem Rapport beginnen, den Rapport von 12 M fortlaufend wdh und mit der M nach dem Rapport enden. Die 1.-10. R fortlaufend wdh.

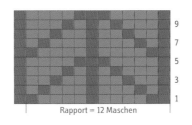

Rapport = 12 Maschen

Verwendete Zeichen

= 1 Masche in Koralle

= 1 Masche in Weinrot

FLECHTMUSTER-ILLUSION

[12 + 1 M (+ 2 Rdm beim Str in R)]

In Jacquardtechnik arb. Die ungeraden R sind nummeriert. Die geraden R beim Str in Rd von rechts nach links und beim Str in R von links nach rechts lesen. In der 1. R mit dem Rapport beginnen, den Rapport von 12 M fortlaufend wdh und mit der M nach dem Rapport enden. Die 1.-12. R fortlaufend wdh.

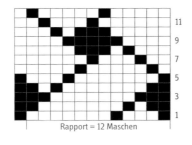
Rapport = 12 Maschen

Verwendete Zeichen

= 1 Masche in Weiß

= 1 Masche in Schwarz

WÜRFELMUSTER-ILLUSION

[8 + 2 M (+ 2 Rdm beim Str in R)]

In Jacquardtechnik arb. Die ungeraden R sind nummeriert. Die geraden R beim Str in Rd von rechts nach links und beim Str in R von links nach rechts lesen. In der 1. R mit der Masche vor dem Rapport beginnen, den Rapport von 8 M fortlaufend wdh und mit der M nach dem Rapport enden. Die 1.-14. R fortlaufend wdh.

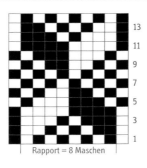
Rapport = 8 Maschen

Verwendete Zeichen

 = 1 Masche in Weiß   ■ = 1 Masche in Schwarz

438 GESTREIFTE RHOMBEN

[18 + 1 M (+ 2 Rdm beim Str in R)]

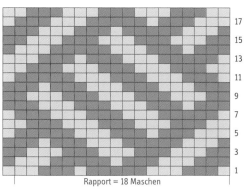

Rapport = 18 Maschen

In Jacquardtechnik arb. Die ungeraden R sind nummeriert. Die geraden R beim Str in Rd von rechts nach links und beim Str in R von links nach rechts lesen. In der 1. R mit dem Rapport beginnen, den Rapport von 18 M fortlaufend wdh und mit der M nach dem Rapport enden. Die 1.-18. R fortlaufend wdh.

Verwendete Zeichen

☐ = 1 Masche in Hautfarben
▦ = 1 Masche in Koralle

439 GRAFISCHE ORNAMENTE

[24 + 1 M (+ 2 Rdm beim Str in R)]

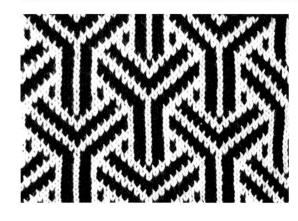

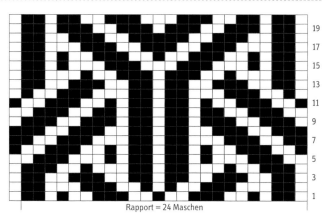

Rapport = 24 Maschen

In Jacquardtechnik arb. Die ungeraden R sind nummeriert. Die geraden R beim Str in Rd von rechts nach links und beim Str in R von links nach rechts lesen. In der 1. R mit dem Rapport beginnen, den Rapport von 24 M fortlaufend wdh und mit der M nach dem Rapport enden. Die 1.-20. R fortlaufend wdh.

Verwendete Zeichen

☐ = 1 Masche in Weiß
■ = 1 Masche in Schwarz

440 KLEINE PUNKTE

[4 + 3 (+ 2 Rdm beim Str in R)]

In Jacquardtechnik arb. Die ungeraden R sind nummeriert. Die geraden R beim Str in Rd von rechts nach links und beim Str in R von links nach rechts lesen. In der 1. R mit dem Rapport beginnen, den Rapport von 4 M fortlaufend wdh und mit den M nach dem Rapport enden. Die 1.-6. R stets wdh.

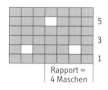

Rapport =
4 Maschen

Verwendete Zeichen

☐ = 1 Masche in Naturweiß

▨ = 1 Masche in Hellblau

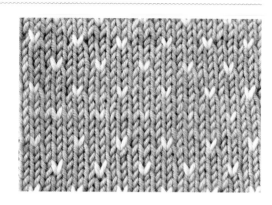

441 VERSETZTE LÄNGSSTREIFEN

[2 (+ 2 Rdm beim Str in R)]

In Jacquardtechnik arb. Die ungeraden R sind nummeriert. Die geraden R beim Str in Rd von rechts nach links und beim Str in R von links nach rechts lesen. Den Rapport von 2 M und die 1.-10. R fortlaufend wdh.

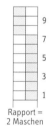

Rapport =
2 Maschen

Verwendete Zeichen

☐ = 1 Masche in Naturweiß   ☐ = 1 Masche in Puderrosa

442 STREIFEN MIT FARBVERLAUF

[4 + 2 M (+ 2 Rdm beim Str in R)]

In Jacquardtechnik arb. Die ungeraden R sind nummeriert. Die geraden R beim Str in Rd von rechts nach links und beim Str in R von links nach rechts lesen. In der 1. R mit dem Rapport beginnen, den Rapport von 4 M fortlaufend wdh und mit den M nach dem Rapport enden. Die 1.-25. R 1x arb und dann die 6.-25. R fortlaufend wdh.

Verwendete Zeichen

▨ = 1 Masche in Mint

▨ = 1 Masche in Wasserblau

▨ = 1 Masche in Petrol

■ = 1 Masche in Marineblau

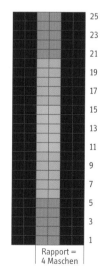

Rapport =
4 Maschen

443 SCHNEEFLÖCKCHEN [12 + 1 M (+ 2 Rdm beim Str in R)]

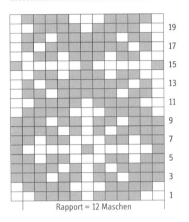

Rapport = 12 Maschen

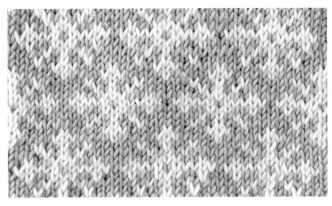

Verwendete Zeichen

☐ = 1 Masche in Weiß

▨ = 1 Masche in Hellblau

In Jacquardtechnik arb. Die ungeraden R sind nummeriert. Die geraden R beim Str in Rd von rechts nach links und beim Str in R von links nach rechts lesen. In der 1. R mit dem Rapport beginnen, den Rapport von 12 M fortlaufend wdh und mit der M nach dem Rapport enden. Die 1.-20. R 1x str, dann die 3.-20. R fortlaufend wdh.

444 EISKRISTALL-BORDÜRE [16 + 1 M (+ 2 Rdm beim Str in R)]

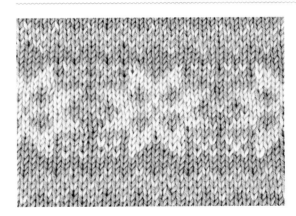

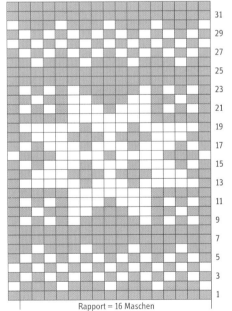

Rapport = 16 Maschen

In Jacquardtechnik arb. Die ungeraden R sind nummeriert. Die geraden R beim Str in Rd von rechts nach links und beim Str in R von links nach rechts lesen. In der 1. R mit dem Rapport beginnen, den Rapport von 16 M fortlaufend wdh und mit der M nach dem Rapport enden. Die 1.-32. R 1x arb.

Verwendete Zeichen

☐ = 1 Masche in Weiß   ▨ = 1 Masche in Hellblau

445 BLUMEN-BORDÜRE

[18 + 1 M (+ 2 Rdm beim Str in R)]

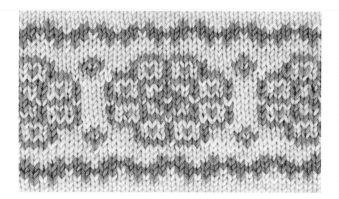

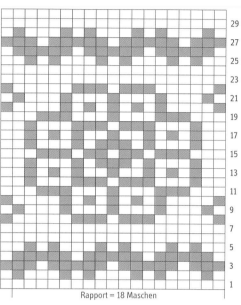

Rapport = 18 Maschen

In Jacquardtechnik arb. Die ungeraden R sind nummeriert. Die geraden R beim Str in Rd von rechts nach links und beim Str in R von links nach rechts lesen. In der 1. R mit dem Rapport beginnen, den Rapport von 18 M fortlaufend wdh und mit der M nach dem Rapport enden. Die 1.-30. R 1x arb.

Verwendete Zeichen

 = 1 Masche in Naturweiß   ▨ = 1 Masche in Rosa

446 STERN-BORDÜRE

[16 + 1 M (+ 2 Rdm beim Str in R)]

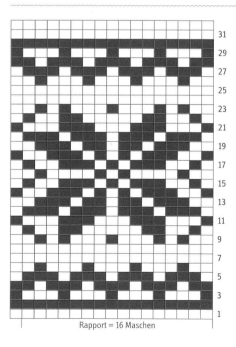

Rapport = 16 Maschen

In Jacquardtechnik arb. Die ungeraden R sind nummeriert. Die geraden R beim Str in Rd von rechts nach links und beim Str in R von links nach rechts lesen. In der 1. R mit dem Rapport beginnen, den Rapport von 16 M fortlaufend wdh und mit der M nach dem Rapport enden. Die 1.-32. R 1x arb.

Verwendete Zeichen

☐ = 1 Masche in Naturweiß   ■ = 1 Masche in Kirschrot

447 GROSSE STERN-BORDÜRE

[20 + 3 (+ 2 Rdm beim Str in R)]

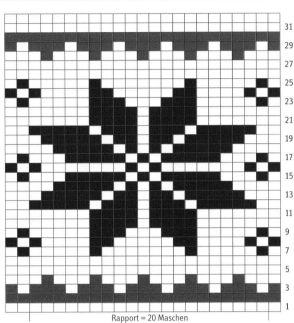

Rapport = 20 Maschen

In Jacquardtechnik arb. Die ungeraden R sind nummeriert. Die geraden R beim Str in Rd von rechts nach links und beim Str in R von links nach rechts lesen. In der 1. R mit der M vor dem Rapport beginnen, den Rapport von 20 M fortlaufend wdh und mit den M nach dem Rapport enden. Die 1.-32. R 1x arb.

Verwendete Zeichen

☐ = 1 Masche in Naturweiß   ■ = 1 Masche in Kirschrot   ■ = 1 Masche in Marineblau

448 ELCH-BORDÜRE

[18 (+ 2 Rdm beim Str in R)]

Rapport = 18 Maschen

In Jacquardtechnik arb. Die ungeraden R sind nummeriert. Die geraden R beim Str in Rd von rechts nach links und beim Str in R von links nach rechts lesen. In der 1. R mit dem Rapport beginnen, den Rapport von 18 M fortlaufend wdh und die 1.-26. R 1x arb.

Verwendete Zeichen

☐ = 1 Masche in Naturweiß   ■ = 1 Masche in Kirschrot   ■ = 1 Masche in Marineblau

GROSSES RAUTENMUSTER [38 + 1 M (+ 2 Rdm beim Str in R)]

In Jacquardtechnik arb. Die ungeraden R sind nummeriert. Die geraden R beim Str in Rd von rechts nach links und beim Str in R von links nach rechts lesen. In der 1. R mit dem Rapport beginnen, den Rapport von 38 M fortlaufend wdh und mit der M nach dem Rapport enden. Die 1.-39. R 1x arb und dann die 2.-39. R fortlaufend wdh.

Verwendete Zeichen

☐ = 1 Masche in Naturweiß

■ = 1 Masche in Anthrazit

Rapport = 38 Maschen

450 KLASSISCHES BORDÜRENMUSTER [24 + 1 M (+ 2 Rdm beim Str in R)]

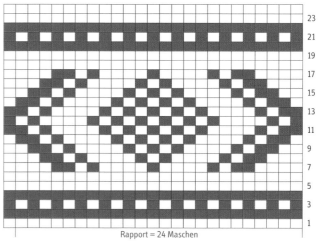

Rapport = 24 Maschen

In Jacquardtechnik arb. Die ungeraden R sind nummeriert. Die geraden R beim Str in Rd von rechts nach links und beim Str in R von links nach rechts lesen. In der 1. R mit dem Rapport beginnen, den Rapport von 24 M fortlaufend wdh und mit der M nach dem Rapport enden. Die 1.-24. R 1x arb.

Verwendete Zeichen

☐ = 1 Masche in Naturweiß

■ = 1 Masche in Anthrazit

451 RAUTEN-BORDÜRE [4 + 1 M (+ 2 Rdm beim Str in R)]

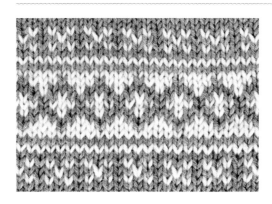

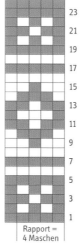

Rapport = 4 Maschen

In Jacquardtechnik arb. Die ungeraden R sind nummeriert. Die geraden R beim Str in Rd von rechts nach links und beim Str in R von links nach rechts lesen. In der 1. R mit dem Rapport beginnen, den Rapport von 4 M fortlaufend wdh und mit der M nach dem Rapport enden. Die 1.-24. R 1x arb.

Verwendete Zeichen

☐ = 1 Masche in Naturweiß

▨ = 1 Masche in Flanellgrau

452 KACHELMUSTER

[34 + 2 M (+ 2 Rdm beim Str in R)]

In Jacquardtechnik arb. Die ungeraden R sind nummeriert. Die geraden R beim Str in Rd von rechts nach links und beim Str in R von links nach rechts lesen. In der 1. R mit dem Rapport beginnen, den Rapport von 34 M fortlaufend wdh und mit den M nach dem Rapport enden. Die 1.-40. R 1x str, dann die 3.-40. R fortlaufend wdh.

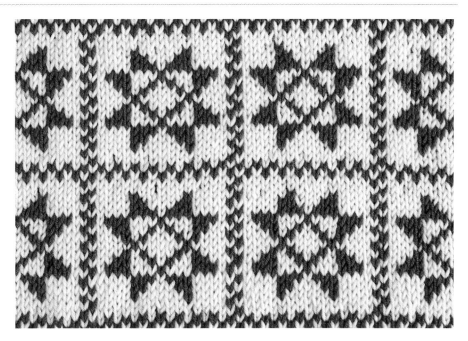

Verwendete Zeichen

☐ = 1 Masche in Naturweiß

■ = 1 Masche in Royalblau

Rapport = 34 Maschen

453 RHOMBEN-BORDÜRE

[12 + 1 M (+ 2 Rdm beim Str in R)]

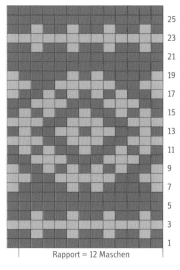

Rapport = 12 Maschen

In Jacquardtechnik arb. Die ungeraden R sind nummeriert. Die geraden R beim Str in Rd von rechts nach links und beim Str in R von links nach rechts lesen. In der 1. R mit dem Rapport beginnen, den Rapport von 12 M fortlaufend wdh und mit der M nach dem Rapport enden. Die 1.-26. R 1x arb.

Verwendete Zeichen

☐ = 1 Masche in Hellblau

■ = 1 Masche in Jeansblau

454 VERSPIELTE BORDÜRE

[8 + 1 M (+ 2 Rdm beim Str in R)]

In Jacquardtechnik arb. Die ungeraden R sind nummeriert. Die geraden R beim Str in Rd von rechts nach links und beim Str in R von links nach rechts lesen. In der 1. R mit dem Rapport beginnen, den Rapport von 8 M fortlaufend wdh und mit der M nach dem Rapport enden. Die 1.-24. R 1x arb.

Verwendete Zeichen

☐ = 1 Masche in Mint

■ = 1 Masche in Petrol

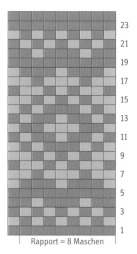

Rapport = 8 Maschen

455 TRADITIONELLE BORDÜRE

[12 + 1 M (+ 2 Rdm beim Str in R)]

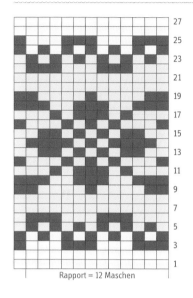

Rapport = 12 Maschen

Verwendete Zeichen

☐ = 1 Masche in Leinen

☐ = 1 Masche in Limone

■ = 1 Masche in Tannengrün

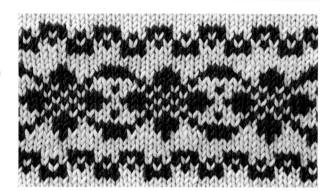

In Jacquardtechnik arb. Die ungeraden R sind nummeriert. Die geraden R beim Str in Rd von rechts nach links und beim Str in R von links nach rechts lesen. In der 1. R mit dem Rapport beginnen, den Rapport von 12 M fortlaufend wdh und mit der M nach dem Rapport enden. Die 1.+2. R bis zur gewünschten Höhe stets wdh, dann für die Bordüre die 3.-25. R 1x str und danach bis zur gewünschten Höhe die 26.-27. R fortlaufend wdh.

456 X-O-BORDÜRE

[24 + 1 M (+ 2 Rdm beim Str in R)]

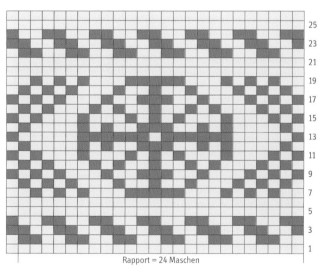

Rapport = 24 Maschen

Verwendete Zeichen

☐ = 1 Masche in Flieder   ■ = 1 Masche in Purpurrot

In Jacquardtechnik arb. Die ungeraden R sind nummeriert. Die geraden R beim Str in Rd von rechts nach links und beim Str in R von links nach rechts lesen. In der 1. R mit dem Rapport beginnen, den Rapport von 24 M fortlaufend wdh und mit der M nach dem Rapport enden. Die 1.-26. R 1x arb.

457 KLEINE BORDÜREN [6 + 1 M (+ 2 Rdm beim Str in R)]

In Jacquardtechnik arb. Die ungeraden R sind nummeriert. Die geraden R beim Str in Rd von rechts nach
links und beim Str in R von links nach rechts lesen. In
der 1. R mit dem Rapport beginnen, den Rapport von
6 M fortlaufend wdh und mit der M nach dem Rapport
enden. Die 1.-72. R stets wdh.

Verwendete Zeichen

☐ = 1 Masche in Naturweiß   ■ = 1 Masche in Kirschrot

☐ = 1 Masche in Gelb   ■ = 1 Masche in Royalblau

☐ = 1 Masche in Wiesengrün

Rapport =
6 Maschen

458 SCHMETTERLING

[11 + 2 je Motiv]

In Intarsientechnik str und die
einzelnen M in Puderrosa nachträglich im Maschenstich aufsticken. Die ungeraden R sind
nummeriert. Die geraden R von
links nach rechts lesen. Die
1.-14. R 1x str.

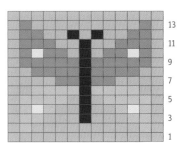

Verwendete Zeichen

☐ = 1 Masche in Hellblau

☐ = 1 Masche in Puderrosa

☐ = 1 Masche in Rosa

■ = 1 Masche in Azalee

■ = 1 Masche in Rotbraun

459 MARIENKÄFER

[12 + 2 M (+ 2 Rdm beim Str in R)]

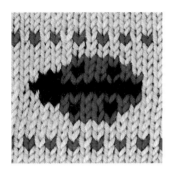

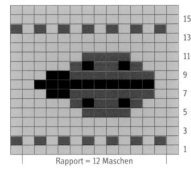

Rapport = 12 Maschen

In Jacquardtechnik arb. Die ungeraden R sind nummeriert. Die geraden R beim Str in Rd von rechts nach links und beim Str in R von links nach rechts lesen. In der 1. R mit der M vor dem Rapport beginnen, den Rapport von 12 M fortlaufend wdh und mit der M nach dem Rapport enden. Die 1.-16. R 1x str.

Verwendete Zeichen

 = 1 Masche in Wiesengrün ■ = 1 Masche in Schwarz

■ = 1 Masche in Kirschrot

460 GEZACKTE BORTE

[6 + 1 M (+ 2 Rdm beim Str in R)]

In Jacquardtechnik arb. Die ungeraden R sind nummeriert. Die geraden R beim Str in Rd von rechts nach links und beim Str in R von links nach rechts lesen. In der 1. R mit dem Rapport beginnen, den Rapport von 6 M fortlaufend wdh und mit der M nach dem Rapport enden. Die 1.-14. R 1x arb.

Verwendete Zeichen

□ = 1 Masche in Naturweiß

■ = 1 Masche in Marineblau

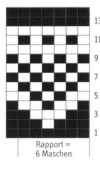

Rapport = 6 Maschen

461 ZICKZACK-BORDÜRE

[16 + 1 M (+ 2 Rdm beim Str in R)]

In Jacquardtechnik arb. Die ungeraden R sind nummeriert. Die geraden R beim Str in Rd von rechts nach links und beim Str in R von links nach rechts lesen. In der 1. R mit dem Rapport beginnen, den Rapport von 16 M fortlaufend wdh und mit der M nach dem Rapport enden. Die 1.-24. R 1x arb.

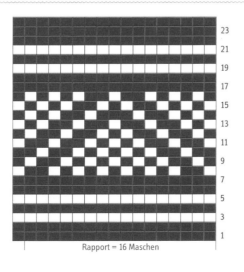

Rapport = 16 Maschen

Verwendete Zeichen

□ = 1 Masche in Naturweiß

■ = 1 Masche in Kirschrot

462 MINI-JACQUARD

[12 (+ 2 Rdm beim Str in R)]

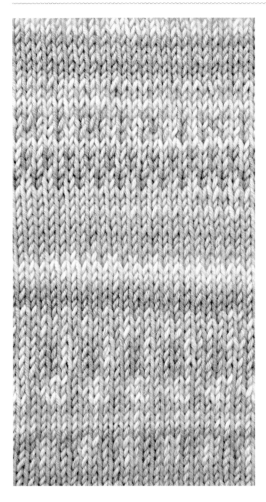

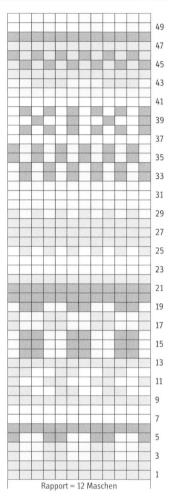

Rapport = 12 Maschen

In Jacquardtechnik arb. Die ungeraden R sind nummeriert. Die geraden R beim Str in Rd von rechts nach links und beim Str in R von links nach rechts lesen. In der 1. R mit dem Rapport beginnen, den Rapport von 12 M und die 1.-50. R fortlaufend wdh.

Verwendete Zeichen

☐ = 1 Masche in Naturweiß

☐ = 1 Masche in Leinen

☐ = 1 Masche in Puderrosa

☐ = 1 Masche in Hellblau

463 HERZEN

[20 + 1 M (+ 2 Rdm beim Str in R)]

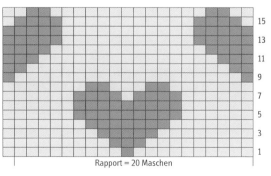

Rapport = 20 Maschen

In Intarsientechnik str oder alternativ im Maschenstich aufsticken. Die ungeraden R sind nummeriert, die geraden R von links nach rechts lesen. In der 1. R mit dem Rapport beginnen, den Rapport von 20 M fortlaufend wdh und mit der M nach dem Rapport enden. Die 1.-16. R stets wdh.

Verwendete Zeichen

☐ = 1 Masche in Puderrosa

☐ = 1 Masche in Azalee

464 ROSE

[36 + 2 je Motiv]

Das Motiv in Intarsientechnik str und die kleinen Flächen im Inneren der Rose und des unteren linken Blattes nachträglich im Maschenstich aufsticken. Die ungeraden R sind nummeriert. Die geraden R von links nach rechts lesen. Die 1.-28. R 1x str.

Verwendete Zeichen

☐ = 1 Masche in Leinen

■ = 1 Masche in Kardinalrot

■ = 1 Masche in Apfelgrün

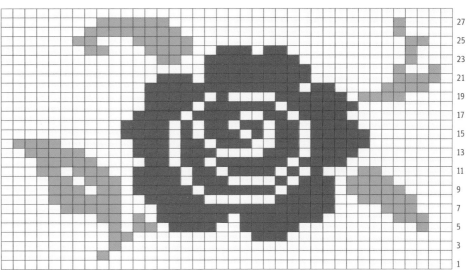

465 BLÜTENMEER

[10 + 1 M (+ 2 Rdm beim Str in R)]

In Jacquardtechnik arb. Die ungeraden R sind nummeriert. Die geraden R beim Str in Rd von rechts nach links und beim Str in R von links nach rechts lesen. In der 1. R mit dem Rapport beginnen, den Rapport von 10 M fortlaufend wdh und mit der M nach dem Rapport enden. Die 1.-18. R stets wdh.

Verwendete Zeichen

☐ = 1 Masche in Limone

■ = 1 Masche in Pflaumenblau

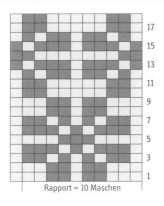

Rapport = 10 Maschen

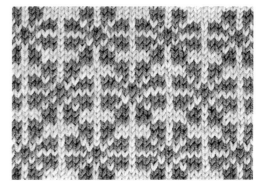

466 MEHRFARBIGE BLÜTEN

[20 + 1 M (+ 2 Rdm beim Str in R)]

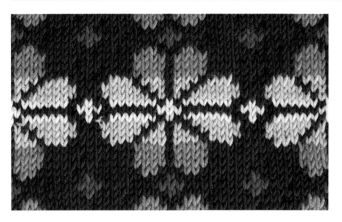

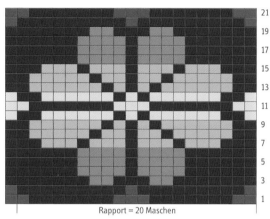

Rapport = 20 Maschen

In Jacquardtechnik arb. Die ungeraden R sind nummeriert. Die geraden R beim Str in Rd von rechts nach links und beim Str in R von links nach rechts lesen. In der 1. R mit dem Rapport beginnen, den Rapport von 20 M fortlaufend wdh und mit der M nach dem Rapport enden. Die 1.-21. R 1x arb und dann die 2.-21. R fortlaufend wdh.

Verwendete Zeichen

☐ = 1 Masche in Puderrosa ▨ = 1 Masche in Kardinalrot

▨ = 1 Masche in Rosa ■ = 1 Masche in Weinrot

▨ = 1 Masche in Azalee

467 BLÜTEN-BORDÜRE

[20 + 1 M (+ 2 Rdm beim Str in R)]

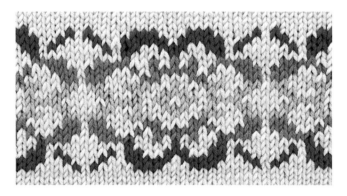

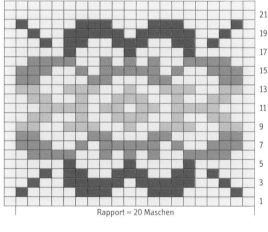

Rapport = 20 Maschen

In Jacquardtechnik arb. Die ungeraden R sind nummeriert. Die geraden R beim Str in Rd von rechts nach links und beim Str in R von links nach rechts lesen. In der 1. R mit dem Rapport beginnen, den Rapport von 20 M fortlaufend wdh und mit der M nach dem Rapport enden. Für eine einzelne Bordüre die 1.-22. R 1x str, für ein flächiges Muster die 1.-20. R stets wdh.

Verwendete Zeichen

☐ = 1 Masche in Limone ▨ = 1 Masche in Azalee

▨ = 1 Masche in Rosa ■ = 1 Masche in Kardinalrot

468 BLÄTTERRANKE

[20 + 1 M (+ 2 Rdm beim Str in R)]

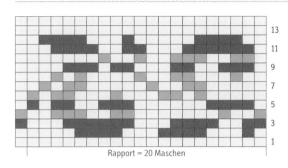

Rapport = 20 Maschen

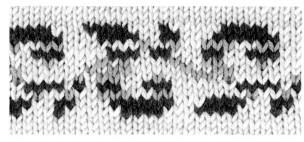

Verwendete Zeichen

☐ = 1 Masche in Limone

▨ = 1 Masche in Apfelgrün

■ = 1 Masche in Tannengrün

In Jacquardtechnik arb. Die ungeraden R sind nummeriert. Die geraden R beim Str in Rd von rechts nach links und beim Str in R von links nach rechts lesen. In der 1. R mit dem Rapport beginnen, den Rapport von 20 M fortlaufend wdh und mit der M nach dem Rapport enden. Für eine einzelne Bordüre die 1.-14. R 1x str, für ein flächiges Muster die 1.-14. R stets wdh.

469 ERDBEEREN

[16 + 1 M (+ 2 Rdm beim Str in R)]

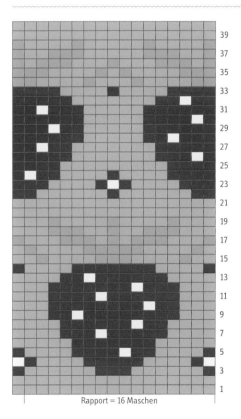

Rapport = 16 Maschen

In Jacquardtechnik stricken und die einzelnen gelben nachträglich im Maschenstich aufsticken. Die ungeraden R sind nummeriert. Die geraden R beim Str in Rd von rechts nach links und beim Str in R von links nach rechts lesen. In der 1. R mit dem Rapport beginnen, den Rapport von 16 M fortlaufend wdh und mit der M nach dem Rapport enden. Die 1.-40. R 1x str, dann die 3.-40. R fortlaufend wdh.

Verwendete Zeichen

☐ = 1 Masche in Sonnengelb   ▨ = 1 Masche in Apfelgrün

■ = 1 Masche in Kirschrot   ▨ = 1 Masche in Wasserblau

470 KLEINE BLÜTENMUSTER

[12 + 1 M (+ 2 Rdm beim Str in R)]

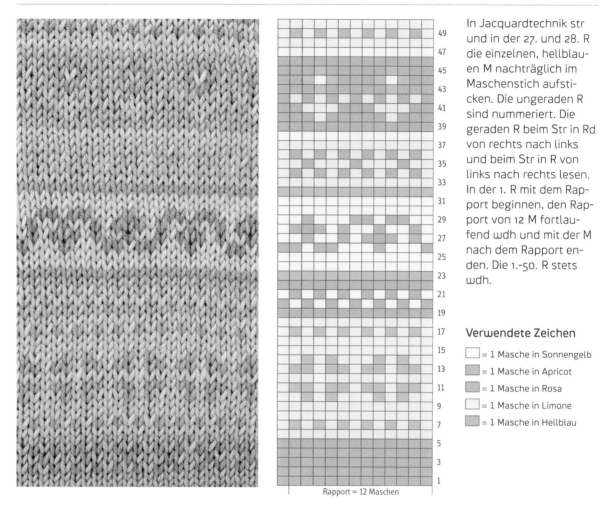

Rapport = 12 Maschen

In Jacquardtechnik str und in der 27. und 28. R die einzelnen, hellblauen M nachträglich im Maschenstich aufsticken. Die ungeraden R sind nummeriert. Die geraden R beim Str in Rd von rechts nach links und beim Str in R von links nach rechts lesen. In der 1. R mit dem Rapport beginnen, den Rapport von 12 M fortlaufend wdh und mit der M nach dem Rapport enden. Die 1.-50. R stets wdh.

Verwendete Zeichen

☐ = 1 Masche in Sonnengelb

▨ = 1 Masche in Apricot

▨ = 1 Masche in Rosa

☐ = 1 Masche in Limone

▨ = 1 Masche in Hellblau

471 KLEINE HERZBORDÜRE

[9 + 2 M (+ 2 Rdm beim Str in R)]

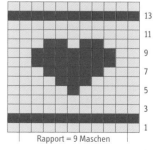

Rapport = 9 Maschen

In Jacquardtechnik arb. Die ungeraden R sind nummeriert. Die geraden R beim Str in Rd von rechts nach links und beim Str in R von links nach rechts lesen. In der 1. R mit der M vor dem Rapport beginnen, den Rapport von 9 M fortlaufend wdh und mit der M nach dem Rapport enden. Die 1.-14. R 1x str .

Verwendete Zeichen

☐ = 1 Masche in Puderrosa

■ = 1 Masche in Kardinalrot

472 TEDDYBÄR

[33 + 2 je Motiv]

In Intarsientechnik str und die kleinen schwarzen Flächen nachträglich im Maschenstich aufsticken. Die ungeraden R sind nummeriert. Die geraden R von links nach rechts lesen. Die 1.-42. R 1x str.

Verwendete Zeichen

⬜ = 1 Masche in Hautfarben
🟨 = 1 Masche in Goldgelb
🟫 = 1 Masche in Marone
⬛ = 1 Masche in Schwarz

473 ANKER

[13 + 2 je Motiv]

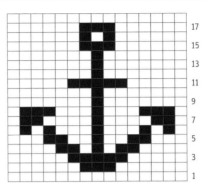

Verwendete Zeichen

☐ = 1 Masche
in Naturweiß

■ = 1 Masche
in Marineblau

Das Motiv in Intarsientechnik str oder alternativ zunächst den Hintergrund in Weiß str und den Anker nachträglich im Maschenstich aufsticken. Die ungeraden R sind nummeriert. Die geraden R beim Str in R von links nach rechts und beim Str in Rd von rechts nach links lesen. Die 1.-18. R 1x str.

474 STEUERRAD

[19 + 2 je Motiv]

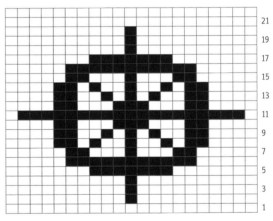

Das Motiv in Intarsientechnik str oder alternativ zunächst den Hintergrund in Weiß str und das Steuerrad nachträglich im Maschenstich aufsticken. Die ungeraden R sind nummeriert. Die geraden R beim Str in R von links nach rechts und beim Str in Rd von rechts nach links lesen. Die 1.-22. R 1x str.

Verwendete Zeichen

☐ = 1 Masche in Naturweiß

■ = 1 Masche in Marineblau

475 WELLEN

[6 + 2 M (+ 2 Rdm beim Str in R)]

In Jacquardtechnik arb. Die ungeraden R sind nummeriert. Die geraden R beim Str in Rd von rechts nach links und beim Str in R von links nach rechts lesen. In der 1. R mit den M vor dem Rapport beginnen und dann den Rapport von 6 M fortlaufend wdh. Für eine Bordüre als Übergang zwischen zwei Farben die 1.-10. R 1x str, für ein flächiges Muster die 1.-10. R stets wdh.

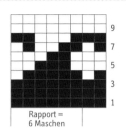

Rapport = 6 Maschen

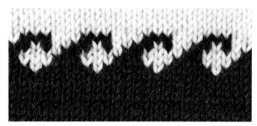

Verwendete Zeichen

☐ = 1 Masche in Naturweiß

■ = 1 Masche in Marineblau

476 SEGELBOOT

[24 + 2 je Motiv]

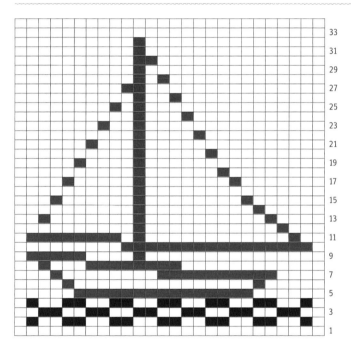

Verwendete Zeichen

☐ = 1 Masche in Naturweiß

■ = 1 Masche in Kirschrot

■ = 1 Masche in Marineblau

Das Motiv in Intarsientechnik str und dabei den Mast und die einzelnen M an den Seiten des Segels nachträglich im Maschenstich aufsticken oder alternativ zunächst den Hintergrund in Weiß str und das Boot und die Wellen nachträglich im Maschenstich aufsticken. Die ungeraden R sind nummeriert. Die geraden R beim Str in R von links nach rechts und beim Str in Rd von rechts nach links lesen. Die 1.-34. R 1x str.

477 KLEINE ZAHLEN

[2-3 + 2 je Zahl]

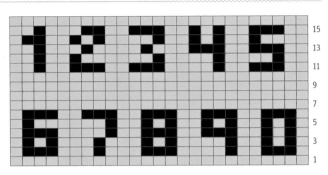

In Jacquard- oder Intarsientechnik str oder alternativ im Maschenstich aufsticken. Die ungeraden R sind nummeriert. Die geraden R beim Str in Rd von rechts nach links und beim Str in R von links nach rechts lesen.

Verwendete Zeichen

☐ = 1 Masche in Goldgelb

■ = 1 Masche in Schwarz

478 GRÖSSERE ZAHLEN

[3-5 + 2 je Zahl]

In Jacquard- oder Intarsientechnik str oder alternativ im Maschenstich aufsticken. Die ungeraden R sind nummeriert. Die geraden R beim Str in Rd von rechts nach links und beim Str in R von links nach rechts lesen.

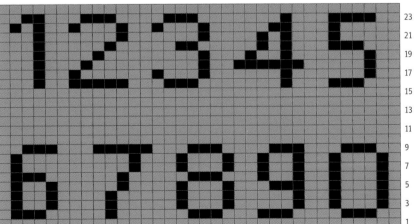

Verwendete Zeichen

☐ = 1 Masche in Koralle

■ = 1 Masche in Schwarz

479 KLEINES ALPHABET

[3-5 + 2 je Buchstabe]

In Jacquard- oder Intarsientechnik str oder alternativ im Maschenstich aufsticken. Die ungeraden R sind nummeriert. Die geraden R beim Str in Rd von rechts nach links und beim Str in R von links nach rechts lesen.

Verwendete Zeichen

☐ = 1 Masche in Goldgelb
■ = 1 Masche in Schwarz

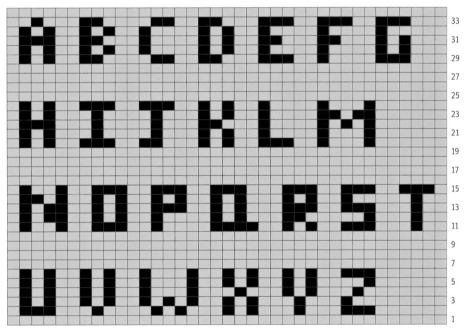

480 GRÖSSERES ALPHABET

[4-7 + 2 je Buchstabe]

In Jacquard- oder Intarsientechnik str oder alternativ im Maschenstich aufsticken. Die ungeraden R sind nummeriert. Die geraden R beim Str in Rd von rechts nach links und beim Str in R von links nach rechts lesen.

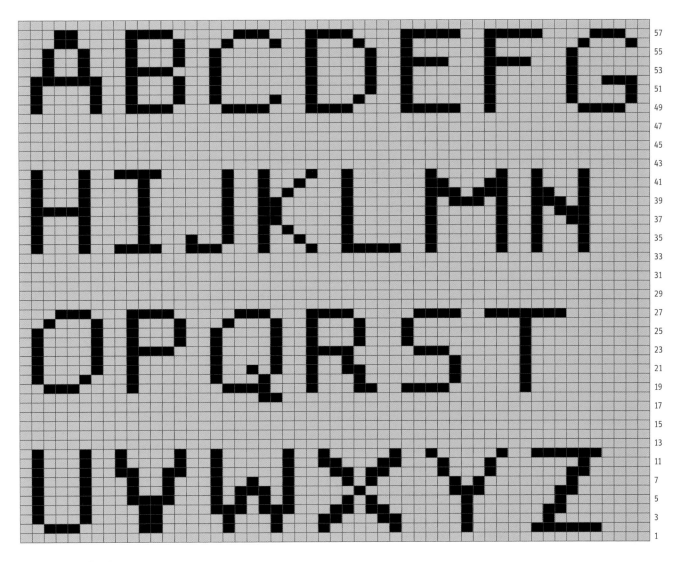

57
55
53
51
49
47
45
43
41
39
37
35
33
31
29
27
25
23
21
19
17
15
13
11
7
5
3
1

Verwendete Zeichen

= 1 Masche in Apricot

= 1 Masche in Schwarz

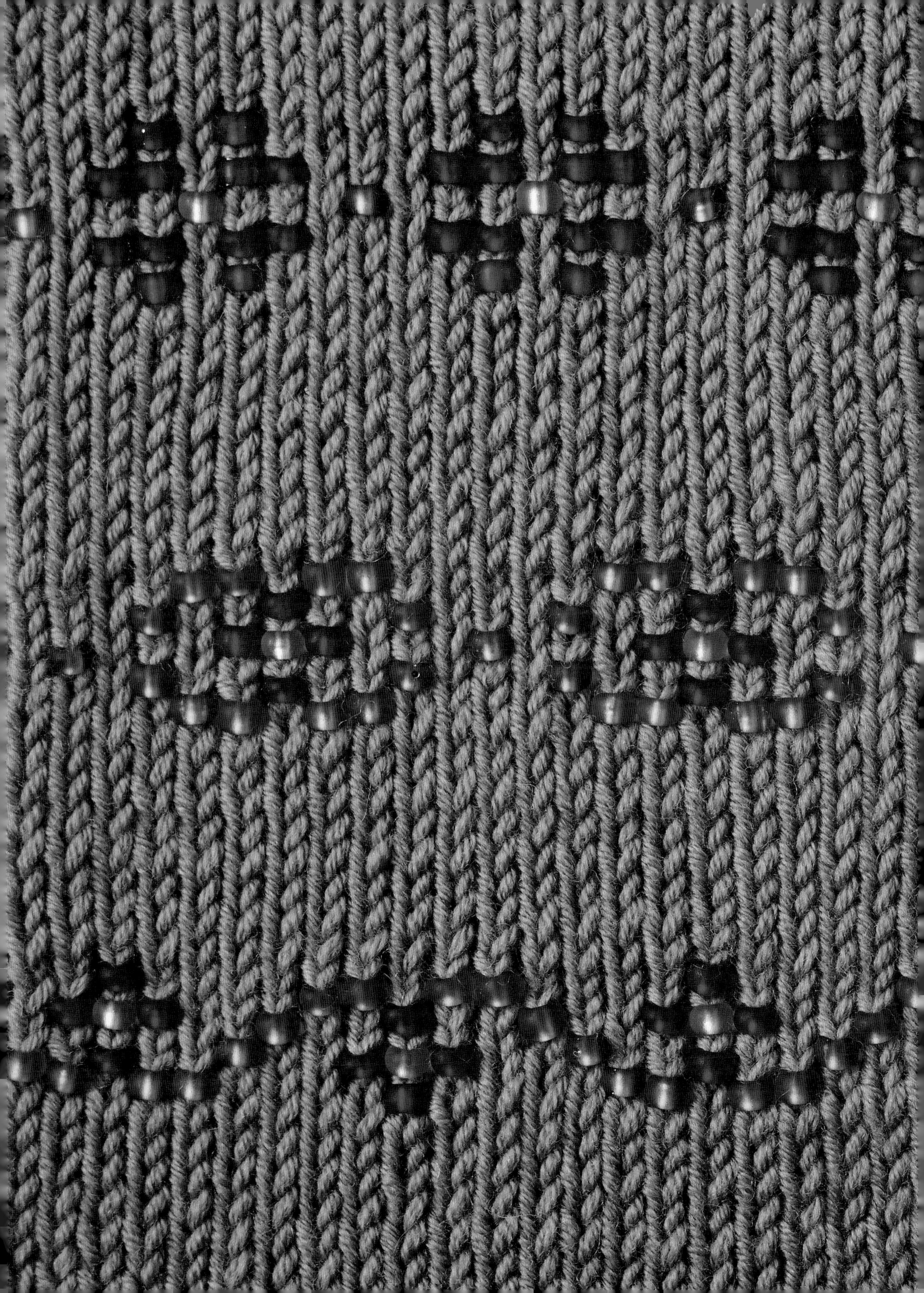

AUSSER-GEWÖHNLICHE TECHNIKEN

481 STERNMUSTER

[4 + 1 M + 2 Rdm]

Es sind nur die Rückr gezeichnet, in den Hinr alle M rechts str. Mit den M vor dem Rapport beginnen, den Rapport von 4 M fortlaufend wdh und mit den M nach dem Rapport enden. Die 1.-4. R stets wdh.

Rapport = 4 Maschen

Verwendete Zeichen

⊙ = 1 Randmasche in Farbe A

⊙ = 1 Randmasche in Farbe B

− = 1 Masche links in Farbe A

− = 1 Masche links in Farbe B

>>> = 3 Maschen links zusammenstricken in Farbe A und auf der linken Nadel lassen, 1 Umschlag in Farbe A und die 3 Maschen auf der linken Nadel erneut links zusammenstricken in Farbe A.

>>> = 3 Maschen links zusammenstricken in Farbe B und auf der linken Nadel lassen, 1 Umschlag in Farbe B und die 3 Maschen auf der linken Nadel erneut links zusammenstricken in Farbe B.

482 ZICKZACK-MUSTER

[14 + 1 M + 2 Rdm]

Die M mit dem Kordelanschlag anschl und 2 R rechte M str. Dann nach der Strickschrift weiterarb. Es sind nur die Hinr gezeichnet, in den Rückr alle M links str. Mit den M vor dem Rapport beginnen, den Rapport von 14 M fortlaufend wdh und mit den M nach dem Rapport enden. Die 1.+2. R stets wdh und dabei nach jeder 6. R die Farbe wechseln.

Für die gezackte Abschlusskante in der 6. R (= Rückr) nach dem letzten Farbwechsel alle M rechts str, die 1. R noch 1x wdh und eine weitere Rückr aus rechten M arb. Dann die M gemäß den Angaben in der Strickschrift elastisch abk.

Rapport = 14 Maschen

Verwendete Zeichen

⊙ = 1 Randmasche

▣ = 1 Masche rechts

◢ = 2 Maschen rechts zusammenstricken.

◣ = 2 Maschen rechts überzogen zusammenstricken: 1 Masche wie zum Rechtsstricken abheben, die nächste Masche rechts stricken und die abgehobene Masche überziehen.

＋ = 1 Masche rechts verschränkt aus dem Querfaden zunehmen.

∩ = 3 Maschen mit aufliegender Mittelmasche zusammenstricken: 2 Maschen gleichzeitig wie zum Rechtsstricken abheben, 1 Masche rechts stricken und die abgehobenen Maschen überziehen.

∼ = 1 Masche elastisch abketten.

> = 1 Masche zuerst elastisch abketten, dann den Faden erneut durch die Masche ziehen und so 1 Luftmasche bilden. Dadurch entsteht am Rand eine Spitze.

▲ = 2 Maschen rechts zusammenstricken und dann elastisch abketten.

◬ = 2 Maschen rechts überzogen zusammenstricken und dann elastisch abketten.

◖ = 3 Maschen mit aufliegender Mittelmasche rechts zusammenstricken und dann elastisch abketten.

☐ = Keine Bedeutung, dient der besseren Übersicht.

FALTENMUSTER

[1 + 2 Rdm]

Es sind Hin- und Rückr gezeichnet. Mit der Rdm vor dem Rapport beginnen, den Rapport von 1 M fortlaufend wdh und mit der Rdm nach dem Rapport enden. Die 1.-14. R 1x str, dann die 5.-14. R stets wdh.

Verwendete Zeichen

● = 1 Randmasche

■ = 1 Masche rechts

− = 1 Masche links

◢ = 2 Maschen rechts zusammenstricken.

⩔ = 2 Maschen aus 1 Masche stricken: 1 Masche erst rechts stricken und auf der linken Nadel belassen, dann noch einmal rechts verschränkt stricken.

☐ = Keine Bedeutung, dient der besseren Übersicht.

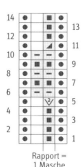

Rapport = 1 Masche

DIAGONALES KORBMUSTER

[2 + 2 Rdm]

Es sind Hin- und Rückr gezeichnet. Mit den M vor dem Rapport beginnen, den Rapport von 2 M fortlaufend wdh und mit den M nach dem Rapport enden. Die 1.+2. R stets wdh.

Verwendete Zeichen

● = 1 Randmasche

− = 1 Masche links

▐■▐■ = Die rechte Nadel hinter der 1. Masche auf der linken Nadel vorbeiführen und die 2. Masche rechts stricken. Die Masche aber auf der linken Nadel lassen und anschließend die 1. Masche der linken Nadel normal rechts stricken. Beide Maschen danach abheben.

▭▱▱ = Die linke Nadel vor der 1. Masche auf der linken Nadel vorbeiführen und die 2. Masche links stricken. Die Masche aber auf der linken Nadel lassen und anschließend die 1. Masche der linken Nadel links stricken. Beide Maschen danach abheben.

Rapport = 2 Maschen

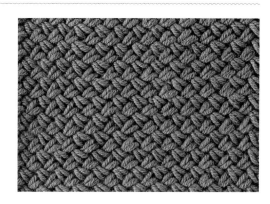

KLEINES SMOKMUSTER

[8 + 2 M + 2 Rdm]

Es sind nur die Hinr gezeichnet, in den Rückr alle M str wie sie erscheinen. Mit den M vor dem Rapport beginnen, den Rapport von 8 M fortlaufend wdh und mit den M nach dem Rapport enden. Die 1.-8. R stets wdh.

Verwendete Zeichen

● = 1 Randmasche

■ = 1 Masche rechts

− = 1 Masche links

⊙ = Den Faden hinter die Arbeit legen und mit der rechten Nadel zwischen der 6. und 7. Masche der linken Nadel einstechen. Den Faden holen, als Schlinge zwischen den Maschen hindurch ziehen und vor die 1. Masche auf die linke Nadel heben. Dann die Schlinge und die folgende Masche rechts zusammenstricken.

Rapport = 8 Maschen

GROSSES SMOKMUSTER

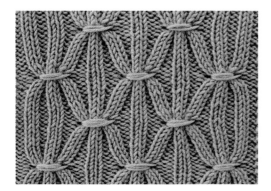

Es sind nur die Hinr gezeichnet, in den Rückr alle M str wie sie erscheinen. Mit den M vor dem Rapport beginnen, den Rapport von 16 M fortlaufend wdh und mit den M nach dem Rapport enden. Die 1.-20. R stets wdh.

Rapport = 16 Maschen

Verwendete Zeichen

● = 1 Randmasche

■ = 1 Masche rechts

– = 1 Masche links

>>>>>>>>>> = Die folgenden 10 Maschen auf eine Hilfsnadel nehmen und den vor der Arbeit liegenden Faden von vorn nach hinten 3 mal um die Maschen auf der Hilfsnadel wickeln. Dann die 10 Maschen der Hilfsnadel 2 Maschen rechts, 2 Maschen links, 2 Maschen rechts, 2 Maschen links, 2 Maschen rechts stricken.

VERSETZTE QUADRATE

Es sind Hin- und Rückr gezeichnet. Mit den M vor dem Rapport beginnen, den Rapport von 8 M fortlaufend wdh und mit den M nach dem Rapport enden. Die 1.-10. R 1x str, dann die 3.-10. R fortlaufend wdh und mit einer 1.+2. R enden.

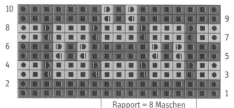

Rapport = 8 Maschen

Verwendete Zeichen

● = 1 Randmasche in Farbe A

● = 1 Randmasche in Farbe B

■ = 1 Masche rechts in Farbe A

■ = 1 Masche rechts in Farbe B

◧ = 1 Masche in Farbe A wie zum Rechtsstricken abheben mit dem Faden hinter der Masche.

▯ = 1 Masche in Farbe A wie zum Rechtsstricken abheben mit dem Faden vor der Masche.

◧ = 1 Masche in Farbe B wie zum Rechtsstricken abheben mit dem Faden hinter der Masche.

▯ = 1 Masche in Farbe B wie zum Rechtsstricken abheben mit dem Faden vor der Masche.

ZWEIFARBIGER KREUZSTICH

[2 + 1 M + 2 Rdm]

Es sind nur die Hinr gezeichnet, in den Rückr alle M in der Farbe der Hinr links str. Mit den M vor dem Rapport beginnen, den Rapport von 2 M fortlaufend wdh und mit den M nach dem Rapport enden. Die 1.-4. Reihe stets wdh und dabei in jeder Hinreihe die Farbe wechseln.

Verwendete Zeichen

◉ = 1 Randmasche in Farbe A

◉ = 1 Randmasche in Farbe B

◼ = 1 Masche rechts in Farbe A

◼ = 1 Masche rechts in Farbe B

◇ ◼ = 1 Masche in Farbe A wie zum Linksstricken abheben mit dem Faden hinter der Masche. 1 Masche rechts und 1 Umschlag in Farbe A stricken und anschließend die abgehobene Masche über die rechte M und den Umschlag ziehen.

◇ ◼ = 1 Masche in Farbe B wie zum Linksstricken abheben mit dem Faden hinter der Masche. 1 Masche rechts und 1 Umschlag in Farbe B stricken und anschließend die abgehobene Masche über die rechte M und den Umschlag ziehen.

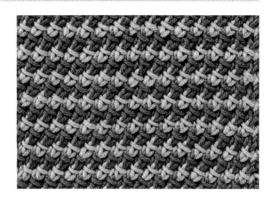

Rapport =
2 Maschen

ZICKZACK-LOCHMUSTER

[15 + 2 Rdm]

Die M mit dem Kordelanschlag anschl und 2 R rechte M str. Dann nach der Strickschrift weiterarb. Es sind nur die Hinr gezeichnet, in den Rückr alle M links str. Mit der Rdm vor dem Rapport beginnen, den Rapport von 15 M fortlaufend wdh und mit der Rdm nach dem Rapport enden. Die 1.+2. Reihe stets wdh und dabei im Wechsel 6. Reihe in der 1. und 2 R in der 2. Farbe arb.

Für die gezackte Abschlusskante in der 6. R (= Rückr) alle M rechts str, die 1. R noch 1x wdh und eine weitere Rückr aus rechten M arb. Dann die M gemäß den Angaben in der Strickschrift elastisch abk.

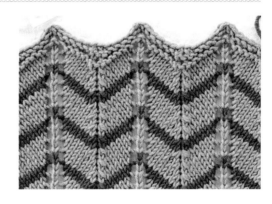

Rapport = 15 Maschen

Verwendete Zeichen

◉ = 1 Randmasche

◼ = 1 Masche rechts

◢ = 2 Maschen rechts zusammenstricken.

◤ = 2 Maschen rechts überzogen zusammenstricken: 1 Masche wie zum Rechtsstricken abheben, die nächste Masche rechts stricken und die abgehobene Masche überziehen.

○ = 1 Umschlag

~ = 1 Masche elastisch abketten.

＞ = 1 Masche zuerst elastisch abketten, dann den Faden erneut durch die Masche ziehen und so 1 Luftmasche bilden. Dadurch entsteht am Rand eine Spitze.

⋀ = 2 Maschen rechts zusammenstricken und dann elastisch abketten.

⋀ = 2 Maschen rechts überzogen zusammenstricken und dann elastisch abketten.

◠ = 3 Maschen mit aufliegender Mittelmasche rechts zusammenstricken und dann elastisch abketten.

☐ = Keine Bedeutung, dient der besseren Übersicht.

BORDÜRE

Es sind Hin- und Rückr gezeichnet. Mit der Rdm vor dem Rapport beginnen, den Rapport von 12 M fortlaufend wdh und mit der Rdm nach dem Rapport enden. Die 1.-62. R 1x str.

Verwendete Zeichen

● = 1 Randmasche in Farbe A

▦ = 1 Randmasche in Farbe B

■ = 1 Masche rechts in Farbe A

▦ = 1 Masche rechts in Farbe B

◁| = 1 Masche in Farbe A wie zum Rechtsstricken abheben mit dem Faden hinter der Masche.

|▷ = 1 Masche in Farbe A wie zum Rechtsstricken abheben mit dem Faden vor der Masche.

◀| = 1 Masche in Farbe B wie zum Rechtsstricken abheben mit dem Faden hinter der Masche.

|▶ = 1 Masche in Farbe B wie zum Rechtsstricken abheben mit dem Faden vor der Masche.

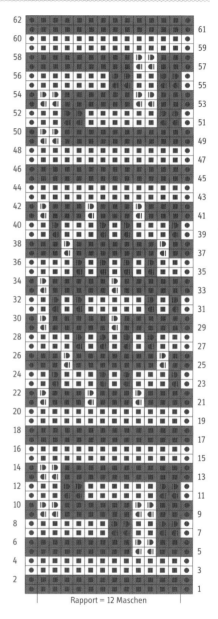

Rapport = 12 Maschen

ILLUSIONSMUSTER MIT ZICKZACKSTREIFEN

[6 + 1 M + 2 Rdm]

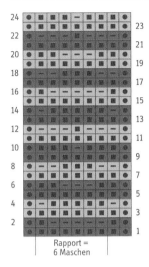

Rapport =
6 Maschen

Es sind Hin- und Rückr gezeichnet. Mit den M vor dem Rapport beginnen, den Rapport von 6 M fortlaufend wdh und mit den M nach dem Rapport enden. Die 1.-24. R stets wdh und dabei in jeder Hinr die Farbe wechseln.

Verwendete Zeichen

⬤ = 1 Randmasche in der Hintergrundfarbe

▨ = 1 Randmasche in der Motivfarbe

■ = 1 Masche rechts in der Hintergrundfarbe

▨ = 1 Masche rechts in der Motivfarbe

━ = 1 Masche links in der Hintergrundfarbe

▬ = 1 Masche links in der Motivfarbe

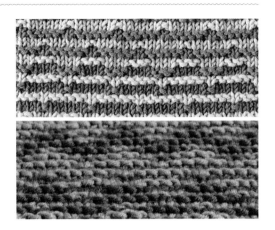

ILLUSIONSMUSTER MIT RAUTEN

[8 + 1 M + 2 Rdm]

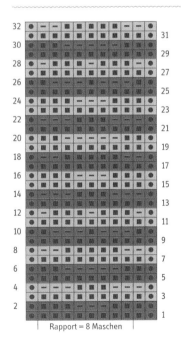

Rapport = 8 Maschen

Es sind Hin- und Rückr gezeichnet. Mit den M vor dem Rapport beginnen, den Rapport von 8 M fortlaufend wdh und mit den M nach dem Rapport enden. Die 1.-32. R stets wdh und dabei in jeder Hinr die Farbe wechseln.

Verwendete Zeichen

⬤ = 1 Randmasche in der Hintergrundfarbe

▨ = 1 Randmasche in der Motivfarbe

■ = 1 Masche rechts in der Hintergrundfarbe

▨ = 1 Masche rechts in der Motivfarbe

━ = 1 Masche links in der Hintergrundfarbe

▬ = 1 Masche links in der Motivfarbe

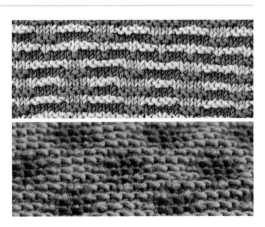

Schmuckbordüren mit eingestrickten Perlen

493 KLEINE BLÜTEN UND RANKEN

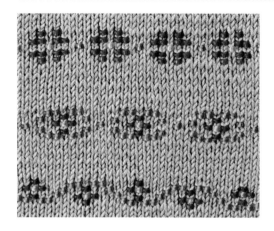

Verwendete Zeichen

⦿ = 1 Randmasche

▪ = 1 Masche rechts

− = 1 Masche links

⌂ = 1 Masche rechts stricken, zurück auf die linke Nadel heben und mit Hilfe einer Fadenschlinge 1 Perle in Farbe A über die Masche ziehen (vgl. Perlen einstricken, Kapitel Grundtechniken).

⌂ = 1 Masche links stricken, zurück auf die linke Nadel heben und mit Hilfe einer Fadenschlinge 1 Perle in Farbe A über die Masche ziehen (vgl. Perlen einstricken, Kapitel Grundtechniken).

⌂ = 1 Masche rechts stricken, zurück auf die linke Nadel heben und mit Hilfe einer Fadenschlinge 1 Perle in Farbe B über die Masche ziehen (vgl. Perlen einstricken, Kapitel Grundtechniken).

⌂ = 1 Masche links stricken, zurück auf die linke Nadel heben und mit Hilfe einer Fadenschlinge 1 Perle in Farbe B über die Masche ziehen (vgl. Perlen einstricken, Kapitel Grundtechniken).

⌂ = 1 Masche rechts stricken, zurück auf die linke Nadel heben und mit Hilfe einer Fadenschlinge 1 Perle in Farbe C über die Masche ziehen (vgl. Perlen einstricken, Kapitel Grundtechniken).

⌂ = 1 Masche links stricken, zurück auf die linke Nadel heben und mit Hilfe einer Fadenschlinge 1 Perle in Farbe C über die Masche ziehen (vgl. Perlen einstricken, Kapitel Grundtechniken).

KLEINE BLÜTEN [8 + 1 M + 2 Rdm]

Es sind Hin- und Rückr gezeichnet. Mit den M vor dem Rapport beginnen, den Rapport von 8 M fortlaufend wdh und mit den M nach dem Rapport enden. Die 1.-5. R 1x str.

Rapport = 8 Maschen

BLÜTENBORTE [10 + 1 M + 2 Rdm]

Es sind Hin- und Rückr gezeichnet. Mit den M vor dem Rapport beginnen, den Rapport von 10 M fortlaufend wdh und mit den M nach dem Rapport enden. Die 1.-5. R 1x str.

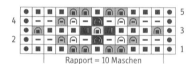

Rapport = 10 Maschen

RANKE MIT BLÜTEN [14 + 5 M + 2 Rdm]

Es sind Hin- und Rückr gezeichnet. Mit den M vor dem Rapport beginnen, den Rapport von 14 M fortlaufend wdh und mit den M nach dem Rapport enden. Die 1.-4. R 1x str.

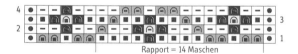

Rapport = 14 Maschen

BÖGEN UND RAUTEN

RAUTENBORTE   [6 + 1 M + 2 Rdm]

Es sind Hin- und Rückr gezeichnet. Mit den M vor dem Rapport beginnen, den Rapport von 6 M fortlaufend wdh und mit den M nach dem Rapport enden. Die 1.-5. R 1x str.

Rapport = 6 Maschen

KLEINE BÖGEN   [7 + 2 Rdm]

Es sind Hin- und Rückr gezeichnet. Mit der Rdm vor dem Rapport beginnen, den Rapport von 7 M fortlaufend wdh und mit der Rdm nach dem Rapport enden. Die 1.-5. R 1x str.

Rapport = 7 Maschen

ORNAMENTE   [14 + 1 M + 2 Rdm]

Es sind Hin- und Rückr gezeichnet. Mit den M vor dem Rapport beginnen, den Rapport von 14 M fortlaufend wdh und mit den M nach dem Rapport enden. Die 1.-5. R 1x str.

Rapport = 14 Maschen

Verwendete Zeichen

● = 1 Randmasche
■ = 1 Masche rechts
— = 1 Masche links

⌂ = 1 Masche rechts stricken, zurück auf die linke Nadel heben und mit Hilfe einer Fadenschlinge 1 Perle über die Masche ziehen (vgl. Perlen einstricken, Kapitel Grundtechniken).

⌂ = 1 Masche links stricken, zurück auf die linke Nadel heben und mit Hilfe einer Fadenschlinge 1 Perle über die Masche ziehen (vgl. Perlen einstricken, Kapitel Grundtechniken).

BLUMEN-BORDÜRE   [18 + 1 M + 2 Rdm]

Es sind Hin- und Rückr gezeichnet. Mit den M vor dem Rapport beginnen, den Rapport von 18 M fortlaufend wdh und mit den M nach dem Rapport enden. Die 1.+2. R bis zur gewünschten Bordürenhöhe fortlaufend wdh, dann die 3.-28. R 1x str und danach die 27.-28. R bis zur gewünschten Höhe stets wdh.

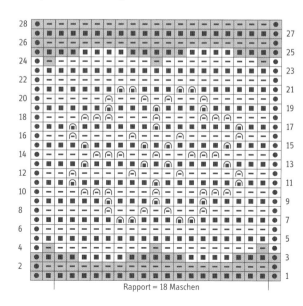
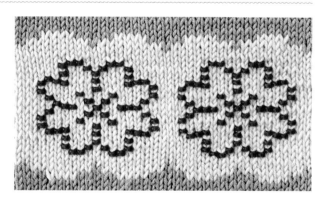

Rapport = 18 Maschen

Verwendete Zeichen

● = 1 Randmasche in Farbe A
● = 1 Randmasche in Farbe B
■ = 1 Masche rechts in Farbe A
■ = 1 Masche rechts in Farbe B
— = 1 Masche links in Farbe A
— = 1 Masche links in Farbe B

⌂ = 1 Masche in Farbe A rechts stricken, zurück auf die linke Nadel heben und mit Hilfe einer Fadenschlinge 1 Perle über die Masche ziehen (vgl. Perlen einstricken, Kapitel Grundtechniken).

⌂ = 1 Masche in Farbe A links stricken, zurück auf die linke Nadel heben und mit Hilfe einer Fadenschlinge 1 Perle über die Masche ziehen (vgl. Perlen einstricken, Kapitel Grundtechniken).

Formbeständige **Webmuster**

WEBMUSTER MIT STOFFCHARAKTER

[2 + 2 Rdm]

Es sind Hin- und Rückr gezeichnet. Mit der Rdm vor dem Rapport beginnen, den Rapport von 2 M fortlaufend wdh und mit der Rdm nach dem Rapport enden. Die 1.+2. R stets wdh.

Rapport = 2 Maschen

Verwendete Zeichen

● = 1 Randmasche

■ = 1 Masche rechts

— = 1 Masche links

ID = 1 Masche wie zum Linksstricken abheben mit dem Faden vor der Masche.

OI = 1 Masche wie zum Linksstricken abheben mit dem Faden hinter der Masche.

FISCHGRÄTMUSTER

[10 + 2 Rdm]

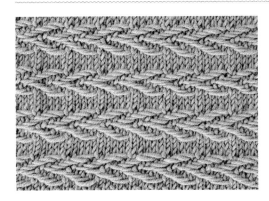

Es sind Hin- und Rückr gezeichnet. Mit der Rdm vor dem Rapport beginnen, den Rapport von 10 M fortlaufend wdh und mit der Rdm nach dem Rapport enden. Die 1.-14. R stets wdh.

Rapport = 10 Maschen

Verwendete Zeichen

● = 1 Randmasche

■ = 1 Masche rechts

— = 1 Masche links

ID = 1 Masche wie zum Linksstricken abheben mit dem Faden vor der Masche.

OI = 1 Masche wie zum Linksstricken abheben mit dem Faden hinter der Masche.

WAAGERECHTES TUNESISCHES MUSTER [1 + 2 Rdm]

Es sind Hin- und Rückr gezeichnet. Mit der Rdm vor dem Rapport beginnen, den Rapport von 1 M fortlaufend wdh und mit der Rdm nach dem Rapport enden. Die 1.+2. R stets wdh.

Rapport = 1 Masche

Verwendete Zeichen

● = 1 Randmasche

○ = 1 Umschlag

◀| = 1 Masche wie zum Rechtsstricken abheben mit dem Faden hinter der Masche.

‡ = 1 Umschlag mit der folgenden Masche rechts verschränkt zusammenstricken.

☐ = Keine Bedeutung, dient der besseren Übersicht.

SENKRECHTES TUNESISCHES MUSTER [1 + 2 Rdm]

Es sind Hin- und Rückr gezeichnet. Mit der Rdm vor dem Rapport beginnen, den Rapport von 1 M fortlaufend wdh und mit der Rdm nach dem Rapport enden. Die 1.+2. R stets wdh.

Rapport = 1 Masche

Verwendete Zeichen

● = 1 Randmasche

○ = 1 Umschlag

◀| = 1 Masche wie zum Rechtsstricken abheben mit dem Faden hinter der Masche.

▮ = 1 Masche mit dem folgenden Umschlag rechts verschränkt zusammenstricken.

☐ = Keine Bedeutung, dient der besseren Übersicht.

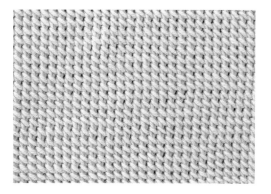

FALSCHES TUNESISCHES MUSTER [1 + 2 Rdm]

Es sind Hin- und Rückr gezeichnet. Mit der Rdm vor dem Rapport beginnen, den Rapport von 1 M fortlaufend wdh und mit der Rdm nach dem Rapport enden. Die 1.+2. R stets wdh.

Rapport = 1 Masche

Verwendete Zeichen

● = 1 Randmasche

⊖ = 1 Masche mit 1 Umschlag wie zum Linksstricken abheben.

‡ = 1 Umschlag mit der folgenden Masche rechts verschränkt zusammenstricken.

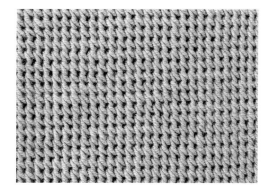

GRUND-
TECHNIKEN

ABKÜRZUNGEN

abh = abheben
abk = abketten
anschl = anschlagen
arb = arbeiten
Hinr = Hinreihe
M = Masche(n)
Nd = Nadel(n)
R = Reihe(n)
Rd = Runde(n)
Rdm = Randmasche(n)
Rückr = Rückreihe
str = stricken
U = Umschlag
wdh = wiederholen

SYMBOLE

↔ Muster kann verbreitert werden

↕ Muster kann verlängert werden

◯ Muster ist mit der Rundnadel zu stricken

➥ beidseitig verwendbares Muster

[ ] Die Angaben in eckigen Klammern zu Beginn jedes Musters beziehen sich auf die für das Muster benötigte Maschenzahl. Sie errechnet sich als teilbar durch die erste Angabe plus die Anzahl der folgenden Maschen bzw. Randmaschen. Beispiel: [16 + 3 M + 2 Rdm] bedeutet, es muss eine Maschenzahl teilbar durch 16 plus 3 Maschen plus 2 Randmaschen angeschlagen werden.

ANFANGSSCHLINGE

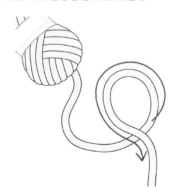

1 Den Faden zu einer Schlinge legen.

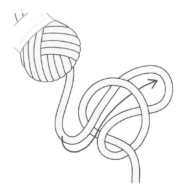

2 Den Fadenabschnitt, der zum Knäuel führt (= Arbeitsfaden), als Schlaufe durch die Schlinge hindurch ziehen.

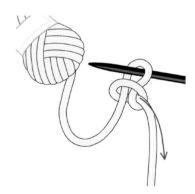

3 Die entstandene Schlaufe über eine Stricknadel streifen und festziehen.

MASCHEN ANSCHLAGEN

KREUZANSCHLAG

Der Kreuzanschlag ist eine der gebräuchlichsten Anschlagsarten. Er ergibt eine etwas festere, aber dennoch dehnbare, gerade Anschlagskante.

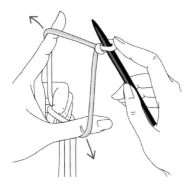

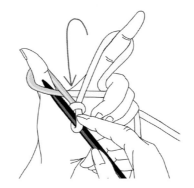

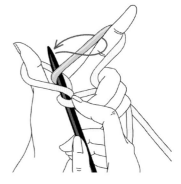

1 Eine Anfangsschlinge arbeiten und auf der Stricknadel festziehen. Das lose Fadenende sollte mindestens 3x so lang sein wie die spätere Anschlagskante. Mit Daumen und Zeigefinger der linken Hand zwischen die beiden herabhängenden Fadenenden greifen, den Arbeitsfaden um den Zeigefinger und das lose Ende um den Daumen legen. Die beiden Fäden mit den drei anderen Fingern in der Handfläche festhalten.

2 Die Stricknadel nach unten führen, sodass sich eine Schlinge um den Daumen bildet. Von unten in diese Daumenschlinge einstechen.

3 Die Nadelspitze in Pfeilrichtung um den Arbeitsfaden führen ...

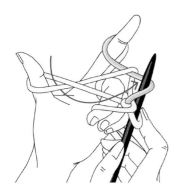

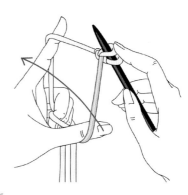

4 ... und diesen durch die Daumenschlinge ziehen.

5 Den Daumen aus der Schlinge nehmen und die Schlinge auf der Nadel vorsichtig festziehen — nicht zu fest und nicht zu locker.

6 Durch Heben des Daumens in die Ausgangsposition zurückkehren und für weitere Maschen Schritt 2-6 wiederholen.

TIPP: Für einen nicht zu festen und besonders gleichmäßigen Anschlag können die Maschen auch auf 2 Nadeln angeschlagen werden. Die 2. Nadel nach dem Anschlag herausziehen.

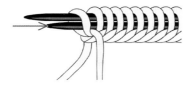

KORDELANSCHLAG

Der Kordelanschlag ergibt eine besonders dehnbare Kante, die sich gut für alle Muster mit gebogenen oder gezackten Anschlagskanten eignet.

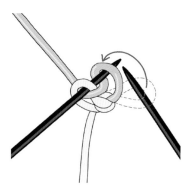

1 Eine Anfangsschlinge arbeiten und auf der Stricknadel festziehen. Das lose Fadenende dabei kurz lassen, da es später nur vernäht wird. Der Anschlag erfolgt mit dem Arbeitsfaden. Die Stricknadel mit der Anfangsschlinge in die linke Hand nehmen und den Arbeitsfaden um den Zeigefinger wickeln. Mit der rechten Nadel von rechts nach links durch die Schlinge stechen und den Faden in Pfeilrichtung um die Nadel führen.

2 Den Faden durch die Schlinge ziehen...

3 ...und die neue Masche von der rechten auf die linke Nadel heben.

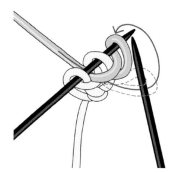

4 Für die 3. Masche mit der rechten Nadel zwischen die 1. und 2. Masche auf der linken Nadel stechen und den Faden in Pfeilrichtung um die Nadel führen.

5 Den Faden zwischen den beiden Maschen hindurch ziehen und die neue Masche von der rechten auf die linke Nadel heben. Für weitere Maschen Schritt 4-5 wiederholen und dabei stets zwischen den beiden zuletzt aufgestrickten Maschen einstechen.

MASCHEN STRICKEN

RECHTE MASCHEN

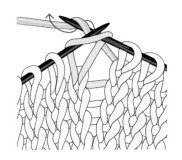

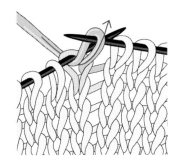

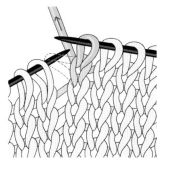

1 Mit der Spitze der rechten Nadel von vorne links nach hinten rechts in die Masche einstechen. Die Nadel in Pfeilrichtung um den Faden herumführen ...

2 ... und den Faden durch die Masche ziehen.

3 Die Masche von der linken Nadel gleiten lassen und auf der rechten Nadel vorsichtig festziehen.

LINKE MASCHEN

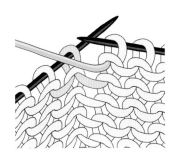

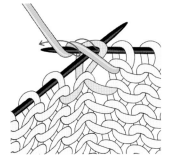

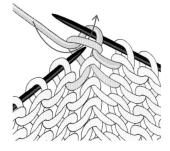

1 Den Arbeitsfaden nach vorn holen und vor die Nadel und die nächste Masche legen.

2 Mit der rechten Nadel von rechts nach links in die Masche einstechen, dabei hinter dem Faden bleiben. Die Nadel in Pfeilrichtung um den Faden herumführen, ...

3 ... den Faden durch die Masche ziehen und diese von der linken Nadel gleiten lassen.

RECHTS VERSCHRÄNKTE MASCHEN

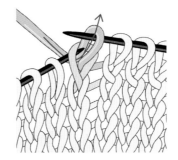

1 Mit der rechten Nadel von rechts nach links in die Masche einstechen, der Faden liegt hinter der Nadel.

2 Den Faden holen wie bei der rechten Masche beschrieben und durch die Masche ziehen. Die Masche von der linken Nadel gleiten lassen.

LINKS VERSCHRÄNKTE MASCHEN

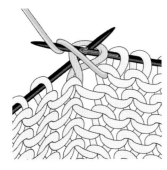

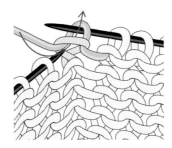

1 Den Arbeitsfaden nach vorn holen und mit der rechten Nadel auf der Rückseite der Arbeit von links nach rechts unter dem hinteren Maschenschenkel einstechen.

2 Den Faden mit der rechten Nadel holen wie bei der linken Masche beschrieben und durch die Masche ziehen. Die Masche von der linken Nadel gleiten lassen.

MASCHEN ABHEBEN

WIE ZUM RECHTSSTRICKEN MIT DEM FADEN HINTER DER MASCHE

 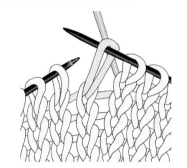

1 In die Masche wie zum Rechtsstricken einstechen. Der Arbeitsfaden liegt hinter der Arbeit.

2 Den Faden nicht durchholen, sondern die Masche ungestrickt auf die rechte Nadel heben.

WIE ZUM LINKSSTRICKEN MIT DEM FADEN VOR DER MASCHE

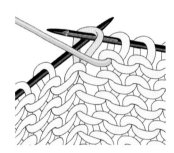 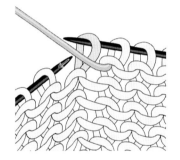

1 In die Masche wie zum Linksstricken einstechen. Der Arbeitsfaden liegt vor der Arbeit.

2 Den Faden nicht durchholen, sondern die Masche ungestrickt auf die rechte Nadel heben.

WIE ZUM LINKSSTRICKEN MIT DEM FADEN HINTER DER MASCHE

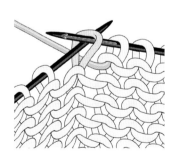 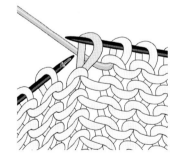

1 In die Masche wie zum Linksstricken einstechen. Der Arbeitsfaden liegt hinter der Arbeit.

2 Den Faden nicht durchholen, sondern die Masche einfach ungestrickt auf die rechte Nadel heben.

MASCHEN ZUNEHMEN

UMSCHLÄGE

Den Arbeitsfaden wie zum Linksstricken nach vorn holen und dann über die rechte Nadel nach hinten legen.

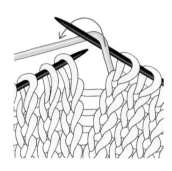

RECHTS VERSCHRÄNKTE ZUNAHME AUS DEM QUERFADEN

1 Mit der linken Nadel von vorne nach hinten unter dem Querfaden einstechen und diesen auf die Nadel heben.

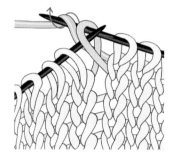

2 Mit der rechten Nadel von rechts nach links in die Schlinge, die der Querfaden bildet, einstechen, den Faden holen...

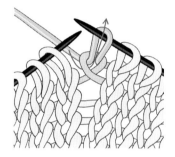

3 ...und durch die Schlinge ziehen. Die Masche von der linken Nadel gleiten lassen.

MEHRERE MASCHEN AUS EINER MASCHE STRICKEN

RECHTS UND RECHTS VERSCHRÄNKT IM WECHSEL

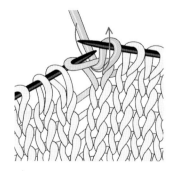

1 In die folgende Masche wie zum Rechtsstricken von links nach rechts einstechen, den Faden holen und die durchgezogene Schlinge auf die rechte Nadel nehmen. Die Masche selbst auf der linken Nadel lassen.

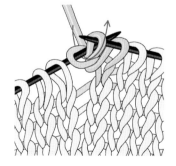

2 Nun mit der rechten Nadel wie zum Rechts-Verschränkt-Stricken von rechts nach links in diese Masche einstechen, den Faden holen und die durchgezogene Schlinge auf die rechte Nadel nehmen. Die Masche selbst weiterhin auf der linken Nadel lassen.

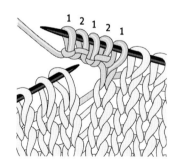

3 Schritt 1 und 2 im Wechsel wiederholen, bis die gewünschte Anzahl an Maschen erreicht ist, und die Masche dann von der linken Nadel gleiten lassen.

RECHTS MIT UMSCHLÄGEN IM WECHSEL

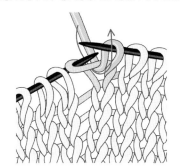

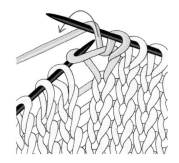

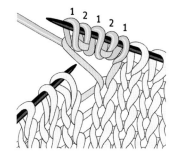

1 In die folgende Masche wie zum Rechtsstricken von links nach rechts einstechen, den Faden holen und die durchgezogene Schlinge auf die rechte Nadel nehmen. Die Masche selbst auf der linken Nadel lassen.

2 Den Arbeitsfaden nach vorn holen und als Umschlag über die rechte Nadel nach hinten legen. Die Masche selbst weiterhin auf der linken Nadel lassen.

3 Schritt 1 und 2 im Wechsel wiederholen, bis die gewünschte Anzahl an Maschen erreicht ist, dabei mit Schritt 1 enden und die Masche dann von der linken Nadel gleiten lassen.

RECHTS UND LINKS IM WECHSEL

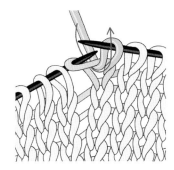

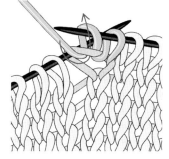

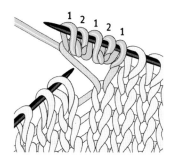

1 In die folgende Masche wie zum Rechtsstricken von links nach rechts einstechen, den Faden holen und die durchgezogene Schlinge auf die rechte Nadel nehmen. Die Masche selbst auf der linken Nadel lassen.

2 Nun mit der rechten Nadel wie zum Linksstricken von rechts nach links in diese Masche einstechen, den Faden holen und die durchgezogene Schlinge auf die rechte Nadel nehmen. Die Masche selbst weiterhin auf der linken Nadel lassen.

3 Schritt 1 und 2 im Wechsel wiederholen, bis die gewünschte Anzahl an Maschen erreicht ist, und die Masche dann von der linken Nadel gleiten lassen.

MASCHEN ABNEHMEN

ZWEI MASCHEN RECHTS ZUSAMMENSTRICKEN

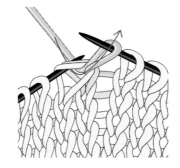

1 Mit der rechten Nadel wie zum Rechtsstricken in die beiden folgenden Maschen gemeinsam einstechen, den Faden holen…

2 …und beide Maschen zusammen rechts stricken.

ZWEI MASCHEN RECHTS VERSCHRÄNKT ZUSAMMENSTRICKEN

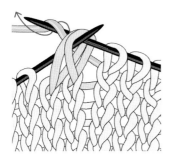

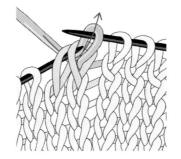

1 Mit der rechten Nadel wie zum Rechts-verschränkt-Stricken in die beiden folgenden Maschen gemeinsam einstechen, den Faden holen…

2 …und beide Maschen zusammen rechts verschränkt stricken.

ZWEI MASCHEN RECHTS ÜBERZOGEN ZUSAMMENSTRICKEN

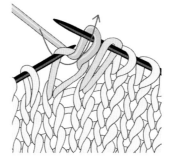

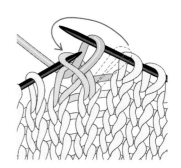

1 Eine Masche wie zum Rechtsstricken abheben.

2 Die nächste Masche rechts stricken…

3 …und die abgehobene Masche mit der linken Nadel über die zuvor rechts gestrickte Masche und die rechte Nadelspitze heben. Die Masche von der Nadel gleiten lassen.

HINWEIS: Alternativ beide Maschen nacheinander wie zum Rechtsstricken abheben, zurück auf die linke Nadel heben und dann rechts verschränkt zusammenstricken.

ZWEI MASCHEN LINKS ZUSAMMENSTRICKEN (NACH RECHTS GENEIGT AUF DER RECHTS GESTRICKTEN SEITE)

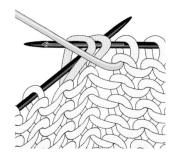

1 Den Faden vor die Arbeit legen. Mit der rechten Nadel in die nächsten beiden Maschen zusammen wie zum Linksstricken einstechen, ...

2 den Faden holen und beide Maschen zusammen links stricken.

ZWEI MASCHEN LINKS ZUSAMMENSTRICKEN (NACH LINKS GENEIGT AUF DER RECHTS GESTRICKTEN SEITE)

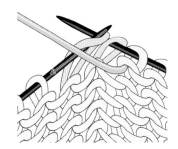

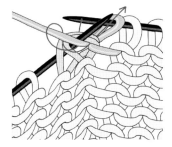

1 Den Faden vor die Arbeit legen. Zwei Maschen nacheinander wie zum Rechtsstricken abheben, ...

2 zurück auf die linke Nadel heben und dann links verschränkt zusammenstricken

DREI MASCHEN RECHTS ZUSAMMENSTRICKEN

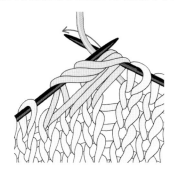

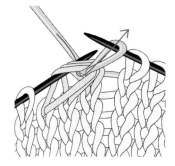

1 Mit der rechten Nadel wie zum Rechtsstricken in die drei folgenden Maschen gemeinsam einstechen, den Faden holen ...

2 ...und alle drei Maschen zusammen rechts stricken.

DREI MASCHEN RECHTS ÜBERZOGEN ZUSAMMENSTRICKEN

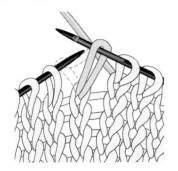

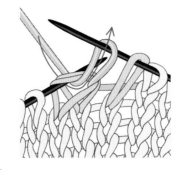

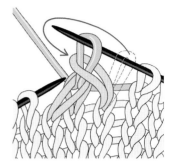

1 Eine Masche wie zum Rechtsstricken abheben.

2 Die nächsten beiden Maschen rechts zusammenstricken ...

3 ... und die abgehobene Masche mit der linken Nadel über die beiden zuvor rechts gestrickten Maschen und die rechte Nadelspitze heben. Die Masche von der Nadel gleiten lassen.

DREI MASCHEN MIT AUFLIEGENDER MITTELMASCHE ZUSAMMENSTRICKEN

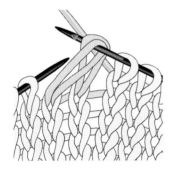

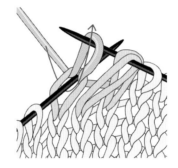

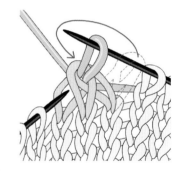

1 Zwei Maschen zusammen wie zum Rechtsstricken abheben.

2 Die nächste Masche rechts stricken ...

3 ... und die beiden abgehobenen Maschen mit der linken Nadel über die zuvor rechts gestrickte Masche und die rechte Nadelspitze heben. Die Masche von der Nadel gleiten lassen.

DREI MASCHEN LINKS ZUSAMMENSTRICKEN

1 Den Faden vor die Arbeit legen. Mit der rechten Nadel in die nächsten drei Maschen zusammen wie zum Linksstricken einstechen, ...

2 den Faden holen und alle drei Maschen zusammen links stricken.

RANDMASCHEN

KETTRAND

In Hin- und Rückreihen jeweils die 1. Masche mit dem Faden vor der Nadel wie zum Linksstricken abheben und die letzte Masche rechts stricken.

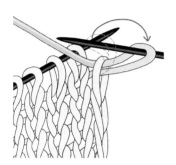
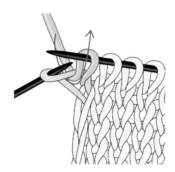

KNÖTCHENRAND

In Hin- und Rückreihen jeweils die 1. Masche mit dem Faden hinter der Nadel wie zum Rechtsstricken abheben und die letzte Masche rechts stricken.

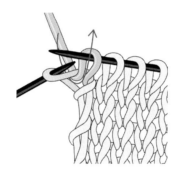

PATENTRAND

Für Strickstücke im Patentmuster mit offenen Seitenrändern.
In Hin- und Rückreihen jeweils bei den ersten und letzten drei Maschen die rechten Maschen rechts stricken und die linken Maschen mit dem Faden vor der Masche wie zum Linksstricken nur abheben.

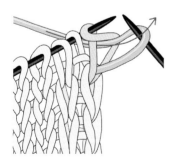
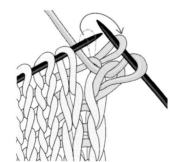
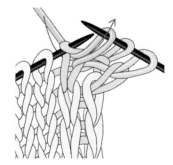

ABKETTEN

MASCHEN RECHTS ABKETTEN

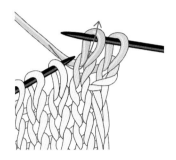

1 Zwei Maschen rechts stricken.

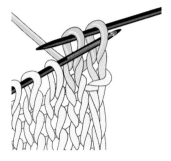

2 Mit der linken Nadel von links nach rechts in die erste der beiden Maschen einstechen, ...

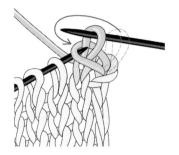

3 ... die Masche über die zweite Masche und die rechte Nadelspitze heben und von der Nadel gleiten lassen. Erneut eine rechte Masche stricken und Schritt 2 und 3 wiederholen.

MASCHEN ELASTISCH ABKETTEN

Dies ergibt eine besonders dehnbare Kante für alle Muster mit gebogenen oder gezackten Abschlusskanten.

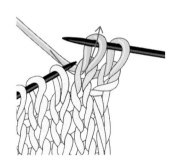

1 Zwei Maschen rechts stricken.

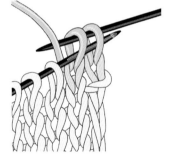

2 Mit der linken Nadel von links nach rechts in die beiden Maschen auf der rechten Nadel gemeinsam einstechen. Den Arbeitsfaden über die rechte Nadel führen, ...

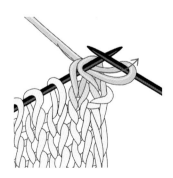

3 ... durch beide Maschen ziehen und die Maschen von der linken Nadel gleiten lassen.

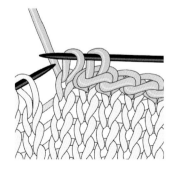

4 Erneut eine rechte Masche stricken und die Schritte 2 und 3 wiederholen.

ZOPFMASCHEN

Für weniger Geübte empfiehlt sich zunächst das Verzopfen der Maschen mit einer Hilfsnadel.

MASCHEN NACH LINKS VERZOPFEN

MIT EINER HILFSNADEL

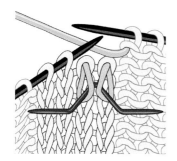 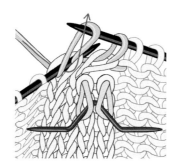 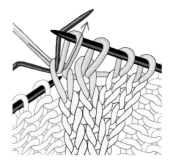

1 Die entsprechende Anzahl an Maschen (im Bild zwei Maschen) mit einer Hilfsnadel wie zum Linksstricken abheben und auf der Hilfsnadel vor die Arbeit legen.

2 Die übrigen zu verzopfenden Maschen (im Bild zwei Maschen) im Zopfmuster stricken.

3 Dann die Maschen der Hilfsnadel im Zopfmuster stricken.

MIT ZWEI HILFSNADELN

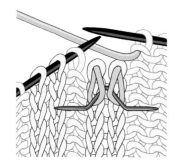 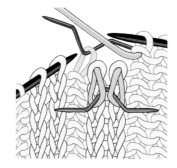 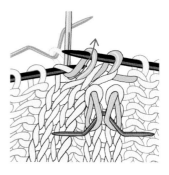

1 Die entsprechende Anzahl an Maschen für die 1. Maschengruppe (im Bild zwei Maschen) mit der 1. Hilfsnadel wie zum Linksstricken abheben und auf der Hilfsnadel vor die Arbeit legen.

2 Nun die Maschen der 2. Maschengruppe (im Bild eine Masche) mit der 2. Hilfsnadel wie zum Linksstricken abheben und auf der Hilfsnadel hinter die Arbeit legen.

3 Die übrigen Maschen der 3. Maschengruppe im Zopfmuster stricken.

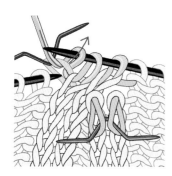 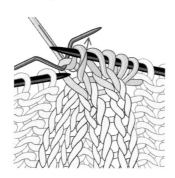

4 Zuerst die Maschen der 2. Hilfsnadel im angegebenen Muster (im Bild links) stricken ...

5 ... und danach die Maschen der 1. Hilfsnadel im Zopfmuster stricken.

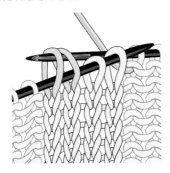

1 Mit der rechten Nadel hinter der entsprechenden Anzahl an Maschen (im Bild zwei Maschen) vorbei in die entsprechende Anzahl an folgenden Maschen (im Bild zwei Maschen) auf der linken Nadel wie zum Linksstricken einstechen. Der Faden liegt hinter den Maschen.

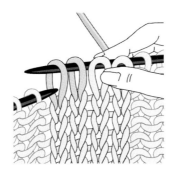

2 Die linke Nadel aus den zu verzopfenden Maschen herausziehen. Dabei verbleiben die Maschen der rechten Nadel auf der Nadel und die übrigen Maschen liegen offen vor der Nadel. Die offenen Maschen durch leichten Druck mit dem Daumen gegen die rechte Nadel sichern.

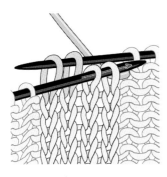

3 Mit der linken Nadel die offenen Maschen vor der Arbeit von links nach rechts auffangen.

4 Die Maschen der rechten Nadel wie zum Rechtsstricken auf die linke Nadel zurück heben und die Zopfmaschen in der neuen Reihenfolge stricken.

MASCHEN NACH RECHTS VERZOPFEN

MIT EINER HILFSNADEL

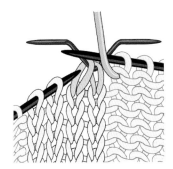

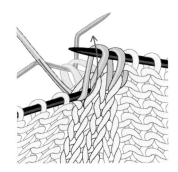

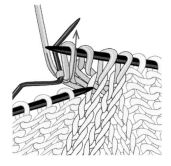

1 Die entsprechende Anzahl an Maschen (im Bild zwei Maschen) mit einer Hilfsnadel wie zum Linksstricken abheben und mit der Hilfsnadel hinter die Arbeit legen.

2 Die übrigen zu verzopfenden Maschen (im Bild zwei Maschen) im Zopfmuster stricken.

3 Dann die Maschen der Hilfsnadel im Zopfmuster stricken.

MIT ZWEI HILFSNADELN

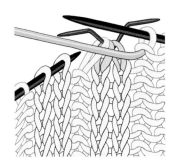

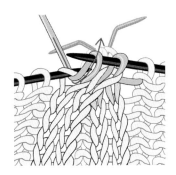

1 Die angegebene Anzahl an Maschen (im Bild drei Maschen) zunächst mit einer Hilfsnadel wie zum Linksstricken abheben und hinter die Arbeit legen.

2 Die übrigen Maschen im Zopfmuster stricken.

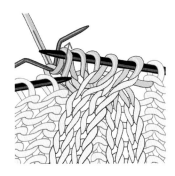

3 Dann die entsprechende Anzahl an Maschen (im Bild zwei Maschen) mit einer 2. Hilfsnadel wie zum Linksstricken von der 1. Hilfsnadel abheben und vor die Arbeit legen. Die übrigen Maschen der 1. Hilfsnadel im angegebenen Muster (im Bild eine Masche links) stricken ...

4 ... und danach die Maschen der 2. Hilfsnadel im Zopfmuster stricken.

OHNE HILFSNADEL

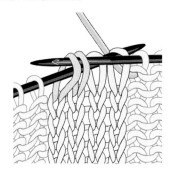

1 Mit der rechten Nadel vor der entsprechenden Anzahl an Maschen (im Bild zwei Maschen) vorbei in die entsprechende Anzahl an folgenden Maschen (im Bild zwei Maschen) auf der linken Nadel wie zum Linksstricken einstechen. Der Faden liegt hinter den Maschen.

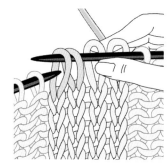

2 Die linke Nadel aus den zu verzopfenden Maschen herausziehen. Dabei verbleiben die Maschen der rechten Nadel auf der Nadel und die übrigen Maschen liegen offen hinter der Nadel. Die offenen Maschen durch leichten Druck mit dem Daumen gegen die rechte Nadel sichern.

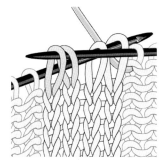

3 Mit der linken Nadel die offenen Maschen hinter der Arbeit von links nach rechts auffangen.

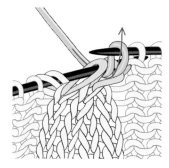

4 Die Maschen der rechten Nadel wie zum Rechtsstricken auf die linke Nadel zurück heben und die Zopfmaschen in der neuen Reihenfolge stricken.

ZUGMASCHEN

Zugmaschen sind rechts oder rechts verschränkt gestrickte Maschen, die durch Verkreuzen und Verziehen schöne Muster bilden. Für weniger Geübte empfiehlt sich zunächst das Verzopfen der Maschen mit einer Hilfsnadel (siehe Zopfmaschen).

ZWEI ZUGMASCHEN NACH LINKS VERKREUZEN

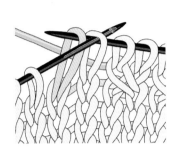

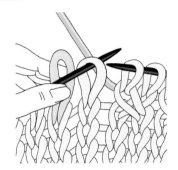

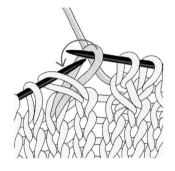

1 Beide Zugmaschen wie zum Linksstricken mit dem Faden hinter den Maschen auf die rechte Nadel heben. Mit der linken Nadel vor der von der Spitze aus gezählten 1. Masche vorbei in die 2. Masche auf der rechten Nadel wie zum Rechtsstricken einstechen.

2 Die rechte Nadel aus beiden Maschen herausziehen. Dabei verbleibt die 2. Masche auf der linken Nadel und die 1. Masche liegt offen hinter der Nadel. Die offene Masche durch leichten Druck mit dem Daumen gegen die linke Nadel sichern.

3 Mit der rechten Nadel die offene Masche hinter der Arbeit auffangen und wie zum Linksstricken auf die linke Nadel heben.

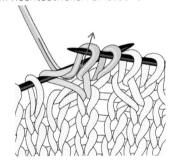

4 Beide Maschen entsprechend dem Muster nacheinander rechts oder rechts verschränkt stricken.

ZWEI ZUGMASCHEN NACH RECHTS VERKREUZEN

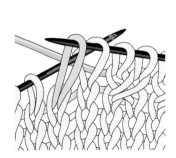

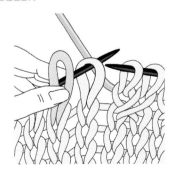

1 Beide Zugmaschen wie zum Linksstricken mit dem Faden hinter den Maschen auf die rechte Nadel heben. Mit der linken Nadel hinter der von der Spitze aus gezählten 1. Masche vorbei in die 2. Masche auf der rechten Nadel wie zum Rechtsstricken einstechen.

2 Die rechte Nadel aus beiden Maschen herausziehen. Dabei verbleibt die 2. Masche auf der linken Nadel und die 1. Masche liegt offen vor der Nadel. Die offene Masche durch leichten Druck mit dem Daumen gegen die linke Nadel sichern.

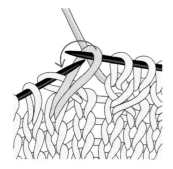

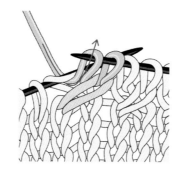

3 Mit der rechten Nadel die offene Masche vor der Arbeit auffangen und wie zum Linksstricken auf die linke Nadel heben.

4 Beide Maschen entsprechend dem Muster nacheinander rechts oder rechts verschränkt stricken.

EINE ZUGMASCHE NACH LINKS VERZIEHEN

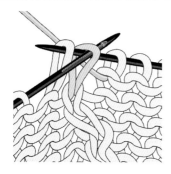

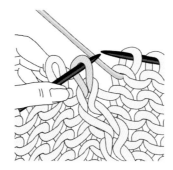

1 Die Zugmasche und die folgende linke Masche wie zum Linksstricken mit dem Faden hinter den Maschen auf die rechte Nadel heben. Mit der linken Nadel vor der linken Masche (= von der Spitze aus gezählten 1. Masche) vorbei in die Zugmasche (= 2. Masche) auf der rechten Nadel wie zum Rechtsstricken einstechen.

2 Die rechte Nadel aus beiden Maschen herausziehen. Dabei verbleibt die Zugmasche auf der linken Nadel und die linke Masche liegt offen hinter der Nadel. Die offene Masche durch leichten Druck mit dem Daumen gegen die linke Nadel sichern.

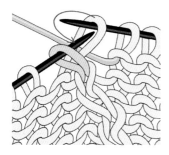

3 Mit der rechten Nadel die offene Masche hinter der Arbeit auffangen und wie zum Linksstricken auf die linke Nadel heben.

4 Die linke Masche links und die Zugmasche entsprechend dem Muster rechts oder rechts verschränkt stricken.

EINE ZUGMASCHE NACH RECHTS VERZIEHEN

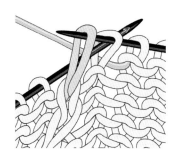

1 Die linke Masche und die folgende Zugmasche wie zum Linksstricken mit dem Faden hinter den Maschen auf die rechte Nadel heben. Mit der linken Nadel hinter der Zugmasche (= von der Spitze aus gezählten 1. Masche) vorbei in die linke Masche (= 2. Masche) auf der rechten Nadel wie zum Rechtsstricken einstechen.

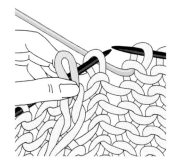

2 Die rechte Nadel aus beiden Maschen herausziehen. Dabei verbleibt die linke Masche auf der linken Nadel und die Zugmasche liegt offen vor der Nadel. Die offene Masche durch leichten Druck mit dem Daumen gegen die linke Nadel sichern.

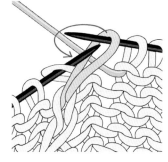

3 Mit der rechten Nadel die offene Masche vor der Arbeit auffangen und wie zum Linksstricken auf die linke Nadel heben.

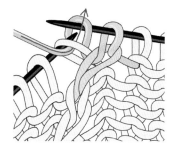

4 Die Zugmasche entsprechend dem Muster rechts oder rechts verschränkt und die linke Masche links stricken.

PATENTMASCHEN

EINE MASCHE MIT EINEM UMSCHLAG WIE ZUM LINKSSTRICKEN ABHEBEN

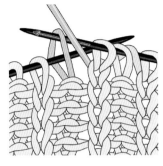

1 Den Faden vor die Arbeit holen. Hinter dem Faden wie zum Linksstricken in die folgende Masche einstechen und den Faden als Umschlag von vorn nach hinten über die Masche legen.

2 Die Masche zusammen mit dem Umschlag ungestrickt auf die rechte Nadel heben.

EINE MASCHE MIT DEM FOLGENDEN UMSCHLAG RECHTS ZUSAMMENSTRICKEN

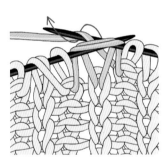

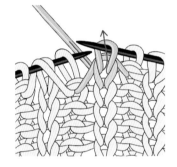

1 Mit der rechten Nadel wie zum Rechtsstricken in die folgende Masche mit dem darüber liegenden Umschlag einstechen, den Faden holen...

2 ...und Masche und Umschlag zusammen rechts stricken.

EINE MASCHE MIT DEM FOLGENDEN UMSCHLAG LINKS ZUSAMMENSTRICKEN

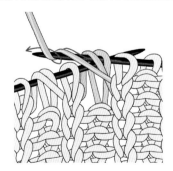

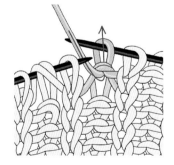

1 Den Faden vor die Arbeit legen. Mit der rechten Nadel in die folgende Masche mit dem darüber liegenden Umschlag wie zum Linksstricken einstechen,...

2 den Faden holen und Masche und Umschlag zusammen links stricken.

TIEFER GESTOCHENE MASCHEN

EINE REIHE TIEFER

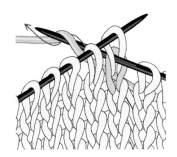

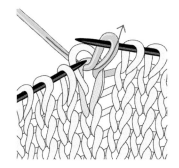

1 Mit der rechten Nadel in die Masche eine Reihe tiefer wie zum Rechtsstricken einstechen, …

2 … den Faden durch die Masche ziehen und die Masche von der linken Nadel gleiten lassen. Die darüber liegende Masche löst sich dabei auf und wird gleich als Umschlag eingestrickt.

MEHRERE REIHEN TIEFER

In gleicher Weise in noch tiefer liegende Reihen einstechen und die darüber liegenden Maschen auflösen.

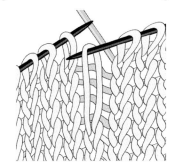

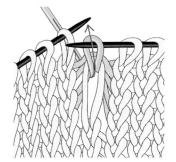

1 Alternativ die Masche zuvor bis zur entsprechenden Reihe fallen lassen und dann mit der rechten Nadel wie zum Rechtsstricken aufnehmen.

2 Anschließend mit der rechten Nadel unter den entstandenen Querfäden hindurch stechen, den Faden um die Nadel legen und 1 Masche rechts stricken. Die Querfäden dabei umfassen.

BESONDERHEITEN BEIM MUSTERSTRICKEN

INTARSIEN

Bei größeren Farbflächen oder Motiven werden die einzelnen Flächen mit einem eigenen Faden gestrickt und so lange Spannfäden vermieden. Beim Übergang von einer zur anderen Farbe werden die jeweiligen Fäden miteinander verkreuzt.

In Hin- oder Rückreihe bis zum Farbwechsel stricken und beide Fäden entgegen dem Uhrzeigersinn miteinander verkreuzen.

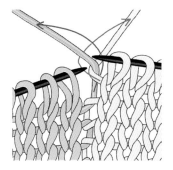 

JACQUARD

Bei der Jacquardtechnik wird in jeder Reihe oder Runde mit zwei oder mehr Farben gestrickt. Der oder die gerade nicht verwendeten Fäden werden auf der Rückseite locker mitgeführt und bilden dort Spannfäden.

Hierbei gibt es unterschiedliche Möglichkeiten, die Fäden zu halten:

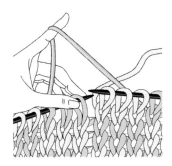 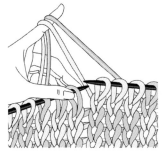 

1 Nur der jeweilige Arbeitsfaden liegt auf dem Zeigefinger, die übrigen Fäden hängen auf der Rückseite lose herab und der Faden wird jeweils gewechselt. Eignet sich gut für Anfänger.

2 Zwei Fäden laufen zusammen in gleicher Richtung über den Zeigefinger.

3 Zwei Fäden laufen verkreuzt über den Zeigefinger: Ein Faden läuft von hinten nach vorn und der zweite von vorn nach hinten über den Zeigefinger.

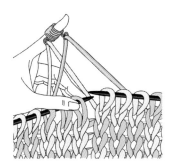 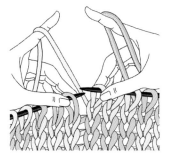

4 Ein Strickfingerhut aus dem Fachhandel für zwei oder bis zu vier Farben auf dem Zeigefinger übernimmt die Fadenführung. Das Verdrehen der Fäden wird vermieden.

5 Die Fadenhaltung erfolgt beidhändig, je ein Faden pro Zeigefinger. Braucht etwas Übung.

HINWEIS: Die Spannfäden sollten möglichst gleichmäßig und nicht zu fest oder zu locker angezogen werden. Bei längeren Strecken, die überspannt werden, den zu spannenden Faden einmal auf halber Strecke mit dem Arbeitsfaden verdrehen, um störende Schlaufen auf der Rückseite zu vermeiden. Beim Stricken in Reihen auch an den Rändern jeweils die Fäden vor dem Wenden miteinander verkreuzen. Beim Stricken in Runden wird das Maschenbild besonders gleichmäßig.

GESTICKTER MASCHENSTICH

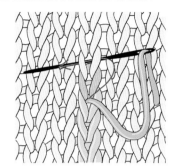
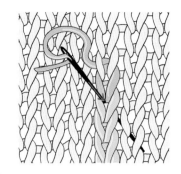

1 Mit der Wollnadel zunächst von der Rückseite der Strickarbeit durch die Masche unterhalb der zu bestickenden Masche stechen und den Faden zur Vorderseite durchziehen. Nun rechts oben neben der Masche wieder auf die Rückseite durchstechen, den Faden hinter der Arbeit um 1 Masche nach links führen und wieder nach vorne durchstechen.

2 Nach unten zur Maschenspitze fahren, nach hinten durchstechen und den Faden wieder auf die Rückseite ziehen.

PERLEN EINSTRICKEN

Einen Nähgarnfaden in eine Perlennadel oder feine Nähnadel fädeln und mit einem Knoten etwas unterhalb der Öse sichern. Die Masche, auf die die Perle aufgezogen werden soll, zunächst rechts stricken und zurück auf die linke Nadel heben.

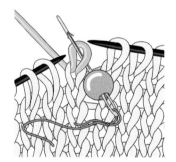
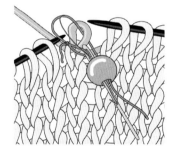

1 Nun eine Perle auf die Nadel fädeln und die Masche mit der Perlennadel von der Stricknadel heben.

2 Die Nadel durch die Masche ziehen und durch die aufgefädelte Perle zurückführen.

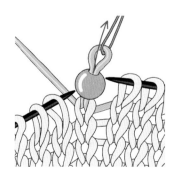
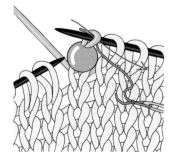

3 Dann die Masche mit der entstandenen Fadenschlinge durch die Perle ziehen und die Perle so auf der Masche platzieren.

4 Die Masche mit Hilfe der Fadenschlinge auf die rechte Nadel hängen und den Faden wieder herausziehen.

STRICKSCHRIFTEN LESEN

Wegen der besseren Lesbarkeit werden Strickmuster in sogenannten Strickschriften dargestellt. In diesen Strickschriften wird deutlich, welche Maschen neben- und übereinanderstehen müssen. Jedes Kästchen steht dabei für eine Masche. Werden nur die Hinreihen (= Reihen mit Reihenzahl am rechten Rand) im Muster gestrickt, so werden die Rückreihen in der Strickschrift ausgelassen und lediglich im Anleitungstext kurz beschrieben.

Strickschriften liest man in Strickrichtung von rechts nach links und von unten nach oben. Sind Rückreihen (= Reihen mit Reihenzahl am linken Rand) eingezeichnet, werden sie in entgegengesetzter Richtung von links nach rechts gelesen.

Die verwendeten Symbole werden in einer separaten Legende erklärt.

●	= 1 Randmasche
■	= 1 Masche rechts
—	= 1 Masche links

Die gekennzeichneten Rapporte werden den Angaben in den Anleitungen gemäß fortlaufend wiederholt. Maschenmarkierer, mit denen jeder Rapportbeginn gekennzeichnet wird, können hier die Orientierung erleichtern.

Bei manchen Strickmustern wechselt die Maschenzahl pro Reihe. Hier wird die Strickschrift dann am Rand dementsprechend breiter oder schmaler oder innerhalb der Strickschrift finden sich der besseren Übersicht wegen leere Kästchen ohne Bedeutung als Platzhalter.

Bei einigen Mustern (z. B. Blatt- und Blütenmuster) ist eine zusätzliche Strickschrift ergänzt. An den entsprechend gekennzeichneten Stellen wird dann von der Hauptstrickschrift zu der zusätzlichen Strickschrift gewechselt, diese abgearbeitet und danach zur Hauptstrickschrift zurückgekehrt.

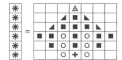

Strickschriften für Intarsien- oder Jacquardmuster sind als Zählmuster mit Farbflächen dargestellt. Sie werden gelesen wie eine Strickschrift für ein Glatt-rechts-
Muster. Die Farben werden dabei entsprechend dem Zählmuster gewechselt.
Jedes Kästchen steht für eine Masche in der jeweiligen Farbe. In den Hinreihen
werden diese Maschen rechts und in den Rückreihen links gestrickt. Wie bei den
übrigen Strickschriften werden auch hier die Hinreihen von rechts nach links
und die Rückreihen in entgegengesetzter Richtung von links nach rechts gelesen.
Beim Stricken in Reihen werden die nummerierten, ungeraden Reihen als Hinreihen
rechts und alle geraden Reihen als Rückreihen links gestrickt. Die Hinreihen dabei
von rechts nach links und die Rückreihen in entgegengesetzter Richtung von links
nach rechts lesen. Beim Stricken in Runden alle Maschen rechts stricken und das
Zählmuster dabei stets von rechts nach links lesen.

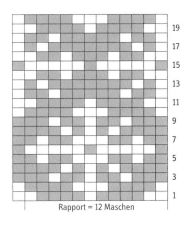

Rapport = 12 Maschen

Verwendete Zeichen

☐ = 1 Masche in Weiß
▨ = 1 Masche in Hellblau

VOM MUSTER ZUM MODELL

EIN MODELL PLANEN

Ganz am Anfang steht die Planung des Modells. Was soll gestrickt werden? Ein modisches Accessoire wie Schal, Mütze, Stulpen oder Tasche? Die braucht man immer. Ein trendiger Pullover, eine kuschelige Jacke oder ein bequemer Poncho für die neue Saison? Oder soll es etwas Schickes für die Wohnung sein? Eine schöne Kissenhülle, eine weiche Decke, ein Lampenschirm oder eine Hülle für die Vase?

EINEN SCHNITT ZEICHNEN

Steht fest, was gestrickt werden soll, ist nun zu überlegen, wie es gestrickt werden soll. Dabei kann man sich auch gut an vorhandenen Schnitten oder fertigen Kleidungsstücken oder Accessoires orientieren. Wird das Modell in einem oder in mehreren Teilen gestrickt? Zunächst einen einfachen Schnitt des Modells zeichnen. Werden mehrere Teile gestrickt, so sollte jedes zu strickende Teil einzeln aufgezeichnet werden. Für einen Pullover braucht man z.B. einen Schnitt für ein Vorderteil, ein Rückteil und einen Ärmel. Bei identischen Teilen, wie z.B. Ärmeln, genügt es, ein Teil zu zeichnen. Bündchen, sofern vorhanden, gleich mitzeichnen. Nachträglich anzustrickende Teile, wie z.B. eine Blende oder einen Kragen, notieren oder kurz skizzieren. Nun müssen die Maße in den Schnitt eingetragen werden. Für ein rechteckiges Teil, wie z.B. einen Schal genügen Länge und Breite. Für einen Pullover oder eine Jacke hingegen werden die Breite und Länge der jeweiligen Teile, die Höhe des Arm- und Halsausschnitts, die Breite der Schultern, des Halsausschnitts und der Armausschnitte benötigt.

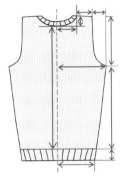

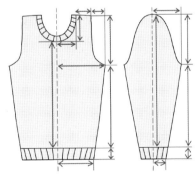

Diese Maße kann man auch von einem vorhandenen, gut sitzenden Kleidungsstück abnehmen und übertragen. Sie sollten aber am Körper noch einmal überprüft und falls erforderlich angepasst werden. Wurde etwas Bewegungsspielraum berücksichtigt? Ist der Halsausschnitt auf den Kopfumfang abgestimmt? Bei Kissenhüllen und Überzügen für Lampen und Vasen ist zudem die Dehnung zu berücksichtigen und das Modell daher etwas kleiner zu stricken.

EIN MUSTER AUSWÄHLEN

Nachdem Modell und Schnitt festgelegt wurden, steht nun die Musterauswahl an. Soll das ganze Modell in einem Muster gestrickt werden oder möchte man mehrere Muster miteinander kombinieren?

Klassisch ist die Kombination eines flächigen Musters mit einem separaten Muster für die Anfangs- oder Abschlusskante. Rippen- oder Zopfmuster bilden wegen ihrer Elastizität gut sitzende Bündchen- oder Blendenmuster. Da sich Zopfmuster stark zusammenziehen, ist es hilfreich, zunächst weniger Maschen anzuschlagen und die restlichen Maschen dann in der 1. Musterreihe gleichmäßig verteilt zuzunehmen. So erhält man eine gerade Abschlusskante, die sich nicht wellt. Gleiches ist auch beim Abketten von Zopfrändern zu berücksichtigen. Hier werden bereits in der letzten Musterreihe einige Maschen abgenommen, bevor

die restlichen Maschen dann in der folgenden Reihe abgekettet werden. Bordüren (siehe S. 212 ff.) sind ideale Kombinationsmuster für die Randgestaltung. Einige wie z.B. die Tropfen-Bögen, die Ranken-Borte, die Pfauenmuster-Bordüre oder die gezackte Lochmuster-Kante eignen sich gut als Anfangskante für Accessoires wie Schals, Stulpen, Ponchos und Lampenbezüge oder die Vorder- und Rückenteile sowie Ärmel von Pullovern und Jacken.

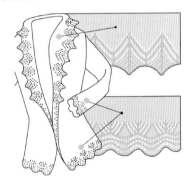

Am Rand mitgestrickte Bordüren dienen als seitlicher Abschluss für einen Schal, ein Tuch oder eine offene Jacke. Andere Bordüren wie z.B. die filigrane Abschlusskante, der gezackte Ajour-Abschluss oder die Blumen-Abschlussbordüre bilden einen attraktiven Abschluss am Ende eines Schals, Tuchs oder eines Kragens.

Aber auch in der Höhe können einzelne Musterbordüren beliebig mit glatt rechts Gestricktem kombiniert, mehrfach wiederholt oder miteinander kombiniert werden. Auch eine Abfolge unterschiedlicher Muster ist denkbar. Es ist auch möglich, einzelne Musterstreifen in der Breite zu kombinieren. Beispiele dazu finden sich bei den Aran- und Trachtenmustern (siehe S. 70 ff.) sowie den Zopf-Lochmustern (siehe S. 86 ff). Hierbei ist jeweils die unterschiedliche Breite der einzelnen Musterstreifen zu berücksichtigen und bei Bedarf durch rechte oder linke Maschen bis zur gewünschten Breite zu ergänzen.

GEEIGNETES GARN AUSWÄHLEN

Muster wirken je nach verwendeter Garnart und -stärke sehr unterschiedlich. So sieht dasselbe Lochmuster mit derselben Nadelstärke gestrickt völlig anders aus, wenn man es einmal mit einem zarten Mohairgarn und einmal mit einem dicken Merino- oder Baumwollgarn arbeitet. Bei flauschigen Garnen oder Garnen mit Struktur verschwimmen Muster etwas. Glatte Garne hingegen bringen Muster besonders gut zur Geltung. Dasselbe gilt für mehr- und einfarbige Garne. Auch die Verzwirnung spielt bei der Wahl des Garns eine Rolle. Je fester ein Garn verzwirnt wurde, desto deutlicher ist das Maschenbild.

Bei der Garnauswahl ist zudem der Verwendungszweck zu berücksichtigen. So eignet sich z. B. gröbere Sockenwolle nicht für zarte Kinder-oder Babyhaut, während sie für stark strapazierte Socken ideal ist. Ein Strickmantel aus reiner Seide würde schnell die Form verlieren. Strickt man ihn hingegen aus flauschigem Mohair, hat man lange Freude daran. Für luftige Sommermodelle sind Leinen- und Baumwollgarne ideal, für wärmende Wintersachen hingegen sind Schurwollgarne oder Woll-Mischgarne besser geeignet. Auch die Pflegeansprüche des Garns spielen eine Rolle. Wird das Modell häufiger gewaschen, sollte das Garn pflegeleicht sein.

EINE MASCHENPROBE ANFERTIGEN UND AUSWERTEN

Ist das Muster ausgewählt, folgt als Erstes die Maschenprobe. Auch wenn man diese am liebsten umgehen und eigentlich gleich losstricken würde, sollte man lieber nicht auf sie verzichten. Für ein perfektes Strickergebnis ist eine sorgfältig gestrickte und gespannte Maschenprobe einfach unerlässlich. Nur so lässt sich vermeiden, dass man sich später über ein nicht passendes Strickstück ärgert.

Für die Maschenprobe ein ca. 15 cm x 15 cm großes Quadrat mit dem gewählten Garn und einer geeigneten Nadelstärke im gewünschten Muster bzw. bei mehreren Mustern in den gewählten Mustern arbeiten. Einen Anhalts-

punkt für die passende Nadelstärke und die benötigte Anzahl an Maschen bieten die Angaben auf der Garnbanderole. Zu der dort angegebenen Anzahl an Maschen für 10 cm noch einmal die Hälfte hinzurechnen. Für Zopf- und Rippenmuster etwas mehr Maschen anschlagen, da sich diese stärker zusammenziehen. Bei Bedarf die Nadelstärke anpassen, bis das Gestrick die gewünschte Optik erhält.

Auch bei Jacquardmustern sollte man eine Maschenprobe im Muster und nicht nur in einer Farbe glatt rechts stricken, da das Jacquardmuster mit mehreren Farben anders ausfällt als ein glatt rechts gestricktes Muster mit nur einer Farbe. Für Rundgestricktes die Maschenprobe ebenfalls in der Runde stricken, da fortlaufend rechts gestrickte Maschen eine andere Maschenprobe ergeben als ein Rechtslinks-Gestrick. Zum Ausmessen die Maschenprobe dann entweder etwas größer stricken oder die Maschen längs mit zwei parallel verlaufenden Nähten sichern und die Maschenprobe dazwischen längs aufschneiden.

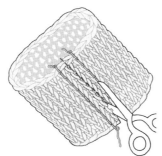

Die Maschenprobe nach dem Abketten anfeuchten oder kurz waschen und sorgfältig spannen (siehe S. 305). Eine glatt rechts gestrickte Probe aus reiner Schur- oder Baumwolle kann auch unter einem feuchten Tuch von links vorsichtig gedämpft werden. Die gut getrocknete Maschenprobe von der Unterlage lösen und erst nach dem Ablösen ausmessen, da sie sich eventuell noch etwas zusammenzieht. Mit Hilfe eines Maßbandes oder Lineals ein 10 cm x 10 cm großes Quadrat in der Mitte der Strickprobe mit Stecknadeln markieren und die Maschen und Reihen innerhalb der Markierung abzählen und notieren.

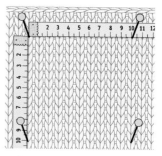

Alternativ einen Zählrahmen auflegen und die Maschen und Reihen innerhalb des Rahmens abzählen.

DIE MASCHENZAHLEN BERECHNEN

Für die weiteren Berechnungen ist ein Taschenrechner sehr hilfreich. Zunächst wird die für die Breite von 10 cm gezählte Maschenzahl durch 10 geteilt. Dies ist die Maschenzahl für eine Breite von 1 cm. Diese Maschenzahl nun mit der gewünschten Breite des Strickstücks in Zentimetern multiplizieren. Daraus ergibt sich die für die gewünschte Breite erforderliche Anzahl an Maschen. Beim Stricken in Hin- und Rückreihen noch zwei zusätzliche Maschen als Randmaschen ergänzen. Die ermittelte Anzahl an Maschen in den Schnitt eintragen und die Berechnung für alle Breiten des zu strickenden Teils wiederholen.

BEISPIEL: 10 cm Maschenprobe ergibt 15 Maschen in der Breite. Teilt man 15 Maschen durch 10 cm ergibt dies eine Maschenzahl von 1,5 Maschen je 1 cm Breite. Für eine gewünschte Breite von 40 cm wird nun die Maschenzahl 1,5 mit 40 multipliziert. Das Ergebnis sind 60 Maschen, die in diesem Beispiel für eine Breite von 40 cm benötigt werden.

DIE REIHENZAHLEN BERECHNEN

Die Reihenzahlen werden in gleicher Weise berechnet. Die für die Höhe von 10 cm gezählte Anzahl an Reihen durch 10 teilen. Dies ist die Reihenzahl für eine Höhe von 1 cm. Diese Reihenzahl nun mit der gewünschten Höhe des Strickstücks in Zentimetern multiplizieren. Daraus ergibt sich die für die gewünschte Höhe erforderliche Anzahl an Reihen. Die ermittelte Anzahl an Reihen in den Schnitt eintragen und die

Berechnung für alle Höhen des zu strickenden Teils wiederholen.

BEISPIEL: 10 cm Maschenprobe ergibt 20 Reihen in der Höhe. Teilt man 20 Reihen durch 10 cm ergibt dies eine Reihenzahl von 2 Reihen je 1 cm Höhe. Für eine gewünschte Höhe von 40 cm wird nun die Reihenzahl 2 mit 40 multipliziert. Das Ergebnis sind 80 Reihen, die in diesem Beispiel für eine Höhe von 40 cm benötigt werden.

ZU- UND ABNAHMEN BERECHNEN

Bei nicht ausschließlich rechteckigen Teilen sind darüber hinaus Zu- oder Abnahmen zu berechnen. Werden alle Maschen in einer Reihe zu- oder abgenommen, errechnet sich die Anzahl der Maschen ausschließlich über die zu- oder abzunehmende Breite, wie oben beschrieben. Erfolgt die Zu- oder Abnahme jedoch über eine bestimmte Höhe hinweg, ist auch die Anzahl der Reihen zu berücksichtigen. Hierfür zunächst die Anzahl der Maschen für die zu- oder abzunehmende Breite berechnen. Dann anhand der Höhe, über die hinweg die Maschen zu- oder abgenommen werden sollen, die Anzahl der Reihen errechnen, wie oben beschrieben. Zum Schluss die Anzahl der Reihen durch die Anzahl der Maschen teilen.

BEISPIEL: 10 Maschen sollen über 80 Reihen hinweg zugenommen werden. 80 geteilt durch 10 ergibt 8. In diesem Beispiel wird also 10x in jeder 8. Reihe je 1 Masche zugenommen. Geht beim Teilen die Anzahl der Reihen nicht glatt auf und es ergeben sich Stellen hinter dem Komma, muss zunächst die Anzahl übriger Reihen ermittelt werden. Hierfür die Zahl vor dem Komma mit der Anzahl an Maschen multiplizieren. Zieht man das Ergebnis dann von der Gesamtzahl an Reihen ab, ergibt sich die Anzahl

übriger Reihen. Diese werden nun möglichst gleichmäßig über die Höhe hinweg verteilt.

BEISPIEL: 10 Maschen sollen über 86 Reihen hinweg zugenommen werden. 86 geteilt durch 10 ergibt 8,6. 8 multipliziert mit 10 ergibt 80. 86 Reihen minus 80 Reihen ergibt 6 übrige Reihen. In diesem Beispiel wird also 4x in jeder 8. Reihe und 6x in jeder 9. Reihe je 1 Masche zugenommen. Für eine besonders gleichmäßige Verteilung kann man zudem zunächst 2x in jeder 8. Reihe und dann 3x in jeder 9. Reihe je 1 Masche zunehmen und dies dann noch 1x wiederholen.

Erfolgen Zu- oder Abnahmen nicht über eine gleichmäßige Schräge hinweg, müssen sie anders und in Anlehnung an die Schnittzeichnung verteilt werden. So nimmt man z. B. bei abgerundeten Hals- oder Armausschnitten zunächst mehr Maschen in weniger Reihen und dann die restlichen Maschen über mehr Reihen hinweg ab damit sich ein gerundeter Verlauf ergibt.

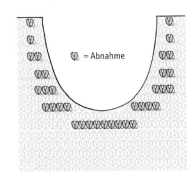

Folgen Muster mit unterschiedlich ausfallenden Maschenproben aufeinander, müssen je nach Maschenprobe Maschen zu- oder abgenommen werden.

DEN GARNVERBRAUCH ABSCHÄTZEN

Anhand der auf der Banderole des Garns angegebenen Lauflänge und einer Strickprobe lässt sich der ungefähre Garnverbrauch für das gewünschte Modell abschätzen. Hierfür zunächst mindestens 50, besser 100 Maschen im ausgewählten Muster und mit der später verwendeten Nadelstärke stricken. Beginn und Ende dieser Maschen auf dem Garn markieren, die Maschen aufziehen und den Abstand zwischen den beiden Markierungen messen. Dies ist die Garnlänge, die für 50 oder 100 Maschen benötigt wird. Diese Garnlänge durch 50 bzw. 100 geteilt, ergibt die benötigte Garnlänge pro Masche. Nun errechnet man die Gesamtmaschenzahl des Strickstücks anhand des Schnittes, indem man die Anzahl der Reihen jeweils mit der Anzahl der Maschen je Reihe multipliziert. Diese Gesamtmaschenzahl wird dann mit der benötigten Garnlänge je Masche multipliziert. Daraus ergibt sich die für das Modell benötigte Gesamtgarnlänge. Diese teilt man nun noch durch die Lauflänge je Knäuel, um die benötigte Anzahl an Knäueln zu erhalten.

BEISPIEL: Für 100 Maschen wurde 1,5 m (= 150 cm) Garn verbraucht. 150 cm geteilt durch 100 Maschen ergibt 1,5 cm je Masche. Für einen kleinen Schal mit 40 Maschen je Reihe und 350 Reihen sind 350 mal 40, also 14.000 Maschen zu stricken. Dafür werden 14.000 mal 1,5 cm gleich 21.000 cm oder 210 m Garn benötigt. Bei einer Lauflänge von 85 m je Knäuel braucht man dafür 210 geteilt durch 85, also etwa 2,5 Knäuel.

Zu dieser Menge noch etwas Reserve hinzurechnen. Anschlag- und Abkettkanten verbrauchen mehr Wolle und auch die Fadenenden zu Anfang und Ende oder auch ggf. Knoten innerhalb eines Knäuels sind zu berücksichtigen.

Darüber hinaus wird zusätzlich noch Garn zum Zusammennähen und eventuell für nachträglich anzustrickende Blenden, Bindebänder, Fransen etc. gebraucht. Zudem nimmt die Maschengröße bei größeren Strickprojekten oft etwas zu, da bei größeren Strickstücken das Gestrick mehr nach unten zieht.

DEN MUSTERRAPPORT AN DIE MASCHENZAHL ANPASSEN

Passt die ermittelte Anzahl an Maschen nicht zu der Maschenzahl des gewählten Musters, ist eine Anpassung erforderlich. Zunächst anhand der Maschenzahl des gewählten Musters prüfen, wie viele Maschen übrig sind bzw. für eine weitere Wiederholung des jeweils angegebenen Rapports noch benötigt würden. Ist die Abweichung gering, so kann man die ermittelte Anzahl an Maschen um wenige Maschen erhöhen oder reduzieren oder je nach Muster am Rand 1-2 zusätzliche rechte oder linke Maschen ergänzen. Bei größeren Abweichungen muss der Reihen- oder Rundenanfang in den Rapport hinein verschoben werden. Damit dies symmetrisch erfolgt, die Hälfte der überzähligen Maschen vom Rapportende aus abzählen und dies als Reihen- oder Rundenbeginn markieren. Auch das Reihen- oder Rundenende verschiebt sich dementsprechend. Einfach dem Rapport weiter folgen, bis alle Maschen bzw. beim Stricken in Reihen alle Maschen außer der Randmasche gestrickt sind, und diese Stelle dann als Reihen- oder Rundenende kennzeichnen.

BEISPIEL: Abweichung um 4 überzählige Maschen

DIE STRICKTEILE SPANNEN

Nach dem Stricken und vor dem Zusammennähen sollten alle Teile feucht gespannt werden. Durch das Spannen entsteht ein schönes, gleichmäßiges Maschenbild. Die seitlichen Ränder rollen sich danach nicht mehr ein und lassen sich einfacher zusammennähen. Die gestrickten Teile anfeuchten oder kurz waschen, in ein Handtuch einrollen und gut ausdrücken. Dann entsprechend den Maßen des Schnittes mit nicht rostenden Stecknadeln auf eine Unterlage stecken.

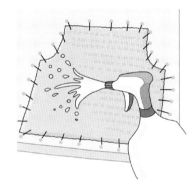

Gut geeignet dafür sind spezielle Spannunterlagen, weiche Bügelunterlagen oder eine mit einem Tuch bespannte Styroporplatte. Größere Teile kann man auch auf einem Teppichboden spannen. Die Bündchen sollten dabei nicht zu stark gedehnt werden, damit sie ihre Elastizität behalten. Alternativ kann man die Teile auch zuerst spannen und dann mit einem Wäschesprüher anfeuchten oder mit feuchten Tüchern bedecken. Rund gestrickte Teile können besonders einfach mit Hilfe zweier Metall-, Fiberglas- oder Rundholzstäbe gespannt werden. Hierfür die Stäbe hindurch- oder hineinstecken, auseinanderziehen und dann mit Stecknadeln fixieren.

Glatt rechts gestrickte Teile oder Jacquard- und Intarsienmuster aus reiner Schur- oder Baumwolle können auch unter einem feuchten Tuch von links vorsichtig gedämpft werden. Alle Teile gut trocknen lassen und dann zusammennähen. Eventuell gewünschte Blenden oder ein Kragen werden entweder nach dem Zusammennähen direkt angestrickt, indem man die dafür benötigten Maschen aus dem Rand auffasst, oder zunächst separat gestrickt und später angenäht.

neuer Reihen- oder Rundenbeginn   neues Reihen- oder Rundenende

●	■	■	■	—	—	—	—	—	●	11
●	■	■	■	—	—	—	—	—	●	9
●	■	■	■	—	—	—	—	—	●	7
●	—	—	—	■	■	■	■	■	●	5
●	—	—	—	■	■	■	■	■	●	3
●	—	—	—	■	■	■	■	■	●	1

Rapport = 8 Maschen

ARANMUSTER · TRACHTENMUSTER KELTISCHE MUSTER

AUSSERGEWÖHNLICHE TECHNIKEN

HEBEMASCHENMUSTER

JACQUARD- UND INTARSIENMUSTER

LOCHMUSTER · FALLMASCHENMUSTER

MUSTERBORDÜREN

NOPPEN-, BLÜTEN- UND BLATTMUSTER

PATENTMUSTER
TIEFER GESTOCHENE MASCHEN

RECHTS-LINKS-MUSTER

ZOPFMUSTER · ZUGMASCHENMUSTER

Lydia Klös ist leidenschaftliche Strickerin und neben ihrer Tätigkeit als Buchautorin und Schmuckdesignerin auch viel als Vorführkraft und Workshopleiterin unterwegs.

DANKE!

Wir danken der Firma MEZ GmbH für die Unterstützung bei diesem Buch: www.mezcrafts.com

Genehmigte Lizenzausgabe für Weltbild GmbH & Co. KG,
Werner-von-Siemens-Str. 1, 86159 Augsburg
Copyright der Originalausgabe
© 2017 frechverlag GmbH, 70499 Stuttgart

Fotos: frechverlag GmbH, 70499 Stuttgart; lichtpunkt, Michael Ruder, Stuttgart
Produktmanagement: Franziska Schmidt
Lektorat: Christine Schlitt, Worms; Karen Lee Luick, Esslingen
Gestaltung: Petra Theilfarth
Umschlaggestaltung: Atelier Seidel, Teising
Druck und Bindung: Typos, tiskařské závody, s.r.o., Plzeň
Printed in the EU

ISBN 978-3-8289-5665-0

2022   2021   2020   2019
Die letzte Jahreszahl gibt die aktuelle Lizenzausgabe an.

Einkaufen im Internet:
www.weltbild.de